马克思主义大众化与新疆发展研究丛书

雷　琳／主　编

周月华　　陈　彤／副主编

温州人的哲学观

马岳勇
黄朝忠 / 著

社会科学文献出版社
SOCIAL SCIENCES ACADEMIC PRESS (CHINA)

总 序

摆在读者面前的这套系列丛书，是新疆师范大学马克思主义理论一级学科博士点建设的主要研究成果。

新疆师范大学马克思主义理论与思想政治教育硕士学位点于1993年经国务院学位委员会批准，1995年开始正式招生，是新疆维吾尔自治区该专业最早获得硕士授权的专业。2006年年初伴随"马克思主义理论工程"建设，成功申报马克思主义理论一级学科硕士学位点，2009年马克思主义理论学科成为新疆师范大学博士立项建设学科。

新疆在我国发展和稳定大局中处于特殊的重要地位，是我国西北的战略屏障，也是我国对外开放的重要门户。冷战结束以来，受国际民族分裂势力、宗教极端势力、暴力恐怖势力的操控和影响，以及西方敌对势力的渗透，新疆一直处于意识形态领域反分裂斗争的前沿阵地，渗透与反渗透、分裂与反分裂的斗争异常尖锐复杂。

马克思主义理论学科在新疆的建设和发展，面临特殊的环境与背景，具有特殊的意义和价值。对新疆青年学生和各族群众而言，"相信谁，跟谁走"的信仰和信念问题尤其突出；就马克思主义理论学科而论，维护意识形态安全、地区安全和国家安全的特殊使命尤为重要。客观形势要求马克思主义理论学科在新疆的研究和发展，必须深入研究马克思主义理论及其教育的一般规定性和特殊规律性，从容应对意识形态领域反分裂、反渗透的复杂局面。

新疆师范大学的马克思主义理论学科建设，立足于新疆特殊区情，以研究新疆少数民族地区建设和发展的基本问题为根基，以解决"相信谁，跟谁走"的信仰和信念问题为核心，以加强各民族对伟大祖国、中华民族、中华文化和中国特色社会主义道路的认同教育为重点，以研究新疆意识形态领域反分裂、反渗透为鲜明学术特质，以服务新疆稳定和长治久安为落脚点，突出学科理论的现实运用，形成了"马克思主义基本原理与现实应用研究""马克思主义民族宗教理论与教育研究""马克思主义中国化与新疆发展研究"和"少数民族地区思想政治教育研究"4 个兼具时代性与区域性的研究方向，以此推动马克思主义在边疆地区的大众化与时代化。

马克思主义基本原理与现实应用研究，针对新疆少数民族地区宗教精神场域和多元文化语境中马克思主义意识形态建设的理论和实践难题，研究新疆意识形态安全的丰富内涵，以彰显马克思主义基本原理的时代价值为重任，不断探索新疆少数民族地区意识形态安全的内在规律和教育路径。

马克思主义民族宗教理论与教育研究，以马克思主义发展史为理论依托，系统研究马克思主义民族理论、宗教理论及其在中国的发展，着力探寻马克思主义国家观、民族观、宗教观、历史观、文化观（"五观"）教育和对伟大祖国、中华民族、中华文化、中国特色社会主义道路的认同（"四个认同"）教育及其教育规律的研究；构建既能坚守意识形态领域主阵地，又能切合少数民族地区实际情况的教育理论体系；不断总结中国共产党运用马克思主义民族宗教理论解决少数民族地区民族宗教问题的成功经验，为党和政府制定政策提供咨政服务。

马克思主义中国化与新疆发展研究，以马克思主义中国化进程为路径，以马克思主义中国化的理论、经验、规律和新疆的改革、发展、稳定为研究重点，以富民稳疆与和谐社会为主题，不断总结中国共产党在西北边疆治理方略演进中的基本经验，不断探索新形势下中国共产党治疆理政的理论，为巩固中国共产党在西北边疆的执政基础提供理论支持。

少数民族地区思想政治教育研究，以少数民族地区思想政治教育工作的特殊规律性为理论进路，着力探讨和研究在民族心理与国家观念、宗教情结与政治信仰、先进的生产力与相对落后的区域生产方式等多重因素的互动下，思想政治教育工作的手段、方法、有效路径和价值目标，构建既有时代特色又兼具区域特点的思想政治教育模式和实践范式。

2013 年 2 月 26 日，凝结师大人艰辛奋斗的沧桑历程、承载广大教职员工的热切期盼、汇聚学科精英丰厚积淀的新疆师范大学博士学位授予单位整体验收工作，顺利通过国务院学位委员会专家评审。回想十年前，我和我的同事们曾经以热切的情怀和笃定的信念期盼这一时刻的到来。那时，我们为之奋斗的这一目标还是遥望海中刚见桅杆尖头的一艘航船，是隐约于高山之巅的一轮朝日，是躁动于母腹中的一个婴儿。现在，这艘"航船"已经在我们的面前扬帆起航，这轮"朝日"已经从地平线上喷薄而出，而这个"婴儿"也已在我们面前呱呱坠地了。为了这一刻，我们苦心孤诣地准备了十年、夜以继日地奋斗了三年、经年累月地积淀了三十年。验收工作顺利通过的那一刻，作为立项学科建设的负责人和建设者，在与同事们体味从未有过的欣悦与快慰的同时，也由衷地感受到，这些成绩的取得是新疆师范大学马克思主义理论学科几十年发展的高度浓汇，是学科建设的领路人、铺路人、行路人同心同德、不懈追求的成果，是几代师大人筚路蓝缕、呕心沥血的璀璨结晶；也是全国同行无私帮助与大力支持的结果。

我们深知，博士点获批只是起点而非终点，是基点而非顶点。对于今后的博士点建设与学科的长远发展，我们的任务依然繁巨，唯有通过学科建设者的不懈努力，通过内力作用的不断更新和外力作用的持续推动，才能变学科发展的迟滞力为学科建设的推动力。

展现在读者面前的这套系列丛书，是新疆师范大学马克思主义理论学科队伍成员近期主要研究成果。在这里，聚集了一批辛勤耕耘在马克思主义理论教学与科研一线的中青年学者，他们大多是近年毕业的博士，各自承担了一些国家级、省部级等研究课题，在各自的研究领域倾注了大量的精力和心血，具有扎实的理论功底和科研能力，保证了本研究丛书的专业性和创新性。在此，我们希望这套丛书能够成为中国马克思主义理论研究领域百花齐放中的一朵亮丽奇葩。

"马克思主义大众化与新疆发展研究丛书"的出版，得到了新疆师范大学党委的高度重视和大力支持，获益于社会科学文献出版社领导和编辑同志的鼎力协助，在此谨致谢意！

雷　琳

2013 年 4 月 10 日

目　录

CONTENTS

前　言

中共中央《关于进一步繁荣发展哲学社会科学的意见》要求大力繁荣发展哲学社会科学。以我国改革开放和现代化建设的实际问题、以我们正在做的事情为中心，着眼于马克思主义理论的运用，着眼于对实际问题的理论思考，着眼于新的实践和新的发展。立足当代又继承民族优秀文化传统，立足中国又充分吸收世界文化优秀成果，准确把握当今世界的发展趋势，深刻认识当代中国经济社会发展的规律，努力建设哲学社会科学理论创新体系，积极推动学术观点创新。

在新的历史起点上，中国哲学界正在走出沉寂，重新活跃起来，已经开始深入研究马克思主义哲学创新的生长点问题，阐发了许多新的思想和观点，出现了"百家争鸣、百花齐放"现象，在一些重大问题和具体问题上取得了丰硕成果。马克思主义哲学创新的切入点、立足点和基本点是马克思主义哲学创新的生长点的三个不可分割的组成部分。马克思主义哲学创新可以而且应当以典型地区经验的哲学总结为切入点，以当代中国经验的哲学总结为立足点，以马克思主义哲学基本原理和时代发展为基本点，从而促进马克思主义哲学的点、线、面、体协调发展。我们以温州哲学为切入点，找到了马克思主义哲学创新的一个突破口，对浦东哲学、义乌哲学、深圳哲学等地方哲学进行了简单阐释。通过温州哲学的个案研究，拓展到典型地区经验、当代中国经验的哲学研究。

邓小平指出："现在建设中国式的社会主义，经验一天比一天丰富。经验很多，从各省的报刊资料看，都有自己的特色。这样好嘛，就是要有创造性。"① 温州经验、温州模式被浙江及其他地

---

① 《邓小平文选》第 3 卷，人民出版社，1993，第 372 页。

区的各大报刊频繁报道，温州模式成为一个热门话题。国内外兴起了"温州热""温州人热""温州模式热"。温州成为全国走中国特色社会主义道路非常有典型意义的一个代表，成为全球最具经济活力的城市之一，温州人成为一种精神、形象、力量的象征，温州模式成为一颗颇具异彩的璀璨明珠，温州、温州人、温州模式融汇成一股强大的合力，形成世界看中国，中国看温州的景象。

温州模式是一个完整的理论体系，马克思主义、永嘉学派思想、中国特色社会主义理论体系是温州模式的三个主要理论来源，温州哲学、温州经济学、社会主义温州学是温州模式的三个主要组成部分。温州模式是马克思主义与当代中国实际和温州特点相结合的产物，是当代温州的马克思主义，是永嘉学派思想在新的历史条件下的继承和发展，是中国共产党和温州人民智慧的结晶，是全党全国人民的重要精神财富。

国内外学者对温州模式进行了广泛研究，取得了丰硕成果，为温州哲学的研究提供了重要参考。但相对马克思主义哲学的博大精深和温州人对当代中国乃至世界的巨大影响力而言，已有的研究还有不足。从研究资料上看，温州哲学的研究可借鉴和引证的资料相对不足；从研究角度看，对温州哲学的研究内容局限于某一角度或方面，缺乏从马克思主义哲学理论与温州实践的结合上对温州哲学的范畴进行综合研究；从马克思主义哲学大众化的温州实践情况来看，较少把马克思主义哲学与温州传统文化融合起来，我们正基于此进行研究。

本书以邓小平理论和"三个代表"重要思想为指导，深入贯彻落实科学发展观，立足温州实际，对温州发展道路与经验进行哲学总结，按照温州人实践观、温州人世界观、温州人真理观、温州人价值观、温州人关系论、温州人问题论、温州人发展论的思路建构温州哲学范畴，促进温州哲学学科体系建设和学术观点创新。从宏观上，把马克思主义哲学与温州传统文化融合起来，研究马克思主义哲学、温州传统文化和温州哲学之间的关系；在微观领域，把马克思主义哲学理论与温州实践结合起来，研究温州哲学内部各个范畴的概念及其相互关系。

温州哲学是温州经验的哲学总结。温州人在实践中强烈地感到没有自己的哲学就不能前进，随着时代的发展，温州人迫切需要建立自己的哲学。在改革开放和社会主义现代化建设实践中，温州人把马克思主义哲学与当代温州实际和时代特征结合起来，运用马克思主义哲学的立场、观点去分析和解决当代温州的现实问题，创造了温州经验、温州现象、温州奇迹。对温州经验进行哲学概括和总结，形成系统的理论表述，体现了当代温州实践的变化发展对马克思主义哲学理论创新的新要求。从这个意义上说，温州哲学是温州经验的哲学总结。

温州哲学是温州人精神的精华。温州哲学是温州模式的有机组成部分，是它的理论基础。温州模式的创造、发展和创新，都体现了温州人的开拓进取精神、实事求是精神、改革创新精神、冒险自主精神、敢为人先精神和特别能创业的精神。温州人精神是温州模式不竭的发展动力，保证了温州模式旺盛的生命力，总括了温州人的一切意识要素、观念形态和全部精神现象及其过程，是温州人意识的主要标志。哲学是时代精神的精华，温州人精神是民族精神和时代精神在温州的集中体现。从这个意义上说，温州哲学是温州人精神的精华，是温州文明的活的灵魂。

在撰写这本著作的过程中，我们广泛阅读了相关专著、论文、研究报告和温州市委、市政府发布的文件，并从中吸收了最新的研究成果和资料。在此，我们谨向相关作者致以诚挚的谢意。本书引用的观点和资料都力图注明出处和来源，如果有疏漏，请予谅解。

由于我们的水平有限，疏忽和错误之处在所难免，势必会存在一些问题和不足，敬请专家、学者及广大读者批评和指正。

第一章　温州模式的理论体系

温州模式是一个完整的理论体系，马克思主义、永嘉学派思想、中国特色社会主义理论体系是温州模式的三个主要理论来源，温州哲学、温州经济学、社会主义温州学是温州模式的三个主要组成部分。温州模式第一次比较系统地初步回答了在温州这样经济比较落后而传统文化又比较丰厚的地区如何建设社会主义温州、如何巩固和发展社会主义温州的一系列基本问题，以许多新的思想和观点丰富了中国特色社会主义理论体系。温州模式的命运是同中国共产党和温州人民实践的命运紧密结合在一起的，理论需要倾听实践的呼声，实践则需要理论的指导。在科学理论指导下的温州人民的正确实践，既推动了温州模式的发展，又为温州模式注入了强大的生命力，社会主义温州的成功，必将为马克思主义在温州的胜利，在中国历史上翻开新的一页。

第一节　温州模式的国内外研究现状

温州人把马克思主义的普遍真理与温州的具体实际和时代特征结合起来，创造了生机勃勃和闻名中外的温州模式，国内外兴起了"温州热""温州人热""温州模式热"。温州成为全国走中国特色社会主义道路非常有典型意义的一个代表，成为全球最具经济活力的城市之一，温州人成为一种精神、形象、力量的象征，温州模式成为一颗颇具异彩的璀璨明珠，温州、温州人、温州模式融汇成一股强大的合力，形成世界看中国，中国看温州的景象。

一 温州模式的国外研究现状

国外对中国模式或中国道路、中国经验的研究也在一定程度上渗透着对温州模式的研究。因此，就有必要简要梳理一下国外对中国模式的研究情况，并在这一基础上，着重对国外有关温州模式的研究文献进行综述。

（一）国外对中国模式的研究

近年来，中国经济社会的巨大发展成就引起了世人的广泛关注，国外舆论界和学术界对中国模式或中国道路的概念、性质、内涵、特点、国际意义及未来发展趋势等方面进行了各具特色的总结。时任联合国秘书长科菲·安南对新华社记者说，中国依靠独特模式实现发展的有益经验，的确值得其他国家特别是发展中国家借鉴。布鲁塞尔当代中国研究所研究主任乔纳森·霍尔斯拉格总结了中国模式的四条成功经验。美国哈佛大学商学院教授里金钠·艾布拉米提出中国模式的三点理论上的突破。英国剑桥大学教授彼得·诺兰在《处在十字路口的中国》一文中指出，如果我们所说的"第三条道路"是指国家与市场之间的一种创造性的、共生的相互关系，那么中国 2000 年以来一直在走它自己的"第三条"道路，在他看来，中国的"第三条道路"是一种完整的哲学，把既激励又控制市场的具体方法与一种源于官员和老百姓道德体系的深刻思想结合在了一起。当这个道德体系运转良好的时候，政府解决那些市场不能解决的实际问题的非意识形态行为就完善了这一哲学基础。

2004 年 4 月，新加坡《联合早报》发表文章指出，经过 20 多年的改革，中国迅速崛起，为第三世界国家提供了一个有别于西方的发展模式。英国《新左派评论》杂志发表文章指出，中国走的是一条独特的东亚道路。美国学者詹姆斯·劳勒认为，社会主义市场经济是通向社会主义高级阶段的过渡形式，它是列宁新经济政策的中国版本。中国在社会主义建设条件尚不成熟的条件下，市场经济可以为奠定整个国家的政治、经济、文化基础服务。但是这里的问题是，如何组织市场经济的运转，又如何保证社会主义的基本方向。美国著名中国问题研究专家乔舒亚·库珀·雷默在《北京共识：论中国实力的新物理学》① 一文中指出，中国通过艰苦努力、主动创新和大胆实践，已摸索出一个适合本国国情的发展模式，他把这一模式称为"北京共识"。

美国学者阿里夫·德里克指出："中国模式中被大力称道的民族经济的一体化、自主发展、政治和经济的主权以及社会平等等这些主题的历史和中国革命的历史一样悠久，是社会主义革命时期提出的，而这些社会主义革命的历史遗产，则是中国模式中最重要的内容。"② 美国思想家 F. 福山（Francis Fukuyama）在《出乎意料》一书中指出："人们将许多不平等现象归咎于美国式的资本主义，全世界对这些不平等现象的不满，可能会将人们的注意力更多地转向像中国这样的社会主义模式，从而结束美国的霸权地位。"③ 美国学者约瑟夫·奈（Joseph Nye）指出："中国的经济增长不仅让发展中国家获益巨大，中国特殊的发展模式和道路也被一些国家视为可效仿的榜样……更重要的是将来，中国倡导的政治价值观、社会发展模式和对外政策做法，会进一步在世界公众中产生共鸣和影响力。"④ 美国哈佛大学商学院教授里金钠·艾布拉米认为中国模式不仅具有实践意义，还具有三大理论意义，即中国模式首先颠覆了公有制企业没有效率的传统观点、中国模式颠覆了新兴的大国必是好战和富有侵略性国家的论点、中国模式颠覆了经济发展必将导致西方式民主的定论。

郑永年出版了《中国模式：经验与困局》一书，从海外视角解读了中国模式，郑永年通过对中西方发展的比较，从民族主义和自由主义、政党改革、中央与地方的关系、乡村改革发展等多个角度，对改革开放 30 多年的"中国模式"提出问题并进行深入

---

① Joshua Cooper Ramo，"The Beijing Consensus：Notes on the New Physics of Chinese Power," first published 2004 by the Foreign Policy Centre.

② Alif Dirlik，"Rethinking China's Development Path：Should not Abandon the Historical Legacy of Socialist Revolution，"《当代世界与社会主义》2005 年第 5 期。

③ Francis Fukuyama，*Blindside：How to Anticipate Forcing Events and Wild Cards in Global Politics*，The Brookings Institution Press，2007.

④ 《参考消息》2008 年 3 月 27 日。

分析，等等。温州模式是中国模式的一个典型代表，国外对中国模式的研究也从一个侧面反映了对温州模式的研究。

（二）国外对温州模式的研究

国外新闻界、学术界对"温州模式"进行了考察和研究，同时，随着温州企业国际化步伐的加快，"温州模式"也频频亮相国外产业巨头面前，引起了国外工商界的关注。日本工商界对温州模式作了特刊报道，2007年3月，日本西口敏宏教授发表了《超脱日常的关系网 温州经济飞速发展的钥匙活用在日本的经济再生中》等解读"温州模式"的文章。2007年3月，德国《世界报》撰文指出，温州人充分利用时代机会，数万家家庭作坊式的工厂投入生产纽扣、拉链以及电灯开关、鞋、服装，不仅占据了国内市场，也开拓了国外市场。美国亚利桑那州立大学公共管理学院教授兰志勇也就美国与温州经济方面的问题进行了论述，从国际视野阐明了"温州模式"与美国的千丝万缕的联系。英国经济学家诺伦·彼特和中方作者共同主编了《中国的市场力量：竞争与小企业及有关温州的争论》。此外，美国、英国、法国、德国等国家也在近年来陆续对"温州模式"做过研究和考察。"海外许多有关温州模式的研究文献中，对国内学术界比较有影响的有美国西华盛顿大学副教授帕立斯（K. Parris）和美国加州大学圣芭芭拉分校教授艾伦·刘（Alan P. L. Lin）的研究成果。"[1]

帕立斯在《地方积极性与国家改革：经济发展的温州模式》[2]一文中指出，"温州模式"的形成是当地社会普通百姓与地方政府和国家中央机关相互冲突、妥协和长期谈判的结果，其中地方干部起着关键作用；温州新的经济体制、可选择的价值观及组织的出现反映了当今中国国家和社会之间界限的转变以及两者之间的关系的重新确定。帕立斯在阐述"温州模式"的特征时，把私营企业和家庭工业、商业企业的"戴红帽""挂户"现象称为

---

[1] 史晋川等：《制度变迁与经济发展：温州模式研究》，浙江大学出版社，2004，第18、19页。

[2] K. 帕立斯：《地方积极性与国家改革：经济发展的温州模式》，原载《中国季刊》1993年第134期，译文载《上海市委党校文献情报》1994年第4期。

"创造性的骗术"。这种"创造性的骗术"在特定历史背景下，有助于缓和个体私营经济在雇佣劳动这一问题上与中央部门的有关文件规定的矛盾，为地方官员减少了政治风险，也有助于个体私营企业从国有银行获得贷款和享受一定的税收优惠政策。帕立斯以"个体工商劳动协会"为例，研究了私营企业家的自发组织和地方政府部门和国家机关的相互关系，揭示了私营企业主如何在避免成为意识形态原则的挑战者的同时与政府部门及其官员"结盟"的过程，从而私营企业家的自发组织成为国家社会主义制度的"力量"。这一过程同时也表明了现行的国家制度和意识形态是如何去适应地方行为的，最终在私人利益合法性有限地不断增加的过程中，促进了地方经济的发展。帕立斯的研究表明，改革不仅可以自上而下，也可以由注重实惠、为满足当地需要而对国营控制的经济不足作出反应的个人、家庭和群体自下而上地发动。这些普普通通的个人不仅能利用国家允许的机会，而且还能时常与地方干部合谋共商，为自己创造机会。所以最好把中国的"伟大改革"理解成自下而上的改革的结合体。[①]

艾伦·刘在《温州模式的利弊》[②]一文中阐述了"温州模式"成功的秘诀、重要意义和启示。"温州模式"是中国区域经济社会发展中最为著名的"代表性"和"典型性"的模式，它成功的关键是"改变传统体制以适应现代形势"。具体说来，温州成功的秘诀归结为"3M"与"1I"，即群众的创造性（Massinitiativeness）、流动性（Motility）、市场（Markets）与中国经济结构的空隙（Interstices）的结合。艾伦·刘认为，从现实的角度看，"温州模式"作为在中国社会主义经济的诸多发展模式中"走得最远的一种"模式，其主要动力无疑来自私人经济部门中的企业和人员，同时也与当地党政部门的灵活政策、基层组织的政治支持，与一部分地区（如上海）的强有力的政治支持是分不开的。更重要的是"温州模式"在发展过程中得到了主张进行大胆改革的国家领导人

①　史晋川等：《制度变迁与经济发展：温州模式研究》，浙江大学出版社，2004，第19页。

②　艾伦·刘：《温州模式的利弊》，原载《亚洲概览》1992年第8期，后又载张敏杰主编《西方专家为中国经济诊断》，中国经济出版社，1997。

的积极支持。例如 1986 年国务院正式宣布设立温州试验区，使得温州可以在相对较少受到传统体制和国家现行政策限制的有利情况下进行改革。如果"温州模式"在中国大陆广泛传播，它迟早会推进中国政治、经济和体制的理性化。作为一种"自下而上"的区域经济社会发展模式，"温州模式"具备"全方位自主"和"开放型自主"的特征，其意义不仅仅是"小商品，大市场"，它甚至可以产生出"小自主，大民主"的深远影响。艾伦·刘在研究中十分强调温州的区域经济传统对"温州模式"产生的重要作用，并认为这种区域经济传统的形成与历史上温州人对环境压力所作出的特有反应有关，因而可以把改革开放条件下温州经济的发展视作类似于历史上温州人通过移民和长途贸易对当时的社会环境压力作出反应的一种延伸。[1]

著名的新制度经济学家张五常也曾发表过对"温州模式"的评论[2]，他认为，温州是中国开放的先进，温州的成就代表了中国的开放。温州的发展，一个最主要的原因就是：在刚开放时，由于当地的国有企业比重小，政府垄断经济的程度低，存在许多发展的空隙，新的产权制度就应运而生。并且，从市场的角度来看，由于中国本身具有很大的市场潜力，在改革开放时期，居民对日用消费品有很大的需求，而温州的企业从一开始就以国内市场销售为主，所以和其他地区的企业相比较，温州的企业获得了市场先机，拓展了区域经济发展的空间。在张五常的论述中所强调的开放，不只是通常意义的对外开放，更多的是指区级的开放，即区域经济走出封闭的发展格局，主动与国内其他地区进行交流，利用广阔的国内市场来促进其自身的发展。[3]

二 温州模式的国内研究现状

国内新闻界、学术界和工商界围绕温州模式的由来、内涵、

---

① 史晋川等：《制度变迁与经济发展：温州模式研究》，浙江大学出版社，2004，第 20 页。
② 详见林白《温州对话录》，广西人民出版社，1990。
③ 史晋川等：《制度变迁与经济发展：温州模式研究》，浙江大学出版社，2004，第 21 页。

特征、内容、本质、精髓、价值和发展阶段、研究对象、研究方法、理论依据、文化成因、哲学基础等问题进行了深入研究，取得了丰硕的成果。从研究成果上看，据不完全统计，发表的论文在 4000 篇以上，出版的专著在 50 部以上，还陆续撰写了一些研究报告。从研究队伍上看，温州模式研究队伍有很多是知名学者，如费孝通、董辅礽、钟朋荣、史晋川、王春光、袁恩桢、张仁寿、马津龙、孙越生等。代表性学术论文有费孝通《温州行》（1986）、张仁寿《温州模式的特点和成因》（1986）、史晋川《温州模式的历史制度分析》（2004）、赵人伟《温州力量》（1999）、张曙光《对温州模式的几点理论思考》（2004）、罗卫东《温州模式：马格里布、热那亚抑或其他?》（2004）、方立明等《温州模式：内涵、特征与价值》、温邦彦《温州模式的哲学思考与政策启示》《温州人的哲学理念》、黄朝忠《温州哲学及其教育价值探析》（2010）等。代表性著作有袁恩桢《温州模式与富裕之路》（1987）、孙越生《东方现代化的启动点——温州模式》（1989）、张仁寿《温州模式研究》（1990）、史晋川等《制度变迁与经济发展：温州模式研究》（2002）、陈安金等《永嘉学派与温州区域文化崛起》（2007）、张苗荧《文化、企业制度与交易成本——温州模式的新视角》（2008）、祝宝江主编的《温州人精神简明读本》（2009）、方立明等《互动管理与区域发展：温州模式研究的几个问题》（2010）等。国内学者对温州模式研究的主要方面和基本观点有：

（一）关于温州模式的由来的研究

温州模式最早见于 1985 年 5 月 12 日上海《解放日报》刊发的《乡镇工业看苏南，家庭工业看浙南——温州 33 万从事家庭工业》一文，这篇文章由桑晋泉撰写。桑晋泉一行于 1985 年 4 月来温州采访时听说国内曾有经济学家在内部研讨会上持一种新看法，即温州经济发展的道路是不是可以称为"温州模式"，在刊发这篇文章时也采用了一些经济学家曾使用的"温州模式"这一提法。"温州模式"公开提出后，在国内引起了强烈反响，"温州模式"和"苏南模式""珠江三角洲模式"一道成为中国三大典型性的区域发展模式，一度引起了"温州模式热"，人们以满腔的热情和浓厚的兴趣纷纷对"温州模式"进行了多角度的考察和研究，来温州取经的人络绎不绝，"温州模式"无疑鼓舞了众多的取经者。但是，温州姓"资"姓"社"的问题也一直困扰着人们的思想，有关"温州模式"的争论在邓小平南方谈话之后才平息下来，"温州模式"也迎来了发展的春天，要求实施"温州模式"研究和发展工程的呼声逐渐增多，有关"温州模式"的研究取得了一系列成果。

（二）关于温州模式的内涵的研究

温州模式具有丰富的内涵，人们纷纷从不同的视角对其内涵进行了阐释，迄今为止，学术界没有形成一致的看法。主要观点列举如下。

（1）温州模式的基本内涵包含了两个方面的重要内容：一方面，温州模式是一种经济社会发展模式，尤其是经济发展的模式；另一方面，温州模式也是一个经济制度变迁的模式，或者说是经济体制改革的模式。①

（2）温州模式是一种典型的利用民营化和市场化来推进工业化和城市化的区域经济社会发展模式。②

（3）费孝通认为，"温州模式即家庭工业加专业市场"。

（4）张仁寿认为，"温州模式是农村商品经济的发展模式"。

（5）袁恩桢认为，"温州模式是以个体经济为主要内容，以家庭工业专业市场为基本形式，通过发展商品经济而实现农村致富之路。"

（6）赵人伟认为，"温州是一种新古典区域工业化模式"。

（7）温州模式是指温州人民率先运用市场机制，发展民营经济，实现富民强市的经济社会发展模式。③

---

① 史晋川等：《制度变迁与经济发展：温州模式研究》，浙江大学出版社，2004，第4页。
② 史晋川等：《制度变迁与经济发展：温州模式研究》，浙江大学出版社，2004，第5页。
③ 方立明等：《互动管理与区域发展：温州模式研究的几个问题》，三联书店，2010，第57页。

（8）古典温州模式是发源于温州农村，以家庭工业为主要经济组织形式，以专业市场为联系生产和市场的纽带，形成了"小商品，大市场"的市场运行格局。后温州模式是温州经济的发展突破了古典模式那种以家庭经营为基础的限制，走向企业联合、兼并、重组、优化的集团化规模发展的道路，走向资产经营、资本经营综合发展，大力开展虚拟经营，逐渐造就了一批具有现代经营理念的企业家。①

此外，温州模式还出现了新温州模式、温州新模式等提法，温州模式不是一个固定不变的模式，而是一个与时俱进的模式，是一个开放的模式，创新是温州模式的灵魂。人们对温州模式内涵的看法不同，也从一个侧面反映了温州模式不断走向成熟，不断得到发展；随着温州实践的发展，时代将不断赋予其新的内涵。

（三）关于温州模式的特征的研究

温州模式的特征也是众多国内学者研究的焦点之一，人们纷纷对温州模式的特征或特点、特色进行描述或概括。董辅礽和赵人伟把温州农村商品经济发展的特点概括为"以家庭和联户的民办工业同专业市场、农民购销员和民间信贷相结合"②。费孝通把温州模式的特点描述为"以商带工的'小商品，大市场'"③，从此，"小商品，大市场"成为温州模式的经典表述。吴象把温州经济的基本特色概括为"其基础是农民经营的家庭工业，其纽带是以农民购销员为骨干的专业市场，其依托是主要由农民集资兴建或发展起来的小城镇"④。张仁寿和李红把温州模式的特点描述为"以家庭经营为基础，以市场为导向，以小城镇为依托，以农村能人为骨干"。方立明等认为学术界对温州模式的特征主要有两种表述，即描述性的表述和概括性的表述，他们把温州模式的特点概

① 张苗荧：《文化、企业制度与交易成本——温州模式研究的新视角》，浙江大学出版社，2008，第 5、12 页。

② 董辅礽等：《温州农村商品经济考察和中国农村现代化道路探索》，《经济研究》1986 年第 6 期。

③ 费孝通：《温州行》，《瞭望》1986 年第 20～22 期。

④ 吴象：《论发展中的温州农村商品经济》，《人民日报》1986 年 8 月 6 日。

括为"时代性、民本性、地域性、开放性、区际性、创新性、发展性"①。赵人伟在《温州力量》和《温州模式何去何从》两篇文章中，把温州模式的特点概括为"产权清晰，内源积累，区际贸易"。也有学者认为，民营经济是温州模式的最大特色，也有人认为，温州模式以民营、民办、民有、民享为主要特点等。

（四）关于温州模式的内容、本质、精髓和价值的研究

温州模式的内容极为丰富，北京大学经济学院院长刘伟认为，温州经济是一种以民营经济为主体的模式，天生具有灵敏的市场嗅觉和创新意识，这种模式是更多、更直接地建立在尊重市场、注重效率基础上的，这就在体制机制层面，为温州可持续发展提供了根本动力。有学者认为，民营企业发展是温州模式的生长点，民外合璧是温州模式的增长点，民营企业上市是温州模式的着力点；张苗荧从文化、企业制度与交易成本等几个方面阐释了温州模式，他认为温州模式的细胞组织是家族企业；史晋川等学者以制度变迁为主线，以经济发展为重点阐释了温州模式，该项研究被一些学者喻为经济学"浙江学派"崛起的代表性成果之一；陈福生主编的"温州改革发展研究"丛书从民本、创新、和谐和治道四个方面比较系统地阐释了温州经济发展格局、温州文化演进逻辑、温州社会变迁历程和温州政治建设路径；张军运用信息经济学理论研究了温州农村民间金融部门的结构演变及其性质和作用。也有学者认为，温州经济是"老百姓"经济，是"小题大做"经济，是"无中生有"经济，是"温州人"经济。方立明等认为，"温州模式包含丰富的内容，涉及经济与文化、经济与政治、经济与社会、经济与环境诸方面的互动关系及其内容"②。

周德文认为，温州模式的本质就是温州人敢为天下先、敢吃天下苦、敢闯天下难的创业精神的体现。有学者认为，温州模式的本质就是创新、变革、发展和提升，创新是温州模式的灵魂，

---

① 方立明等：《互动管理与区域发展：温州模式研究的几个问题》，三联书店，2010，第60~65页。

② 方立明等：《互动管理与区域发展：温州模式研究的几个问题》，三联书店，2010，第21页。

变革是温州模式的动力，发展是温州模式的主线，提升是温州模式的基点；有学者认为，所谓温州模式的本质，说到底就是温州人的思维模式；张仁寿在《向温州学习什么》[①] 一文中指出，温州经验最具有普遍意义的是温州人的创造，最值得温州人学习的正是温州人的精神；祝宝江和蒋景东在《温州人精神简明读本》一书中指出："温州的经济模式是温州人的思维模式的产物"[②]，正是有了温州人的思维模式，才有温州模式和温州经济的奇迹。

经济学家钟朋荣在《走向城市·序》一文中说，温州模式的核心或精髓正是温州人的精神；有学者认为，温州模式的精髓是温州人的哲学理念；有学者认为，温州模式的精神仍然是解放思想，实事求是；有人认为，温州模式的精髓是敢为人先，实事求是；温州模式的精髓是温州人精神，这种观点得到了越来越多的人的认可。

费孝通在《温州行》一文中指出，温州模式即家庭工业加专业市场，温州农村经济发展的基本特点是"以商带工的'小商品，大市场'"，从这一特点看来，温州模式超出区域范围，而在全国范围内带有普遍意义，他首次提出了温州模式的意义或价值问题。方立明等从理论价值和实践价值两个方面较为系统地阐述了温州模式的价值，温州模式的理论价值表现在"比较、分析客观存在的模式的特征、过程、本质有着理论指导意义"[③]，温州模式的实践价值表现在"推动作用、传播作用、示范作用、辐射作用"[④]上。谢健在《温州模式对西部大开发的借鉴作用》[⑤] 一文中分析了温州模式对西部大开发的意义，尤其是对西部大开发的借鉴作用，温州模式是西部可资借鉴的最有效的"东部经验"。

---

① 张仁寿：《向温州学习什么》，《浙江日报》2000 年 1 月 11 日。
② 祝宝江主编《温州人精神简明读本》，浙江大学出版社，2009，第 23 页。
③ 方立明等：《互动管理与区域发展：温州模式研究的几个问题》，三联书店，2010，第 97 页。
④ 方立明等：《互动管理与区域发展：温州模式研究的几个问题》，三联书店，2010，第 98 ~ 100 页。
⑤ 谢健：《温州模式对西部大开发的借鉴作用》，《浙江社会科学》2002 年第 4 期。

（五）关于温州模式的发展阶段的研究

温州模式不是固定不变的，而是根据内外条件的变化不断完善和发展的。陈佳贵指出，从创立"温州模式"、发展"温州模式"，到"温州模式"的不断创新，都体现了温州人敢于试验的勇气、善于创造的智慧和务实创新的精神，温州人"敢为人先""善为人先"的创新精神，是"温州模式"不竭的发展动力，保证了温州无论在什么环境下，都具有旺盛的生命力。根据相关资料和专家、学者的研究成果，温州模式的形成与发展阶段主要有"三阶段说"和"四阶段说"。例如，谢健和李元华等在《民本：温州经济发展格局》一书中把温州模式的发展分为三个阶段，温州模式概念的提出到 20 世纪 80 年代末 90 年代初为第一阶段，20 世纪 90 年代初到 2003 年为深入发展阶段，2003 年至今为创新阶段。方立明等把温州模式的形成与发展分为四个阶段，第一阶段（20 世纪 70 年代末至 80 年代中期），这一阶段的基本内容和特点主要表现为家庭工业—专业市场—小城镇建设；第二阶段（20 世纪 80 年代中期至 90 年代初），这一阶段的主要内容和特点是股份合作企业—要素市场—中心城镇建设；第三阶段（20 世纪 90 年代初至 21 世纪初），这一阶段的主要内容和特点是企业集团化—市场网络建设—中心城市建设；第四阶段（21 世纪初至今），这一阶段的主要内容和特点是混合所有制经济的发展—市场形态的创新—发展环境的提升。

（六）关于温州模式的学科性质、研究对象和研究方法的研究

温州模式是一门新兴的学科，这种观点逐渐得到了越来越多人的认可，一个学科必须要有自己的研究对象和方法，这直接关系到研究内容的选择和学科体系的构建。2002 年 3 月 9 日，在"温州模式首届比较论坛"上，何钟秀教授认为，温州模式已不单是温州的经济模式，已经成为一门经济学科。[①] 关于温州模式的学

---

① 卢俊敏、金慧君：《独此一家　独树一家》，《温州都市报》2002 年 3 月 10 日。

科性质，方立明等认为，温州模式不只是某一学科或某一个领域的知识，而是一门综合性的学科，涉及经济学、管理学、文化学、社会学、伦理学、政治学、人才学等多学科。同时，温州模式也是一门理论性和应用性的学科，他们采用社会学的互动理论为研究方法，把温州模式的研究对象规定为"主要研究温州经济与文化互动关系的机制及其发展规律"①。金祥荣用制度经济学的方法从需求诱致型制度创新的角度对温州模式进行了较为全面和深入的研究。有学者认为，温州模式的研究方法主要有实地调查法、文献分析法、社会统计法、科学抽象法等。张仁寿和李红合著的《温州模式研究》（1990）是当时研究温州区域经济发展模式的一本最为深刻和系统的经济学著作。由浙江大学天则民营经济研究中心史晋川教授、金祥荣教授等承担的教育部人文社会科学重大课题"制度变迁与经济发展：温州模式研究"的相关成果，受到教育部领导的高度重视。该著作的相关要点已被收入教育部2003年第一期《成果要报》，呈送中央政治局等高层部门。《制度变迁与经济发展：温州模式研究》（2002）是现在研究温州模式最具权威的经济学著作，该专著出版以来，在国内外理论界也引起了强烈反响。认为该课题是对浙南区域经济和民营企业发展最具理论价值的权威研究，其成果对全国其他地区特别是中西部地区的发展具有重要的指导意义。

（七）关于温州模式的理论依据、文化成因和哲学基础的研究

温州模式是中国特色社会主义理论体系在温州成功实践的产物，中国特色社会主义理论体系是马克思主义与中国实际和时代特征相结合的最新理论成果，是当代中国的马克思主义。因此，马克思主义和中国特色社会主义理论体系是温州模式的理论依据。例如，戴海东在《邓小平理论与温州模式》一文中指出："温州模

---

① 方立明等：《互动管理与区域发展：温州模式研究的几个问题》，三联书店，2010，第22页。

式是邓小平理论在温州实践的产物"①；金守信在《浅析邓小平理论与温州经济发展》一文中说，温州的成功，最根本的一条就是坚持邓小平理论的精髓：解放思想和实事求是；徐福宁在《努力实践"三个代表"重要思想，解放思想，加快发展——甬台温经济社会发展调研报告》②一文中论述了"三个代表"重要思想对温州经济社会发展的指导作用；李景源在《浙江经验与中国发展：科学发展观在浙江》③一书中论述了浙江贯彻落实科学发展观的成功实践，分析了浙江经验和中国发展的内在逻辑关系等。

随着对温州模式研究的深入，许多学者认识到，温州模式除了经济学分析所揭示的各种因素以外，事实上还与温州传统文化有密切的关系。张仁寿认为，温州的历史传统对温州模式的形成和发展具有不可替代的作用，温州人深受瓯越文化的影响，形成了讲求实利、务实进取和敢于冒险的思想观念，这种文化传统与商品经济所需要的观念和精神相吻合，成为温州农村商品经济蓬勃发展的重要精神力量。④朱康在分析温州模式的文化成因时指出，要充分把握温州乡村经济的发展脉搏，就必须深入剖析家文化在乡村工业化过程中的作用，家文化在一定范围内虽然有相当的特殊优势，但最终会因其自身的缺陷阻碍进一步的发展。李庆鹏认为，当代温州商潮的涌起，与温州历史上发达的工商业传统即农商文化、移民文化、海洋文化以及永嘉事功学派有着深刻的渊源关系。永嘉学派构成了温州人特有的文化基因，其对温州文化特别是温州人的经济意识的变革方面的贡献主要有三个：第一大贡献是提出了新的义利观，第二大贡献是提出了工商皆本论，第三大贡献是肯定了雇佣价值观。⑤周少华在《破译温州经济的文

①　戴海东：《邓小平理论与温州模式》，《马克思主义与现实》1999 年第 4 期。

②　徐福宁：《努力实践"三个代表"重要思想，解放思想，加快发展——甬台温经济社会发展调研报告》，《中共中央党校报告选》2002 年第 10 期。

③　李景源：《浙江经验与中国发展：科学发展观在浙江》，社会科学文献出版社，2007。

④　张仁寿等：《温州模式研究》，中国社会科学出版社，1990，第 26~27 页。

⑤　李庆鹏：《中国犹太人——神秘的温州人》，经济日报出版社，1999，第 91~92 页。

化 DNA》① 一文中也分析了温州经济发展的文化影响因素。程庆国
在《从古代永嘉学派到现代温州人精神——关于温州发展的人文
基因探讨》② 一文中阐述了永嘉学派、温州人精神和温州发展的千
丝万缕的联系。

　　许多学者对温州模式的哲学基础进行了研究，有学者认为，
温州模式的哲学基础是马克思主义哲学，例如，李日增《对温州
模式的哲学思考》③、温邦彦《温州模式的哲学思考与政策启
示》④。也有学者认为，温州模式的哲学基础是马克思主义哲学和
永嘉学派思想融合创新而成的新哲学，例如，《温州人的哲学理
念》和《温州哲学及其教育价值》⑤ 等论文，《温州人精神简明读
本》和《温州人想的和你不一样：温州人为什么会成为富人》等
著作。费孝通最早提出了"温州实践"的概念，从此之后，温州
实践被许多学者引用，有学者论述了信用建设的温州实践，也有
学者提出了温州试验的概念。黄朝忠在《温州哲学及其教育价值》
一文中指出，温州哲学是当代温州的马克思主义哲学，开创了马
克思主义哲学的温州形态，同时也是温州人自己的哲学，具有温
州特色的哲学主导观念、主要本性和教育价值，阐释了温州真理、
温州价值、温州方法和温州哲学的本性等概念，提出了"行动有
业绩就是温州真理"等新观点。李凤伟在《向温商学习》一书中
提出了"温州人的商业哲学"等概念，"温州人的商业哲学是：
'唯利是图'不可取，'微利是图'却能积少成多，是生财之道，
挣钱之本，生意场上的事情，看大而未必大，看小而未必小。温
州人既挣大钱，也绝不嫌弃小钱，甚至有时候是按角、分和厘来
计算的，温州人就靠这一分一厘的集腋成裘，完成了资本的原始
积累，为自己的第二次、第三次创业奠定了雄厚的资金基础"。⑥

————————

　　① 周少华：《破译温州经济的文化 DNA》，《浙江经济》2002 年第 6 期。

　　② 程庆国：《从古代永嘉学派到现代温州人精神——关于温州发展的人文基因探
讨》，《温州论坛》2003 年第 1 期。

　　③ 李日增：《对温州模式的哲学思考》，《温州师范学院学报》1987 年第 1 期。

　　④ 温邦彦：《温州模式的哲学思考与政策启示》，《管理科学》2001 年第 8 期。

　　⑤ 黄朝忠：《温州哲学及其教育价值》，《世纪桥》2010 年第 1 期。

　　⑥ 李凤伟：《向温商学习》，武汉大学出版社，2006，第 48 页。

《温州人精神简明读本》一书中提出了"温州人的经营哲学"等概念,"温州人的经营哲学是'新木桶理论',一改传统的'加板'思维方式,企业不再圈于自身内部来修补和加长木板,而是拿出自己最长的那块木板和其他企业的长木板进行拼装,形成一只容积更大的木桶。"① 杨洪建在《温州人想的和你不一样:温州人为什么会成为富人》一书中提出了"温州人的经商哲学"等概念,"为什么温州人的眼光、胆识和你不一样,因为他们有与众不同的思维方式和经商哲学"②。

第二节　温州模式的历史地位

温州人坚持走中国特色温州特点的科学发展道路,建设社会主义温州,创造性地形成了温州模式。温州模式同中国共产党和温州人民的实践紧密结合在一起,它只会随着实践的发展不断丰富它的内容,逐渐形成博大精深的理论和严谨的体系,也必然会是一个完整的科学体系,必然会在马克思主义发展史上确立它的历史地位。温州模式的历史地位问题,是温州模式研究的一个重要组成部分,也是中国特色社会主义理论体系研究的一个重要组成部分。否定温州模式的历史地位,就是否定中国特色社会主义理论体系的历史地位。确立温州模式的历史地位,具有重要的理论意义和现实意义。

一　温州模式是马克思主义与当代中国实际和温州特点相结合的产物

温州模式是中国特色社会主义理论体系的重要组成部分,中国特色社会主义理论体系是马克思主义与当代中国实际和时代特征相结合的产物,很显然,温州模式是马克思主义与当代中国实

---

① 祝宝江主编《温州人精神简明读本》,浙江大学出版社,2009,第15页。
② 杨洪建:《温州人想的和你不一样:温州人为什么会成为富人》,时事出版社,2010,第132页。

际和温州特点相结合的产物。

（一）温州模式是马克思主义和当代中国实际相结合的产物

温州模式是当代中国坚持、运用和发展马克思主义的必然结果。以邓小平为主要代表的中国共产党人把马克思主义与当代中国的具体实际和时代特征结合起来，走自己的路，建设有中国特色的社会主义，开创了中国特色社会主义道路，江泽民和胡锦涛继续丰富了中国特色社会主义，逐渐形成了中国特色社会主义理论体系。中国特色社会主义理论体系是当代中国的马克思主义，是中国共产党和中国人民智慧的结晶，是全党全国宝贵的精神财富。温州是全国走中国特色社会主义道路非常有典型意义的一个代表，温州模式既反映了时代特征和温州特点，又反映了当代中国的实际状况和温州的具体情况。

中国共产党的领导是温州模式形成与发展的根本保证。在党中央和国务院的正确领导下，温州成为我国首批 14 个沿海开放城市之一、首批 13 个农村改革试验区之一、全国城市综合配套改革试点城市之一，温州最早跃入了社会主义市场经济大潮。1984 年国务院确定温州为开放城市后，使得温州与世界联系在了一起，温州人积极发展对外关系，促进与世界的交流、合作，深化与其他国家、地区的经贸往来，拓展了自己的生存和发展空间。1986 年国务院正式宣布设立温州试验区，使得温州可以在相对较少受到传统体制和国家现行政策限制的情况下进行社会主义建设和改革。温州被确定为全国城市综合配套改革试点城市之后，率先进行市场化和民营化改革，培育了市场主体，推动了市场体系的发育发展，使市场在资源配置中的基础性作用得到充分发挥。温州紧紧抓住历史机遇，从本地实际出发，发扬敢为人先、特别能创业的精神，大胆改革创新，冲破阻碍生产力发展的旧框框束缚，促成市场经济体制发育和发展的先发优势，迅速推动本地区的工业化和城镇化进程，创造了经济社会发展独特的温州模式，在中国经济体制改革和经济社会发展过程中产生了重要影响。

全国其他地区其他人的支持是温州模式形成与发展的外部条

件。温州模式的形成和发展，与全国其他地区其他人的支持是分不开的，他们积极支持温州的改革和发展，为温州的建设添砖加瓦、献计献策。例如，上海的《解放日报》最早公开提出温州模式的概念，温州模式公开提出后，在全国范围内引起了强烈反响，也引起了世界的极大关切；费孝通三访温州，先后发表了《温州行》《家庭实，创新业》和《筑码头，闯天下》，这些成了研究温州模式不得不读的经典之作，在《温州行》中，费孝通把温州模式的特点概括为"小商品、大市场"，从此，"小商品、大市场"成为温州模式的经典表述。国内外新闻界、学术界、工商界人士对温州模式进行了深入的研究，取得了丰硕的成果，兴起了温州模式研究热，这些研究成果为温州模式的形成和发展提供了强大的智力支持。一些地方还组建了研究温州模式的科研机构、人民团体等组织，比如，华中科技大学组建了温州研究院，浙江工商大学成立了温商研究所等。温州模式的形成与发展离不开全国其他地区其他人的支持，离开他们的支持，温州模式就失去了外部条件。

因此，温州模式不单属于温州，也属于中国，温州模式是马克思主义和当代中国实际相结合的产物。温州模式产生于温州，但它不局限于温州，而是向全国其他地区传播、辐射，为其他区域的发展提供了借鉴，丰富了中国特色社会主义理论体系；温州模式形成于30多年前，但它不单属于昨天，也属于今天以至明天，中国改革开放历史上还没有哪一种区域发展模式能像温州模式这样跨越时间和空间，具有如此普遍而持久的生命力。改革开放以来，我国相继出现的区域发展模式或路子、经验众多，诸如苏南模式、义乌经验、浦东模式、珠江三角洲模式等，但在当代中国思想宝库中占有重要地位并引起世界极大关切的却为数不多，而温州模式则是其中一颗颇具异彩的璀璨明珠。

（二）温州模式是马克思主义和当代温州特点相结合的产物

温州模式是当代温州坚持、运用和发展马克思主义的必然结果。温州人坚信马克思主义的普遍真理，坚持以马克思主义为指导，运用马克思主义的立场、观点和方法分析了中国处于并将长期处于社会主义初级阶段的基本国情和温州特殊的社会状况、历史条件，找到了一条既符合中国国情又适合温州市情的又好又快又新的发展路子。在一个人多地少、资源匮乏、交通闭塞、工业落后、城市破旧、生存压力巨大、经济社会发展缓慢的小城市进行社会主义建设和改革，遇到许多特殊的复杂问题，这些问题在马克思、恩格斯、列宁的本本中都没有现成的答案可循，也没有现成的经验可资借鉴，只能靠温州人自己运用马克思主义的立场、观点和方法分析温州的具体情况，不断总结经验和教训，走上一条中国特色温州特点的科学发展道路。温州模式是根植于温州大地上的马克思主义，是温州化的马克思主义，是马克思主义和温州特点相结合的产物。

温州市各级党委、政府把马克思主义的普遍真理和温州的实际结合起来，坚持一切从实际出发，解放思想，实事求是，不被争论所干扰，不被压力所左右，充分尊重人民群众的主体地位和首创精神，充分调动人民群众的积极性和主动性，充分发挥人民群众的创造性和实践性；"规划好森林，让树木自由生长"，大胆地支持、鼓励、引导人民群众发展个体私营经济，坚定地推进各项体制和机制改革，注重加强市场调控，不断开创民营经济发展的新局面。温州市委和市政府鼓励支持群众自谋职业、自主创业，营造了全民创业、全民创新、全民富裕的环境；在股份合作企业发展初期，针对不少企业"一年合伙，两年红火，三年散伙"的不正常现象，先后制定促进股份合作企业的一系列相关政策，为这一新生事物的健康发展创造了良好的政策环境；20 世纪 80 年代末，提出质量立市战略，引导企业树立质量意识、品牌意识，推动形成一批骨干企业，使温州产品的声誉得以恢复和提高，并积极建设信用温州；积极实施温州文化研究工程和"以民引外，民外合璧"发展战略，为温州模式的创新注入了新的活力。从质量温州、品牌温州到信用温州的跨越式发展，从平安温州到和谐温州的历史性转变，温州正在走向科学发展道路。温州的实践证明，发展市场经济，需要良好的发展环境，而营造和维护良好的发展环境，离不开各级党委和政府的有为作用。

温州模式是当代温州对中国特色社会主义理论体系的成功实践，是当代温州人对解放思想、实事求是的最好诠释。

二 温州模式是当代温州的马克思主义

在社会主义改革新的历史时期，温州人敢为人先，实事求是，全面总结社会主义温州的历史经验，借鉴其他地区改革发展的成功经验，准确把握求和平、谋发展、促合作的时代潮流进行改革开放和现代化建设的伟大实践，把马克思主义的普遍真理和温州的具体实际结合起来，逐步形成和发展了当代温州的马克思主义——温州模式。温州模式是当代温州坚持、运用、发展马克思主义的必然结果，是温州人民的伟大创造。

温州人民是温州模式形成与发展的内在根据。温州模式在形成和发展过程中，离不开党中央和国务院的正确领导，离不开其他地区其他人的支持，也离不开温州市各级党委和政府的鼓励、支持和引导。但是，毋庸置疑，温州模式是温州人民在马克思主义，尤其是在当代中国的马克思主义——中国特色社会主义理论体系指导下，在改革开放和现代化实践中逐渐形成和发展起来的，凝结着温州人民的智慧和力量，温州人民是温州模式的真正创造者，是温州物质财富和精神财富的创造者，是推动温州历史前进的决定性力量。因此，把温州模式称为当代温州的马克思主义，更贴切一些。为什么又说温州模式是马克思主义和当代中国实际相结合的产物？或者说，温州模式是当代中国坚持、运用、发展马克思主义的必然结果？这是因为温州模式是在中国共产党的正确领导下和全国其他地区其他人的支持下形成与发展起来的，这与温州模式的创造者是温州人民，把温州模式称为当代温州的马克思主义这一结论并不矛盾。中国共产党的领导、全国其他地区其他人的支持、温州人民的创造、温州模式的形成与发展之间不是相互孤立、相互分离的，而是相互影响、相互促进、缺一不可的。

在 21 世纪的历史起点上，温州市把发展活力温州、实力温州、和谐温州作为目标，以工业化、信息化、城镇化、市场化、国际化为路径，以改革创新为动力，向开放、科技、品牌、规模要发展，努力实现由经济大市向经济强市、创业城市向创新城市、平安城市向和谐城市跨越，实现温州跨越式发展和持久繁荣。为此，必须始终坚持实践检验真理的标准，坚持"不争论，让实践来检验"的原则，允许改革、试验，试验成功后再推广，试验失败就退回来，在实践中创造经验，不断丰富和发展温州模式；必须始终尊重人民群众的首创精神，调动人民群众的创业创新积极性和主动性，发挥人民群众的创造性和实践性，依靠人民群众，推动温州经济社会又好又快发展；必须始终培育市场主体，推动市场体系的发育发展，充分发挥市场在资源配置中的基础性作用，遵循市场经济运行规律，不断抢占商品经济、市场经济发展的先机，不断在社会主义市场经济发展中获得先发优势；必须始终推动全民创业、全民创新、全民富裕，形成温州人自为商、户自为商、村自为商、镇自为商、城自为商的全民创业、创新和富裕的局面等。

正如马克思主义是世代相继、不断发展的一样，作为当代温州的马克思主义，温州模式也是世代相继、不断发展的，必然会或将会形成博大精深的内容和周密严谨的体系，也必然会是一个不断发展的开放的体系。温州模式要优于其他区域发展模式，要持久保持旺盛的生命力，不仅在于它要具有博大精深的内容和周密严谨的体系，不仅在于它要继承温州历史上优秀的文化成果和人类优秀的文明成果，而且在于它要紧密同中国共产党和温州人民的实践联系在一起，随着实践的深化而深化，在于它是一种站在历史的制高点上注视未来的模式。正是由于温州模式同中国共产党和温州人民实践的紧密结合，具有辩证的创新精神，所以它只会随着实践的发展和历史的演进变更它的内容和形式，不断丰富发展它的内容和完善创新它的体系。温州模式不是僵死的，不是静止的，不是没有问题的，而是处于运动、变化和发展的过程中，处于问题的出现、发现和解决的过程中。人们对温州模式的认识是一个由浅入深、由片面到全面的无限过程。

三　温州模式是中国共产党和温州人民智慧的结晶

中国特色社会主义道路的形成与发展，是中国共产党和中国人民科学总结、提炼、概括全国各地成功实践经验的结果。邓小平根据区域生产力发展水平和各方面的条件，提出了"两个大局"的战略思想，发展必须讲究区域性，根据区域的具体情况，制定符合自身特点的发展战略。东部地区通过不断试验、改革和实践先发展起来，为中西部地区发展提供经验，然后带动和支持中西部地区发展，最终实现全国各地区共同繁荣和共同富裕。改革开放特别是党的十六大以来，各地紧密结合具体实际，创造性地学习贯彻邓小平理论和"三个代表"重要思想，深入贯彻落实科学发展观，积极探索具有地方特色、符合客观规律的区域经济社会发展道路，积累了非常丰富的成功经验。形成了一系列各具特色的发展模式，温州模式是区域发展模式的典型代表。胡锦涛指出："要深入基层，深入群众，加强调查研究，总结和运用广大干部群众在改革开放和现代化建设实践中创造的成功经验，特别是要总结和运用广大干部群众落实科学发展观的成功经验，深化对社会主义建设规律的认识，增强以科学发展观统领经济社会发展全局的本领。"① 因此，总结和运用具体的成功经验，可以进一步深化对中国特色社会主义发展规律的认识，进一步深化对中国区域发展规律的认识。

（一）温州模式集中了中国共产党的智慧

温州模式集中了中国共产党的智慧，体现了中国共产党对温州发展规律的共同认识。中国共产党充分调动中央和地方的积极性，善于集中发展社会主义温州的意见和建议，带领温州人民进行改革开放和社会主义现代化建设，抓住机遇，加快发展，鼓励温州探索和试验，把温州实践和解放思想、实事求是统一于中国特色社会主义事业中。十一届三中全会重新确立了实事求是的思想路线。温州改革开放的成功不能靠书本，只能靠实践，靠实事求是。邓小平指出："不争论，是为了争取时间干。一争论就复杂了，把时间都争掉了，什么也干不成。"② 温州不搞脱离实际的抽

---

① 《十六大以来重要文献选编》（中），中央文献出版社，2006，第 764 页。
② 《邓小平文选》第 3 卷，人民出版社，1993，第 374 页。

象的空洞的争论，那样不但不能解决实际问题，反而延误了解决实际问题的时间。中国共产党非常重视实践的作用，只有实践才能转变人们的观念，冲破传统观念的束缚，实践体现了时代的要求，适应了现实温州发展的需要，唯有实践，才能充分说明我们所需要的温州模式是必须同温州实际相结合的模式，必须是随着实践的变化而不断向前发展的模式。

邓小平强调，在改革开放中要大胆试验，敢于探索。"摸着石头过河"是邓小平实践观的缩影。其目的在于找到促进生产力发展的方式，邓小平的第一个试验是支持农村包产到户的推行，第二个试验是在沿海地区兴办经济特区。最大的试验是改革开放。这些试验，是前无古人的开创性事业，没有现成的答案和经验可循，要靠全国各个地方在实践中不断摸索。邓小平多次说"改革是一场试验""我们现在做的事情都是一个试验""是一个伟大的试验""从世界的角度讲，也是一个大试验"，是探索中国特色社会主义道路的试验。试验—总结—再试验，如此无限地进行下去。同时，实践要讲求效果，只要能解放和发展生产力，实践就有意义，实践不能解放和发展生产力就没有意义。邓小平指出："生产关系究竟以什么形式为最好，恐怕要采取这样一种态度，就是哪种形式在哪个地方能够比较容易比较快地恢复和发展农业生产，就采取哪种形式；群众愿意采取哪种形式，就应该采取哪种形式，不合法的使它合法起来。"① 采用什么样的生产关系形式最好，只有实践的效果才能回答，由实践来评判。只要它适应生产力的发展就可以大胆利用。

中国共产党的领导干部积极关心、支持温州改革开放和现代化建设，从 1985 年 8 月到 1986 年 4 月，时任国务院副总理万里、浙江省委书记王芳等同志来温州考察调研，对温州的改革与发展给予了肯定与赞赏，鼓励温州"大胆去干"。1986 年 5 月，中央领导明确提出要在温州搞试验，试验什么呢？就是试验非公有制经济，看它的存在到底有哪些积极作用，哪些消极作用。中央领导谈到实行我国农村第二大战略部署的问题时认为，解决这个问题

①　《邓小平文选》第 1 卷，人民出版社，1994，第 323 页。

要靠两条，第一靠地方资金，即乡镇企业；第二，发挥个体和私人经营者的才能和资金积累。对这个问题，中央领导认为可以"一面实践、一面讨论"，并建议在温州先试验。1986 年 6 月中旬，《中办通报》下达了中央领导的这段讲话要点，温州的干部群众闻讯为之振奋！精神最为振奋的，是时任温州市委书记的董朝才。董朝才发出"国营、集体和个体经济三者一起上"的动员令，提出"发展社会主义生产力，没有高低贵贱之分，应该一视同仁，一概支持"。董朝才亲自挂帅调研，用了一个月时间，拿出了温州改革试验区总体方案，上报浙江省委、省政府。浙江省委、省政府于 9 月上报党中央、国务院。中央领导表示，温州试验区方案可行，可以先干起来。有关"温州试验区方案"的消息，在全国各地引起很大的反响，时任中央政治局委员胡乔木和国务院副总理田纪云先后来温州视察，各省、地（市）也纷纷来温州参观，一年里，温州共接待了 4.4 万多人次。这个时期，温州成为全国的"热点"，《深圳特区报》说："1984 年是深圳年，1986 年是温州年。"

1987 年 2 月，中央 4、5 号文件下达，其中 5 号文件提出了私人企业"允许存在，兴利除弊，加强引导，完善管理"的方针，肯定了私人企业的作用。文件提出了"有计划建立农村改革试验区"的决定，并明确了办试验区的目的，中央的这两个文件，给温州干部、群众吃了两颗定心丸。浙江省委根据中央 5 号文件的精神与温州实际，确定了温州试验区改革试验的指导思想是：从温州实际出发，发挥当地的特点与优势，探索一条主要依靠群众自身力量发展社会主义商品经济的路子。一系列工作紧张有序地进行着。1987 年 9 月 18 日，国务院正式批准温州成为全国第一批 14个改革试验区之一。国务院特别指出："温州试验涉及面广，浙江省委已先期拟出方案报告党中央、国务院，此次未再重新申报。"这就表明，温州试验区走在全国前列。温州先后制定和颁发了 8 个地方政策规定，对于温州的改革试验起到了极其重要的推动作用。其中《温州市挂户经营管理暂行规定》《温州市私人企业管理暂行办法》《关于农村股份合作企业若干问题的暂行规定》等，都是在国家尚未颁布有关条例法规的情况下制定的，属于全国首创，颇具前瞻性，这些政策规定有力地保护了温州民间投资的合法性。

1991 年 4 月和 5 月，乔石、李瑞环同志相继来温州视察，对温州的开放、搞活给予了肯定；1991 年 10 月，江泽民同志来温州视察，肯定了温州市在发展经济、稳定社会、脱贫致富、繁荣市场上取得的成绩；1992 年 5 月，李鹏同志来温州视察时说："温州要肯定成绩，继续前进。不管人家讲什么，就像小平同志讲的，对的就坚持，不对的就改进和加以引导。"温州的路子得到了越来越多的认同，温州经济社会发展所取得的成绩证明，温州以市场为取向的改革发展的基本经验是正确的，温州走的路子是对的。

从党的十三大、十四大、十五大、十六大和十七大的报告中关于私营企业的一些表述中，我们也可以清晰地看到，温州的路子是正确的。1987 年 10 月，党的十三大报告提出："目前全民所有制以外的其他经济成分，不是发展得太多了，而是还很不够。对于城乡合作经济、集体经济和私营经济，都要继续鼓励它们发展"；1992 年 10 月，党的十四大报告指出："在所有制结构上，以公有制包括全民所有制和集体所有制经济为主体，个体经济、私营经济、外资经济为补充，多种经济成分长期共同发展"；1997 年 9 月，党的十五大报告指出："公有制为主体、多种所有制经济共同发展，是社会主义初级阶段的一项基本经济制度"，"对个体、私营等非公有制经济要继续鼓励、引导，使之健康发展"等。

习近平同志指出：实现中华民族伟大复兴，是中华民族近代以来最大的梦想。实现中国梦，必须走中国道路，这就是中国特色社会主义道路。实现中国梦，必须弘扬中国精神，这就是以爱国主义为核心的民族精神和以改革创新为核心的时代精神。实现中国梦，必须凝聚中国力量，这就是中国各族人民大团结的力量。温州模式是中国道路在温州的生动实践，温州精神是中国精神的聚焦体现，温州人民的力量是中国力量的重要组成部分。

（二）温州模式集中了温州人民的智慧

温州模式集中了温州人民的智慧，体现了温州人民对温州发展规律的共同认识。温州人民是在自然资源少、人均耕地少、国家投入少、交通条件差的情况下进行温州的改革开放和现代化建设的。以党的十一届三中全会召开为起点，以放手发展个体私营、股份合作经济为主要路径，以市场化改革为重要动力，温州人民进行了艰苦卓绝的第一次创业，初步完成了市场经济初期的基本积累，创造了充满活力的发展模式，实现了由贫穷到温饱的巨变；以邓小平南方谈话为开篇，以规范市场经济秩序为基本取向，以实施质量立市和基础设施建设为战略重点，以小城镇崛起为依托，温州人民进行了卓有成效的第二次创业，不断提高了经济整体素质和综合实力，实现了由温饱向总体小康迈进；以党的十七大召开为新的起点，以人均生产总值达到 3000 美元为新起跑线，温州进入了一个推进经济社会科学发展的新阶段。

温州人民解放思想、实事求是，大胆探索、勇于实践，走出了一条具有鲜明区域特色的发展路子，创造并发展了生机勃勃的"温州模式"，取得了令世人瞩目的巨大成就。改革开放 30 多年来，温州实现了经济社会发展的历史性跨越，城乡面貌发生了翻天覆地的变化。温州人民打造了民营经济的特色和品牌，温州成为中国民营经济的先行区，形成了改革创新的先发优势，成为中国构建社会主义市场经济体制的试验区。温州铸就了独特的温州人精神，为时代人文精神注入了积极元素。温州 30 多年的成功实践，是我国改革开放 30 多年发展的一个精彩缩影。温州人民倍加珍惜 30 多年来之不易的辉煌成果和宝贵经验，切实肩负起温州新的历史使命，坚持以中国特色社会主义理论体系为指导，深入贯彻落实科学发展观，全面实施浙江省委"创业富民、创新强省"总战略，与时俱进，奋发创新，大力弘扬温州人精神，不断提升温州模式，率先全面推进经济、政治、文化、社会建设和生态文明建设，率先走出一条科学发展的道路，努力把温州建设成为发展中国特色社会主义的先行区。

改革开放是深得民心的政策，在改革开放中，温州人民的积极性被充分地调动起来了，激发出了强大的创造力，创造了一个又一个奇迹。温州模式是温州人民的伟大创造，温州的建设成就雄辩地证明了温州模式是正确的。温州人民是温州模式的创造者和发展者，温州模式无论如何都不能和温州人民对立起来，温州模式最大的危险就是脱离温州人民的实践，密切联系温州人民的实践是必须坚持的原则，脱离了温州人民的实践，温州模式就失去了生机和活力，就失去了智慧之源，就不能实现温州跨越式发展和持久繁荣。温州模式就是把温州人民建设社会主义温州的成功经验进行总结，并把它上升到理论的高度，作为温州人民进行温州改革开放和现代化建设的宝贵财富。

温州人民凭着改革的胆识和创新的实践，敢闯敢冒，敢为人先，率先改革、率先探索、率先发展，赢得了先发优势。在推动温州发展的进程中，温州人民不唯上、不唯书、只唯实，敢于冲破一切束缚生产力发展的旧观念、旧思想、旧框框，留下了许许多多的创新创造之举。温州人民一切从实际出发，坚持发展是硬道理，走有温州区域特色的发展路子。温州改革开放的历史，就是温州人民的创造史和创业史。温州人民是温州改革、发展和创业的主体，创造了许多个"全国第一"。温州人民走过的路，是一条穷则思变的路子，一条改革创新的路子，一条尊重群众首创精神、全民创业的路子，一条以商促工、以工强商的路子，一条"走出去、引进来"的路子。这条路子，从小商品—专业市场—遍布海内外的市场网络、从特色产业—块状经济—强镇重镇、从温州人—温州人精神—温州企业家，留下了清晰的烙印。温州30多年改革开放的历史，是一部创业富民史，是一部创新发展史，归结起来，是中国特色社会主义理论体系与温州实际相结合的产物，是中国特色社会主义在温州的具体实践，是科学发展观在温州的生动体现。

温州人民站在一个新的历史起点上，面对前所未有的机遇和挑战，大力弘扬温州人精神，发展温州模式，积极应对当前国际金融危机带来的严峻挑战，落实中央扩大内需促进经济增长的各项政策措施，促进经济社会又好又快发展。要加快推进"温州沿海产业带"建设、民营经济创新发展、温州大都市区建设、统筹协调发展，着力推进经济转型升级。温州人民不断丰富发展"敢为人先、特别能创业"的温州人精神，推进以民营经济创新发展综合配套改革为龙头的机制体制创新，提高区域自主创新能力，积极推进行政体制改革，进一步提升温州对外开放水平，坚定不移地推进各项改革创新。温州人民从温州独特的经济格局和人文背景出发，以改善民生为重点，以平安建设为基础，积极构建具有时代特征和温州特色的和谐社会，努力把温州建设成为充满活力、诚信友爱、公平正义、民主法治、安定有序、人与自然和谐相处的文明宜居城市。

回顾过去，温州人民感到无比骄傲和自豪！展望未来，温州人民充满信心和力量，温州人民高举中国特色社会主义伟大旗帜，紧密团结在以习近平同志为总书记的党中央周围，在中共浙江省委的坚强领导下，全面贯彻落实科学发展观，发展温州模式，弘扬温州精神，凝聚温州人民的力量，大力推进改革开放，坚定信心，团结一致，真抓实干，努力把温州现代化建设事业不断推向前进，为实现中国梦而贡献力量。

四　温州模式是永嘉学派思想在新的历史条件下的继承和发展

温州传统地域文化底蕴深厚，历史上，温州出现了与正统儒家"君子不言利"相悖的永嘉学派，永嘉学派反对"重义轻利""重农轻商"，主张经世致用，提出"义利并举"，强调"通商惠工""工商皆本"。温州人民在改革开放的实践中，继承永嘉学派的功利、道义、重商思想和注重现实、崇尚实干、主动求变的精神，并发扬光大，在民营化和市场化进程中创建了温州模式，温州模式是永嘉学派思想在新的历史条件下的继承和发展。温州人民的创业创新实践融汇成具有时代特点的温州人精神，即白手起家、艰苦奋斗的创业精神，不等不靠、依靠自己的自主精神，敢闯敢试、敢为天下先的进取精神，闯荡天下、四海为家的开拓精神，勇于挑战旧观念、旧体制和世俗偏见的改革创新精神。正是这样的精神，推动了温州人民的创业创新活动。温州模式具有高度的自发性，引起了人们的广泛关注。温州模式在中国的经济社会发展过程中发挥着极其广泛的辐射作用，影响深远。温州模式是温州老百姓的模式。近几年来，温州模式也逐渐变成了浙江老百姓的模式，甚至正在变成中国老百姓的模式，珠江三角洲模式和苏南模式等其他区域发展模式也逐渐与温州模式趋同，进一步证明了温州模式是中国社会主义初级阶段中建设中国特色社会主义的一种最富有生命力和最有前途的区域发展模式。

温州人民以实践创新推动温州模式创新，在改革发展中继承传统文化，融合时代精神，不断发展温州模式，为经济社会发展的实践创新提供智力支撑。温州人从深厚的历史文化积淀中寻求养分，从现代知识中寻求突破，从鲜活的实践中积累经验，形成具有温州地域特色、传统文化底蕴深厚、温州人个性鲜明的文化，形成敢于创新、敢于失败、敢于走自己的路为主要特征的创造理念，推动了温州经济社会又好又快发展。温州形成了经济培育文化、文化引导经济的共识，以已有的雄厚经济实力去营造相对优良的人文环境，再以优良的人文环境去促成新的经济增长，最终形成经济与人文互利互惠的良性循环。温州发展靠的是温州人和温州模式，继承和发展温州传统文化，尤其是继承和发展永嘉学派思想，是推动温州改革创新实践和经济社会不断发展的精神动力和智力支撑。

第三节 温州模式的三个主要理论来源

正如任何理论都要从既有的思想材料出发一样，温州模式也有其思想理论来源，马克思主义、永嘉学派思想和中国特色社会主义理论体系是温州模式直接的主要的理论来源。

一 马克思主义

马克思主义是一个完整的科学体系，它的内容极其深刻和丰富，涵盖经济、政治、文化、军事、历史和社会与自然的关系等领域。世界各国的马克思主义者在马克思主义经典作家的思想材料的基础上不断创造新成果，推动着马克思主义的发展，构成了博大精深的思想宝库，马克思主义是由一系列基本理论、基本观点、基本方法构成的完整的整体，其中马克思主义哲学、马克思主义政治经济学和科学社会主义是马克思主义不可分割的三个主要组成部分。

马克思主义不是离开世界文明发展大道而产生的故步自封、僵化不变的理论，而是不断发展着的理论。马克思主义始终以客观事实为根据，它给予人们一个完整的世界观。马克思主义是人类在 19 世纪所创造的优秀成果——德国古典哲学、英国的政治经济学和英法空想社会主义学说的当然继承者。

马克思主义从产生到发展，表现出了强大的生命力，尤其是中国特色社会主义的成功实践，这种强大生命力的根源在于它的以实践为基础的科学性和革命性的统一。马克思主义最根本的世界观和方法论是辩证唯物主义和历史唯物主义，辩证唯物主义和历史唯物主义从根本上揭示了自然界、人类社会和思维发展的一般规律。马克思主义最鲜明的政治立场是实现最广大劳动人民的根本利益，人民群众是历史的创造者，只有维护好和实现好最广大人民群众的根本利益，才能得到人民群众的拥护和支持。马克思主义最重要的理论品质是坚持一切从实际出发，理论联系实际，实事求是，在实践中检验真理和发展真理，这种与时俱进的理论品质，是马克思主义保持生命力的关键所在。马克思主义最崇高的社会理想是实现物质财富极大丰富、人民精神境界极大提高、每个人自由而全面发展的共产主义社会。

马克思主义这一概念有狭义和广义之分，从狭义上说，马克思主义是指马克思恩格斯创立的基本理论、基本观点、基本方法和学说的体系。从广义上说，马克思主义既包括马克思恩格斯创立的基本理论、基本观点、基本方法和学说的体系，也包括后人在继承和发展的实践中创造的理论成果。

马克思主义是温州模式主要的理论来源之一。温州人民坚持马克思主义，在实践中发展马克思主义，把坚持马克思主义和发展马克思主义有机结合起来，运用马克思主义的立场、观点和方法解决温州问题，创造了生机勃勃的温州模式。马克思主义包括马克思主义哲学、马克思主义政治经济学和科学社会主义等三个主要组成部分，与此相对应，温州模式可以而且应当包括哲学、政治经济学和科学社会主义三个主要内容，我们认为温州模式包括温州哲学、温州经济学和社会主义温州学等三个主要组成部分，马克思主义哲学是温州哲学主要的理论来源，马克思主义政治经济学是温州经济学主要的理论来源，科学社会主义是社会主义温州学主要的理论来源。

马克思主义哲学为温州人认识温州问题提供了一种崭新的世界观和方法论，温州哲学为温州人解决温州问题作了一系列论述，而这种论述随着时代的发展和社会的进步会越来越科学，最终，温州哲学会成为一门科学贯穿于温州模式的形成和发展始终，成为温州模式的理论基础。马克思主义政治经济学通过对资本主义生产方式的内在矛盾、运行机制和发展规律的分析，为温州人认识社会主义市场经济提供了一把钥匙，温州经济学为温州人解决社会主义市场经济问题提供了经济理论和方法，对温州改革开放和时代发展提出的理论课题作了初步解答。科学社会主义在历史唯物主义和剩余价值两大发现的基础上，阐明了资本主义社会转变为社会主义、共产主义社会的客观规律，是我们认识资本主义、建设社会主义的理论基础。社会主义温州学为处于并将长期处于社会主义初级阶段的温州发展提供了社会主义理论体系，温州正在走向科学发展之路，温州人民向着共同富裕的目标前进，既立足现实又追求理想，为实现共产主义而努力奋斗。

二　永嘉学派思想

永嘉学派是一个地域特征非常鲜明的学派，在宋、元文献资料中，永嘉学派被论者与朱陆之学相提并论，它的主要成员都是温州籍人士，永嘉学派思想在历史上有相当的影响。陈傅良既是南宋学术的四大家之一，也是永嘉学派的重要成员，叶适是永嘉学派的集大成者。在整个中国哲学史研究格局中，人们对永嘉学派的研究都以程朱理学为参照系，似乎永嘉学派思想只有在与理学的比较中才能彰显出特色，对永嘉学派的研究也不是学术界的主流，只有当理学不能应对时代的新挑战和不能解决时代课题时，人们才想起永嘉学派的独特价值，并从中汲取养分。随着新的研究风气的形成，温州文化研究工程的实施，温州大学陈安金教授主持的国家社会科学基金青年项目"永嘉学派与温州区域文化崛起研究"顺利结项，并以同名专著出版，周梦江出版了《叶适与永嘉学派》一书等，学术界越来越重视对永嘉学派的研究，研究成果越来越丰硕。

永嘉学派一方面体现了宋代温州的社会和文化，另一方面又通过自己的学术活动，为温州的文化注入了精神特质。温州人深受永嘉学派思想的影响，永嘉学派思想为当代温州的经济社会发展提供了重要的思想资源，是温州模式直接的理论来源。

温州模式是温州人民创造的模式，或者说是温州人民自己的模式，温州经济是民营经济或者是民本经济，总之核心在"民"。这与永嘉学派思想具有一脉相承的关系，叶适指出："国本者，民欤？重民力欤？厚民生欤？惜民财欤？本于民而后为国欤？昔之言国本者，盖若是矣。"① 由于人的生存与发展是生命主体与环境等诸因素互动的结果，只有解决了基本的物质生活问题，才能从事其他的精神活动，"聚天下之人，则不可以无衣食之具。"② 当时南宋积贫积弱，外有金的侵扰，内则腐败，国家民族处于危亡之际。因此，永嘉学派反对空谈义理，批评重农抑商，主张义利并举，农商并重，不以义抑利。针对董仲舒"正其谊不谋其利，明其道不计其功"的说教，叶适指出：此语初看极好，细看全疏阔，古人以利于人，不自居其功，故道义光明，后世儒者行仲舒之论，既无功利，则道义者乃无用之虚语尔！"③ 叶适还对"破富人以扶贫弱"的主张提出了异议，从多方面肯定了当时"富人"的社会作用。④ 永嘉学派的这一系列精神精华在当代温州人民的致富道路上可以说得到了最大限度的继承。

温州模式在形成和发展过程中，温州人重民利，厚民生，真正做到了当家作主，人民群众的首创精神得到了充分尊重，人民群众的创造性得到了充分发挥，弘扬了永嘉学派以民为本、德政双修的传统思想。温州为民营企业发展创造了良好的政策环境，为民营企业保驾护航，尊重群众创造的新型生产方式，坚持和依

---

① 《水心别集》卷二《国本上》。
② 《水心别集》卷二《财计上》。
③ 《习学记言序目》卷二十三。
④ 陈俊贤、周星增主编《温州探秘·各界述评卷》，人民日报出版社，2002，第257～258页。

靠发动群众，尊重群众首创精神，充分发挥群众在改革发展中的主体作用。

温州人追求财富，逐利而行，大义为重，勇于承担社会责任，"穿奥康走四方""不走寻常路""走过四季都是情"这些以走为荣的格言是温州人致富之路的缩影，昭示着温州人为利而奔走四方的精神。温州人遍布全世界，"地球上有鸟飞不到的地方，但没有温州人到不了的地方"。随着财富的积累，温州人的一系列大义之举无不闪烁着永嘉学派先贤们这些美好思想的光芒，助教兴学，支援社会建设，资助科研活动等，温州人明白利和义是合一的，是不可分割的。温州人继承了永嘉学派义利并举的思想，并把追求利益发展为追求业绩，把追求义理发展为承担社会责任。

永嘉学派思想极其丰富，内容博大精深，它具有超越时空的普遍价值和时代意义，愈来愈受到世界各国有识之士的重视和青睐，并对现代社会和生活继续发挥积极而深刻的影响。21 世纪的国际竞争是综合国力的竞争，其中很重要的方面是文化软实力的竞争，一个没有深厚的文化底蕴和强大的文化竞争力的民族，是一个没有希望和前途的民族。中华文化博大精深，显然，永嘉学派思想是它的重要组成部分。温州模式的创造不能撇开已有的历史和文化成果而凭空产生，只能在既定的历史条件下去创造新的历史和文化，永嘉学派思想是温州模式直接的理论来源。

三　中国特色社会主义理论体系

中国特色社会主义理论体系，包括邓小平理论、"三个代表"重要思想以及科学发展观等重大战略思想在内的科学理论，中国特色社会主义理论体系是马克思主义中国化的最新成果，在这里，我们把中国特色社会主义理论体系作为温州模式主要的理论来源之一。

以邓小平为核心的党的第二代中央领导集体开创了中国特色社会主义理论体系。首先重新确立了解放思想、实事求是的思想路线，冲破"两个凡是"，把党和国家的工作中心转移到经济建设上，实行改革开放，在领导中国人民进行社会主义建设的伟大实践中，创立了邓小平理论，制定了以经济建设为中心、坚持四项基本原则、坚持改革开放的基本路线，开辟了建设中国特色社会主义的新道路。邓小平理论包含有一系列具有开创性的思想，回答了什么是社会主义，怎样建设社会主义等一系列基本问题，邓小平理论揭示社会主义的本质是解放生产力，发展生产力，消灭剥削，消除两极分化，最终达到共同富裕，从而把对社会主义的认识提高到新的科学水平。邓小平理论强调只有社会主义才能救中国和发展中国，但社会主义必须是切合中国实际的有中国特色的社会主义，而当代中国最大的实际就是中国处于并将长期处于社会主义初级阶段。一切都要从这个实际出发，根据这个实际去制定路线、方针、政策。邓小平同志又以马克思主义的宽广眼界观察世界，作出了坚持实行对外开放的伟大决策，他指出，搞社会主义，中心任务是发展社会生产力，一切有利于发展社会生产力的方法，包括利用外资和引进先进技术，我们都采用。邓小平同志提出了社会主义也可以搞市场经济的思想，从根本上破除了把计划和市场看作是社会基本制度范畴的思想束缚，为社会主义市场经济理论的形成奠定了坚实基础，使市场在国家宏观调控下对资源配置起基础性作用。这样，邓小平理论就在第一次比较系统地初步回答中国这样经济文化比较落后的国家如何建设社会主义、如何巩固和发展社会主义等一系列基本问题中，开创了中国特色社会主义理论体系。

以江泽民为核心的中国共产党第三代中央领导集体提出了"三个代表"重要思想，继承、发展了邓小平理论。提出"中国共产党必须始终代表中国先进生产力的发展要求，代表先进文化的前进方向，代表最广大人民的根本利益"的"三个代表"重要思想，带领中国共产党和中国人民捍卫和发展了中国特色社会主义事业，并成功地把它推向21世纪。"三个代表"重要思想从改革发展稳定、内政外交国防、治党治国治军等各个方面，在建设中国特色社会主义的发展道路、发展阶段、发展战略、根本目的、根本任务、发展动力、依靠力量、国际战略以及新时期党的建设等问题上，用一系列紧密联系、相互贯通的新思想、新观点、新论断，进一步回答了什么是社会主义、怎样建设社会主义的问题，创造性地回答了在新的历史条件下建设什么样的党、怎样建设党的问题，成为加强和改进党的建设、推进我国社会主义自我完善和发展的强大思想理论武器，实现全面建设小康社会宏伟目标的根本指针。

以胡锦涛为总书记的党中央提出了科学发展观，进一步丰富和发展了中国特色社会主义理论体系。在全面建设小康社会的历史新时期，中国社会主义现代化建设取得了伟大成就，既面临着战略机遇期，又面对着以高投入、高消耗、高排放、低效率、低产出为特征的粗放经济增长方式与能源、资源、环境的矛盾日益尖锐的严峻挑战的矛盾凸显期。以胡锦涛为总书记的党中央从自身和中国国家事业发展的全局出发，总结中国发展实践，借鉴国外发展经验，适应新的发展要求，提出了科学发展观，回答了实现什么样的发展，怎样发展的问题，进一步丰富和发展了中国特色社会主义理论体系。科学发展观的第一要义是发展。牢牢抓住发展这个党执政兴国第一要务，着力把握发展规律，创新发展理念，转变发展方式，破解发展难题，提高发展质量和效益。科学发展观的核心是以人为本。要以实现人的全面发展为目标，始终把实现好、维护好、发展好最广大人民群众的根本利益作为党和国家一切工作的出发点和落脚点，走共同富裕的道路，让发展的成果惠及全体人民、由人民共享。科学发展观的基本要求是全面协调可持续。要以经济建设为中心，全面推进经济建设、政治建设、文化建设、社会建设，实现经济发展和社会全面进步；要统筹城乡发展、区域发展、经济社会发展，统筹人与自然和谐发展，统筹国内发展和对外开放，要实现经济发展和人口、资源、环境相协调，坚持生产发展、生活富裕、生态良好的文明发展道路，建设资源节约型、环境友好型社会。科学发展观的根本方法是统筹兼顾，要正确认识和处理中国特色社会主义事业中的一系列重大关系，统筹个人和集体、局部和整体、当前和长远利益，充分调动各方面的积极性。着力推进以改善民生为重点的社会建设、促进社会公平正义的和谐社会建设，在国际上和各国人民携手努力推动持久和平、共同繁荣的和谐世界建设。

以习近平为总书记的党中央带领全国各族人民为实现中国梦

而努力奋斗，中国梦归根结底是人民的梦。

中国特色社会主义理论体系是不断发展的开放的体系。首先，这个理论体系是在以往的实践过程中不断发展的，党的三代中央领导集体和以胡锦涛同志为总书记的党中央都作出了重要贡献。其次，随着中国改革开放和社会主义现代化建设实践的发展，中国特色社会主义理论体系还将得到进一步完善和发展。再次，中国特色社会主义理论体系必须吸收借鉴人类社会所创造的新的文明成果。中国特色社会主义理论体系贯通哲学、政治经济学、科学社会主义等领域，涵盖经济、政治、科技、教育、文化、民族、军事、外交、统一战线、党的建设等方面。中国共产党和中国人民对共产党执政规律、社会主义建设规律、人类社会发展规律的认识、把握、运用达到一个新水平。

温州模式是中国特色社会主义理论体系在温州实践的产物，温州模式的形成过程也是中国特色社会主义理论体系在温州实践的过程，温州模式是对解放思想、实事求是、与时俱进的最好诠释，改革是温州巨变之源，创新是温州发展之魂，温州人是温州模式的创造者、创新者和发展者，温州模式具有强大的生命力。中国特色社会主义理论体系是温州模式主要的理论来源之一，为温州模式的形成和发展提供了源源不断的科学理论支撑。

第四节　温州模式的三个主要组成部分

温州模式是涵盖温州经济、政治、文化、社会、管理、教育、科技、自然、地理、人文、战略、战术、环境等方面比较完备的理论体系，温州模式需要系统地回答温州的科学发展、社会和谐、全民创业、共同富裕、效率公平、民主法治、内外条件、市场机制、党政体制、社会保障和文化崛起以及温州特色理论与实践等一系列基本问题。温州哲学、温州经济学和社会主义温州学是温州模式的三个主要组成部分，温州哲学是温州模式的哲学基础或理论基础，温州经济学是温州模式的具体化或展开，社会主义温州学是温州模式的核心。

一　温州哲学

在世界观层面，温州模式表现为温州哲学。温州哲学是温州人的哲学观念的系统理论表述。温州哲学是温州经验的哲学总结和温州人精神的精华，是温州文明的活的灵魂。温州人在温州实践中把马克思主义哲学的普遍真理和温州的具体实际结合起来，积极建构温州哲学范畴，努力形成自己的哲学。马克思主义哲学、永嘉学派哲学思想和中国特色社会主义哲学是温州哲学直接的主要的理论来源。本书对温州哲学的基本概念进行初步探讨，温州哲学的研究坚持以邓小平理论和"三个代表"重要思想为指导，深入贯彻落实科学发展观，立足温州实际，以重大理论与现实问题为中心，对温州发展道路与经验进行哲学总结，按照温州人实践观、温州人世界观、温州人真理观、温州人价值观、温州人关系论、温州人发展论、温州人问题论的思路建构温州哲学范畴，推进温州哲学学科体系建设和学术观点创新。通过温州经验的哲学个案研究，带动典型地区经验的哲学研究，推动中国经验的哲学研究，有助于形成点、线、面、体协调发展的中国特色地方特点的哲学学科体系，有助于形成合理的哲学学科布局体系，为中国特色社会主义哲学大繁荣大发展服务。

著名社会学家费孝通先生提出了"温州实践"等概念，李凤伟提出了"温州人的商业哲学"等概念，祝宝江等提出了"温州人的经营哲学"等概念，王春光研究了温州人的社会关系等，众多学者研究了温州模式、温州人精神、永嘉学派、温州区域文化……所有这些概念和思想都为温州哲学的提出和研究提供了重要借鉴和有益启示。

温州哲学体现了温州人的切身利益，它的形成同对时代问题的解答是密切相关、融为一体的。实质上，它是在时代要求推动下的一种追求，即温州人以哲学的方式解答时代向自己提出的问题，创立当代温州的马克思主义哲学——温州哲学，实现了马克思主义哲学与温州现实的接触与结合。

研究温州哲学，从理论上说，有助于开辟中国区域哲学研究之路，崛起区域哲学；有助于开创当代中国马克思主义哲学的地方形态，深化对区域发展规律的认识，繁荣发展区域哲学；有助于建构马克思主义哲学的当代形态，深化对中国特色社会主义建设规律的认识，繁荣发展中国特色社会主义哲学。从实践上说，有助于实现马克思主义哲学温州化，为马克思主义哲学中国化、大众化、时代化提供实践范式；有助于坚定走中国特色社会主义道路，不断赋予马克思主义鲜明的时代特色、民族特色、实践特色；有助于坚定走区域特色发展之路，为地方实现科学发展提供现实依据。

江泽民在考察中国社会科学院时指出，建设中国特色社会主义，需要在实践和理论上不懈地进行探索，不断在实践的基础上提出创新的理论。温州哲学就是在理论上进行创新的一次尝试。马克思主义哲学必须大众化和中国化，这是时代的要求和中国新的实践的需要，温州哲学贯穿于马克思主义哲学大众化为与温州的具体实际相结合的理论和马克思主义哲学中国化为与中国特色社会主义的具体实际相结合的理论的过程中。温州哲学创新了马克思主义哲学的形态，丰富了中国特色社会主义哲学即当代中国马克思主义哲学的内容。

马克思强调，理论只有被群众掌握，才能够产生出改造社会的巨大能量。温州人自觉地坚持马克思主义，运用马克思主义的立场、观点和方法指导行动，勇于创新、敢于创新，不断探索适合自身发展的新思维、新路子，把马克思主义哲学的普遍真理与温州人的具体实际结合起来，创造性地形成了温州哲学，使马克思主义哲学大众化取得了温州形式，开创了马克思主义哲学的温州形态。

党的十五大报告指出，邓小平理论，"是贯通哲学、政治经济学、科学社会主义等领域，涵盖经济、政治、科技、教育、文化、民族、军事、外交、统一战线、党的建设等方面比较完备的科学体系"。因此，中国特色社会主义哲学是邓小平理论即中国特色社会主义理论的重要内容，是当代中国的马克思主义哲学。温州哲学是中国特色社会主义哲学的重要组成部分，它不是区域哲学，而是区域人哲学，即不能把温州哲学理解为在温州的区域内产生的哲学，而应该把它理解为在温州及其他区域由温州人创立的哲学，开创了中国区域人哲学研究的先河，所谓区域人就是对中国地方区域治理与管辖方式形成的人的区域身份的规定，区域与区域人的生存与发展密切相关。例如，区域人享受的医疗、保险、住房、就业、求学等待遇与区域紧密相关，甚至有时区域的变动可以决定一个区域人的命运。区域人是理解中国特色社会主义哲学的一把钥匙，中国特色社会主义哲学不是确定的知识体系或教条，而是由一系列区域人哲学组成的开放的系统。只要有条件，一个县域人，甚至一个村域人都可以有自己的哲学，各个区域人都有自己的特点，对区域人的切身利益密切相关的问题的解答方式、角度、态度可以而且应当多样化，从而形成区域人哲学的"百家争鸣、百花齐放"现象，理解了这一点就理解了中国特色社会主义哲学的本质。这样，中国特色社会主义哲学就会永葆生机与活力。

二　温州经济学

在理论经济和应用经济层面，温州模式表现为温州经济学，温州经济学是温州人的经济观念的系统理论表述。温州人把马克思主义政治经济学的普遍真理和温州的具体实际结合起来，努力形成自己的经济学。马克思主义政治经济学、永嘉学派经济思想和中国特色社会主义经济学是温州经济学直接的主要的理论来源。何钟秀教授指出：温州模式已不单是温州的经济模式，已经成为一门经济学科。温州经济是老百姓经济，是民本经济，民营经济是温州经济发展的主要推动力量。因此，研究温州模式，就必然要涉及温州民营经济的内涵、特点、学科性质和研究对象等问题，也要研究温州民营经济发展内在的、本质的、必然的联系，即发展规律，形成一门温州老百姓的经济学，我们称之为温州经济学。浙江大学教授史晋川等人从经济学的角度系统论述了温州模式，以此为起点，温州模式已经成为一门经济学。

温州经济学是温州模式的主要组成部分，是温州模式的具体化或展开，温州经济学包含着极其丰富的内容，但是，温州经济学是一门主要研究温州民营经济的运行机制和发展规律的学科，民营经济是民间或民众按照市场经济机制运作的一种经济形态和经营方式的统称。温州经济是老百姓经济，是一种"民办、民营、民有、民享"的民本经济。研究温州经济学，就自然涉及温州民营经济诸多方面的内容及其相互关系。温州民营经济最主要的内容，其实就是社会主义市场经济，是一种立足于民，利国富民的经济，更是一种最具地方特色又符合我国国情的民本经济。

温州民营经济的迅速崛起是改革开放时期出现的具有重大历史意义的经济社会现象，温州是一个以民为本的城市，民本、民有、民享，催生了民智，积累了民资，改善了民生，实现了民富。民营经济已经成为温州经济社会发展的主要推动力量，已经成为温州的一大特色，是温州经济体制机制优势所在。民营经济促进了温州经济快速发展，改善了温州人民的生活水平，培育了市场主体，加快了城市化进程，温州改革开放和社会主义现代化建设取得了伟大成就。

温州经济学是一门"老百姓"的经济学。改革开放以来，温州大力发展民营经济，民营经济迅速崛起，千家万户办工厂，千军万马发展个体、私营经济，民营经济的发展推动了温州国民经济的发展和社会进步。据有关部门统计，现在，温州全市有个体工商户20多万户，民营企业13万多家。民营企业的数量占全市工业企业总数的98.8%，工业产值占全部工业产值的95%，创造的外贸出口额占全市外贸出口总额的95%以上，从业人员占全市企业职工总数的80%以上。

温州经济学是一门"小题大做"的经济学。温州经济有着"小商品、大市场，小资本、大辐射，小区域、大发展"的特点，在温州，往往一个村或邻近的几个村是某一种或某一类产品的产销小基地，一个镇或邻近的几个镇是某一种或某一类产业的产销大基地。温州这种区域性集群经济，具有高度的社会化分工和专业化协作的产业体系，形成了温州企业的群体规模、技术和资金等生产要素以及品牌的集聚优势。这种优势最终体现为成本优势、价格优势和竞争优势，让小商品占领了大市场，小资本得到了大辐射，小区域得到了大发展。

温州经济学是一门"温州人"的经济学。在改革开放和社会主义现代化建设进程中，温州人恋乡不守土，走南闯北，在全国甚至全世界开拓市场，形成了温州人经济，因此，温州经济也是温州人经济。温州的 GNP 比 GDP 大得多，据有关部门统计，在外温州人有 200 多万，其中在国内约 160 万，国外约 50 万，在国内各地创办企业 3 万多家，累计投资额超千亿元，全年实现工业总产值超千亿元。在外温州人成立了 70 多个温州商会，成为温州人经济的独特风景线。在外温州人还在全国各地建起了 40 多万个销售网点，不仅推销上千亿元的温州产品，还架起了温州与国内外合作的桥梁，带动了温州本土经济的发展。同时，在外温州人通过在异地发展，为温州积累了雄厚的发展资金。

温州经济学是一门"举轻若重"的经济学。温州经济是以轻工业为主的经济，轻工业是温州的支柱产业。从产业基础看，已建成中国鞋都等一批国字号的轻工产品生产基地。从行业发展看，已有 50 多类轻工产品占全国轻工产品总数的一半左右。从市场竞争力看，轻工业是温州最早对外开放、竞争比较充分的行业。行业的装备水平高，产品市场占有率高，营销网络齐全，品牌形象好。正是基于这样的基础和优势，温州市委、市政府响亮地提出了打造国际性轻工城的产业发展定位。

温州经济学是一门"无中生有"的经济学。温州可利用的自然资源非常少，人均拥有耕地少，国家投资少。但温州人的创造精神能够做到"无中生有"。温州的水头镇、郭溪镇，没有什么畜牧业，却成了全国最大的猪皮革、牛皮革生产基地。当温州的企业缺乏技术和人才时，就千方百计花巨资到全国各地招才引智。温州的产品绝大多数是通过外地市场销售的，许多皮鞋、服装企业在外地开设了上千家专卖店。一些服装企业自己不建厂房，推行虚拟经营和轻资产经营，被称作温州发展中的"零资源""零技术"和"零资本"现象。

三　社会主义温州学

在科学社会主义理论层面，温州模式表现为社会主义温州学，社会主义温州学是温州人的科学社会主义观念的系统理论表述。温州人把科学社会主义的普遍真理和温州的具体实际结合起来，努力形成社会主义温州学。科学社会主义、永嘉学派社会政治思想、中国特色社会主义理论体系是社会主义温州学直接的主要的理论来源。社会主义温州学是中国特色社会主义在温州的具体化，中国特色社会主义是科学社会主义的崭新形态，因此，社会主义温州学也必然是科学社会主义在温州的具体反映。国内学者对社会主义温州学进行了一定的研究，主要集中在对温州学的研究上。2003 年 1 月在温州召开了"温州学"学术研讨会，此后，温州学成为一个令许多人关注的热点。奚从清在《试论温州学的若干问题》①一文中较为全面地阐释了温州学的理论和现实问题。有学者认为温州学是研究温州经济和温州社会互动发展的学科，有人认为温州学是研究温州人的学科，也有人认为温州学是研究温州社会的学科，等等。《温州人精神简明读本》一书中指出："创立温州学，对其进行系统的研究，无论从温州的历史或现实角度看，还是从温州人群体看，都很有意义。温州深厚的历史文化底蕴为创立温州学积淀了丰富的养料，对温州已有的研究为创立温州学初步奠定了基础。"②方立明等把温州学的研究对象确定为"是一门主要研究温州经济和文化互动关系的机制及其发展规律的综合性地方学科"③。这些观点和思想为社会主义温州学的研究提供了重要借鉴和有益启示，社会主义温州学的创立、崛起、发展，需要付出艰辛的努力，需要在科学社会主义理论和实践上不懈地进行探索，形成系统的理论表述。

社会主义温州学是温州模式的核心，是温州模式的"归宿"，社会主义温州学是一门主要研究温州人和温州社会发展规律的学科。社会主义温州学的研究离不开对温州人的全面而自由发展的研究。温州经济是老百姓经济，是温州人经济。温州人是温州最宝贵的资源和品牌，也是温州最大的优势。温州人吃苦耐劳、艰苦创业、敢闯敢冒、敢为人先，实事求是的精神创造了温州模式。社会主义温州学的研究，如果离开了对温州人及其全面而自由发展的研究，就会成为无源之水、无本之木。社会主义温州学的研究也离不开对温州社会的研究，温州和全国一样，现在处于并将

① 奚从清：《试论温州学的若干问题》，《温州瞭望》2002 年第 1 期。
② 祝宝江主编《温州人精神简明读本》，浙江大学出版社，2009，第 194 页。
③ 方立明等：《互动管理与区域发展：温州模式研究的几个问题》，三联书店，2010，第 309 页。

长期处于社会主义初级阶段，温州社会发展不能超越这个阶段，一切要从这个实际出发，既要立足于现实，又要有实现共产主义的远大理想，树立共产主义必胜的信心，坚持走具有中国特色温州特点的科学发展道路，为实现共产主义社会而贡献力量。社会主义温州学的研究，要着眼于发展这个角度，遵循开放性原则，坚持区域性与世界性相统一，坚持历史、现实与未来相统一。

社会主义温州学的研究，既要立足于温州，又要放眼世界，把区域性和世界性有机统一起来。一个地方由于受经济、政治和文化的影响，必然会彰显出区域特色。温州社会在共性中有着鲜明的个性。正是这种鲜明的个性使得创立社会主义温州学有了理论上的依据。研究社会主义温州学，首先应该立足于温州，离开了温州也就无所谓社会主义温州学。温州经验、温州现象和温州奇迹，为社会主义温州学的创立提供了现实基础。改革开放以来，温州人民解放思想，大胆创新，率先进行市场取向改革，率先发展个体私营经济，率先建立股份合作的企业组织制度，创造了许多个"全国第一"，被专家学者称为"温州经验""温州奇迹"和"温州现象"，等等。研究温州的改革开放，研究温州的市场经济发展，对研究中国的改革开放和社会主义市场经济的发展，具有十分典型的意义。但是，当今世界是开放的世界，任何一个地方的发展，不可能是孤立的、封闭的，而是相互联系的、开放的。社会主义温州学的演进，应该把它放到全国、全世界中去分析、比较，大胆地借鉴和吸收人类创造的一切文明成果。

社会主义温州学的研究，既要继承传统思想和文化，又要超越传统思想和文化，吸收现代优秀文明成果。历史上，温州文化给温州人留下了一笔宝贵遗产，尤其是永嘉学派思想以及受这种思想影响所形成的重商文化，无疑对当今发展社会主义市场经济、进行社会主义现代化建设有着普遍的价值和意义。对优秀传统文化，应该继承它、挖掘它，使其发扬光大。这是历史的传承，文脉的绵延。但是，任何民族、任何地区的传统文化，都有自身的不足，温州的传统文化也不例外。温州人"人人想当老板"的自主意识很强，有竞争意识，但有时缺乏合作、协作和甘当配角的精神；温州人精明、务实，但有时往往偏重于眼前利益，缺乏长远眼光；温州人重人情，亲和力强，但有时规则意识还不强。凡此种种，无不有着传统文化正面的和负面的效应。因此，我们不能为传统所累，不能将传统文化僵化化、模式化。温州模式是根据发展变化的环境而不断发展、与时俱进的模式，而不存在老温州模式和新温州模式的划分。研究社会主义温州学，应该采取马克思主义的态度和实事求是的态度，对传统文化大胆地进行批判继承、进行创新，把优秀的传统文化与先进的现代文化结合起来，坚持历史、现实与未来相统一，不断赋予温州文化新的内涵和时代特征，取其精华，去其糟粕。这是我们对待传统文化的正确态度，也是研究社会主义温州学的科学方法。

第二章　温州哲学概述

温州哲学的产生是对马克思主义哲学现代新形态的重要建构，是区域人哲学的一个典型代表，区域人哲学是当代中国马克思主义哲学的地方形态，它使马克思主义哲学的主体由人类转换为区域人，区域人是理解当代中国马克思主义哲学的一把钥匙，理解了这一点就理解了马克思主义哲学现代新形态的本质，这样，当代中国马克思主义哲学就会永葆生机与活力。研究温州哲学，有助于开辟区域人哲学研究之路，有助于开创当代中国马克思主义哲学的温州形态，有助于实现马克思主义哲学温州化。温州哲学是温州人进行改革开放和现代化建设的指南，温州人在实践中强烈地感到没有自己的哲学就不能前进，随着改革开放和时代的发展，温州人迫切需要建立自己的哲学。

第一节　温州哲学的历史渊源

中共中央《关于进一步繁荣发展哲学社会科学的意见》要求大力繁荣发展哲学社会科学，要求哲学贴近实际、贴近生活、贴近群众，突出哲学在社会发展中的战略地位和重要作用；用中国化的发展着的马克思主义指导新的实践，积极推进理论创新。努力开创马克思主义哲学的温州形态，崛起温州哲学，繁荣区域人哲学，这是具有深远意义的哲学事业。邓小平指出："现在建设中国式的社会主义，经验一天比一天丰富。经验很多，从各省的报刊资料看，都有自己的特色。这样好嘛，就是要有创造性。"[①] 温

---

① 《邓小平文选》第 3 卷，人民出版社，1993，第 372 页。

州经验，温州模式被浙江及其他地区的各大报刊频繁报道，温州模式成为一个热门话题。温州哲学是温州模式的有机组成部分，是它的理论基础，集中体现了温州人的切身利益，它的产生有其深刻的历史渊源。

一 温州哲学产生的历史背景

温州哲学的产生同对时代问题的解答是密切相关、融为一体的，实质上，它是在时代要求推动下的一种追求，即温州人以哲学的方式解答时代向自己提出的问题，它的产生有其深刻的历史背景。随着改革开放的具体实践和时代的发展，温州人迫切需要创立自己的哲学。

（一）政治上，1978 年召开的党的十一届三中全会，在东方神圣的大地上揭开了中国历史的新篇章，是新中国成立以来党的历史上具有深远意义的伟大转折，同时是中国人民和中华民族历史的伟大转折。实现了思想路线的拨乱反正，否定了"两个凡是"的错误观点，恢复了党的实事求是的思想路线，肯定了实践是检验真理的唯一标准；实现了政治路线的拨乱反正，结束了以"以阶级斗争为纲"的路线，把党和国家的工作重点转移到社会主义现代化建设上；作出了改革开放的伟大决策，逐步形成了多层次、宽领域和全方位的开放格局，我国进入了改革开放和全面开创社会主义现代化建设的新的历史时期。现在的世界是开放的世界，只有坚持开放，才能搞活经济，促进生产力发展，把自己封闭起来是不可能得到发展的，中国离不开世界。

时代的主题由战争与革命转换为和平与发展，和平与发展是世界人民的共同愿望，世界朝着多极化方向发展，中国成为维护世界和平与促进共同发展的坚定力量。邓小平准确把握时代主题，带领全党和全国各族人民确立了"实践有出路"的基本构想，围绕马克思主义是什么，什么是社会主义，怎样建设社会主义等根本问题，总结新中国成立以来正反两方面的经验，解放思想，实事求是，在中国特色社会主义实践和理论上不断进行探索，对社会主义的一系列问题作出了科学解答。把马克思主义的普遍真理和当代中国实践结合起来，走自己的路，建设有中国特色的社会主义，把四个现代化作为重点，坚持发展生产力，扭住这个根本环节不放松。揭示了社会主义的本质，就是解放生产力，发展生产力，消灭剥削，消除两极分化，最终达到共同富裕。改革是解放和发展生产力的必由之路，是中国的第二次革命，中国共产党肩负着建设中国特色社会主义的历史使命。

温州是最早的沿海开放城市之一，是中国改革开放的一个缩影，温州积极参与世界竞争，融入经济全球化，抓住机遇，加快发展自己。在邓小平理论的指引下，温州改革开放和社会主义现代化建设取得了伟大成就，经济社会事业充满了生机与活力，温州人以敢为天下先的精神发展民营经济，成为全国走中国特色社会主义道路非常有典型意义的一个代表，创造了温州模式，这给温州人的行动消除了政治上的顾虑，时代也同时给温州人提出了第一个问题，即温州人应该做什么事才能既促进自身的发展，又有利于社会主义现代化建设事业，温州人确立了"行动有出路"的基本构想。新的实践和新的历史使命需要新的理论指导，温州哲学必然在理论上体现出来。

（二）经济上，资本主义国家实行市场经济，用市场手段有效配置了资源，促进了生产力的巨大发展，走上了相对富裕之路；包括中国在内的社会主义国家曾经实行高度集中的计划经济，用计划手段配置资源效率低下，多年的实践证明，只搞计划经济束缚了生产力的发展，人民生活相对贫困。把计划经济和市场经济有机结合起来，充分发挥市场在资源配置中的基础性作用，加强国家的宏观调控，就能解放生产力，加速经济发展。20世纪六七十年代，中国基本上处于封闭半封闭状态，中国与世界的差距拉大了，我们的经济和科技水平大大落后于发达国家，世界天天在变化，时代在进步，当今世界是开放的世界，经济全球化趋势不可阻挡，任何一个国家脱离世界经济舞台都是不可能发展起来的。中国必须参与世界竞争，坚持开放政策，一切反映社会化大生产规律的先进经营管理方法可以而且应当拿来为社会主义服务，大胆吸收人类创造的一切文明成果，积极占领世界高科技之地，立于世界民族之林。

邓小平在南方谈话中明确了市场和计划都是配置资源的手

段，本身并不姓"资"或姓"社"，计划多一点还是市场多一点，不是社会主义和资本主义的本质区别，计划经济不等于社会主义，资本主义也有计划；市场经济不等于资本主义，社会主义也有市场，社会主义也可以搞市场经济。姓"资"或姓"社"的问题，判断的标准应该主要看是否有利于发展社会主义社会的生产力，是否有利于增强社会主义国家的综合国力，是否有利于提高人民的生活水平。中国逐步从计划经济转向市场经济，建立具有中国特色的社会主义市场经济体制，这是一个重要的转折。中国处于富裕的窗外与贫穷的窗内的交汇点上，中国向何处去？如何去？如何行动？有什么意义？这些问题迫切需要中国共产党和中国人民来回答。

温州成功探索出了一条市场经济发展路子，经济发展快了，人民富裕起来了。温州人按照"三个有利于"标准对股份合作制经济进行了大胆探索，市场是实现股份制经济繁荣与发展的基础性条件，因此，温州人不断开拓市场，积极投身于市场经济大潮中，释放出了无限的能量，在全国甚至世界各地建起了温州城、温州街、温州村、温州店。温州人不是借助计划而是借助市场把温州与全国乃至世界紧密联系在一起，形成了温州关系网。温州哲学的雏形基本形成，它是邓小平理论在温州的成功实践，也是一个时代的进步在温州人身上的集中体现。

（三）文化上，它与改革开放时期温州人独特的行动文化密切相关，在改革开放初期，全国大部分人的观念是敢想不敢做，少部分人的观念是敢想敢做。能不能解放思想、实事求是成为中国人民命运攸关的问题。要把中国人民的积极性调动起来进行改革开放和社会主义现代化建设，这需要勇气，胆子要大，步子要稳，解放思想、实事求是、与时俱进，始终是中国人民迎接经济全球化挑战，化解社会矛盾，构建社会主义和谐社会的法宝。改革开放又是全新的事业，没有现成的其他社会主义国家的经验可供借鉴，在马克思主义的本本里也是找不到的。只能靠中国人民一点一点地试验，走一步、看一步，成功是人民的愿望，失败也是一个经验。

在邓小平的敢为人先、勇于创新精神鼓舞下，温州人迅速行动起来，不与人进行抽象的理论争辩，而是埋头苦干，用事实说话，以实践作为检验真理的根本标准，形成了"行动—理性认识—行动"的哲学思维方式，用改革开放的实际行动去克服困难，迎接挑战，抓住机遇，用实践的马克思主义哲学发展书本的马克思主义哲学，确立了温州哲学的真理观、认识论、行动观。改革开放初期，温州人的学历层次与全国相比普遍偏低，多数成功人士学历并不高，有些甚至小学都没毕业，在这种情况下，温州人的行动靠正确的理论指导的难度很大，先学习理论再干需要花费很长时间，而时代在进步，社会在发展，形势逼人，不进则退。那怎么办？邓小平强调，要多腾出时间来办实事，少说多做，要抓住时机，发展自己。那就先干，不能丧失机会。在行动中不断总结经验和方法，不是学会了再干，而是在干中学习。这就形成了改革开放时期温州人独特的行动文化，这种文化反映了20世纪80年代前后温州人的实际状况。

二 温州哲学的理论来源

温州哲学不是凭空产生的，在解答温州问题以及创立温州哲学过程中，温州人对永嘉学派进行了批判性的研究和哲学反思。永嘉学派、马克思主义和中国特色社会主义理论体系是温州哲学的理论来源。而永嘉学派的事功哲学、马克思主义哲学和中国特色社会主义哲学是温州哲学直接的主要的理论来源。

（一）永嘉学派的事功哲学

永嘉学派的事功哲学是温州哲学直接的理论来源。温州区域文化是中华文化的重要组成部分，是地域文化的一个典型代表，是温州哲学形成过程中不可缺少的"遗传因子"。温州区域文化源远流长，南宋时以叶适为代表的永嘉学派、以"永嘉四灵为代表的江湖诗派，近现代的孙诒让、夏鼐、夏承焘、苏步青"[1] 等，在中国思想史、文学史、科学史上都具有重大影响。永嘉学派，又称"事功学派、功利学派等，是南宋时期在浙东永嘉（今温州）

---

① 周梦江：《叶适与永嘉学派》，浙江古籍出版社，1992，第154页。

地区形成的一个儒家学派"①。它的形成和南宋时期永嘉地区商品经济的发展是密切相关的。南宋时期,永嘉地区出现了富工、富商和工商业地主,为了维护自己阶层的利益,他们纷纷著书立说,提倡实事和功利,是新兴阶层的利益要求在观念上的体现,因其代表人物多为浙江永嘉人,故名永嘉学派,与当时朱熹的理学派、陆九渊的心学派鼎足而立。

永嘉学派的事功哲学认为充盈宇宙者是"物",坚持唯物主义观点,而道存在于事物本身之中(物之所在,道则在焉);提倡"功利之学,反对虚谈性理,讲究实效,义利并举"②"既无功利,则道义者乃无用之虚语";主张提高商人地位,重视商业,倡导"通商惠工,用国家的力量扶持商贾,流通货币",反对传统的"重本抑末",即只重农业、轻视工商的政策;自始至终追求一种价值取向,知之则必用,用之则必尽;倡导辩证思维,提出"一物为两""一而不同"的关于事物对立统一的命题,认为事物对立面处于依存、转化之中,而"止于中庸";认识上主张"以物用不以己用",提倡对事物作实际考察来确定义理。这种讲究实效,注重功利,强调个人、个性、能力的思想及其价值取向和商品经济意识是融合的,"经过温州人的历史实践,塑造和强化了温州这一地方的地域文化传统,构成了温州经济社会发展中不可缺少的遗传因子。"③ 这种"血统"渗透在温州人的骨髓里,使"温州人成为中国犹太人"④,温州人普遍具有艰苦创业、敢冒风险、永不满足的精神和致富欲望,这些皆源于中国犹太人的血统⑤,阐明了人的利益诉求对推动社会进步的意义,倡导通过合理的利益引导,使人的利益诉求与社会道义目标一致。这种"义利思想的代际传承,形成了温州人讲求实利、不唯形式的务实风格"⑥,以及根据社会

① 周梦江:《叶适与永嘉学派》,浙江古籍出版社,1992,第53页。
② 周梦江:《叶适与永嘉学派》,浙江古籍出版社,1992,第132页。
③ 周少华:《破译温州经济的文化 DNA》,《浙江经济》2002 年第 2 期。
④ 李庆鹏:《中国犹太人》,经济日报出版社,1999,第76页。
⑤ 陈立旭:《文化与浙江区域经济发展》,浙江人民出版社,2001,第231页。
⑥ 王侠:《我看温州人——走南闯北拾遗》,《浙江经济》2002 年第 8 期。

环境变化变换利益诉求渠道的灵活变通的哲学观念。温州人批判继承了义利统一思想，把它发展成追求业绩和承担社会责任的统一、社会贡献和个人需要的统一，在温州实践中，坚持业绩是硬真理，责任是软真理。用追求业绩的办法解决温州问题。

（二）马克思主义哲学

马克思主义哲学是温州哲学主要的理论来源之一。马克思主义哲学是科学的世界观和方法论，是中国共产党和中国人民认识世界和改造世界的锐利思想武器，马克思主义哲学的产生是人类思想史上的伟大变革，它使哲学的性质和功能发生了根本性的变化。温州人运用马克思主义哲学的立场、观点、方法分析和解决温州问题，把马克思主义哲学与温州实际结合起来。温州人认为，解决温州问题一定要遵循马克思主义的辩证唯物主义和历史唯物主义，抓住马克思主义哲学的精髓，马克思和恩格斯是马克思主义哲学的主要创立者，列宁和毛泽东等马克思主义经典作家丰富和发展了马克思主义哲学。在改革开放和现代化建设过程中不能丢掉"老祖宗"。温州的实践又验证了马克思主义哲学，温州人始终努力建构自己的哲学，从理论和实践上提出了一系列富有创新性和时代性的思想和观点，形成了具有温州特色、温州气派和温州风格的哲学。

（1）马克思恩格斯哲学思想

马克思和恩格斯在向唯物主义和共产主义的转变过程中逐步阐释了自己的哲学思想，《共产党宣言》的发表标志着马克思和恩格斯哲学思想的最后完成和公开问世。特别是唯物史观的发现，第一次把社会学置于科学的基础上，把唯心主义从最后的避难所——社会历史领域驱逐出去，实现了哲学史上的变革，唯物史观和剩余价值的发现使社会主义从空想变为科学。马克思在大学时代所学的专业是法学，但是对法学的深入研究使他渴望专攻哲学，没有哲学就不能使他前进，马克思中学时代就立志要为大多数人谋福利。在博士论文《德谟克利特的自然哲学和伊壁鸠鲁的自然哲学的差别》中，恰当地运用了辩证法思想，表明马克思在辩证法方面已经脱离了黑格尔的思辨的体系而完全独立。在

《莱茵报》时期，马克思走上了社会政治舞台，开始接触到社会生活的物质现象，日益觉察到物质因素、物质利益对国家和法的作用，转向了对人类历史的唯物主义理解。在《黑格尔法哲学批判》中，为确立社会现象的唯物主义观点和立场方面迈出了关键性的一步，论述了家庭和市民社会是国家的基础，法和国家根源于社会物质生活，内含了唯物史观的基本思想，标志着马克思进一步完成了向唯物主义的转变。在完成唯物主义转向的基础上，马克思也大致同时转向了社会主义和共产主义，马克思把哲学作为无产阶级解放全人类的头脑，把无产阶级作为解放全人类的心脏。恩格斯通过对施特劳斯《耶稣传》的研究，完成了向无神论的转向，在《普鲁士国王弗里德里希－威廉四世》一文中，恩格斯认为，只有人民革命才是消灭基督教的、非理性的旧国家的决定性手段，1842 年底，恩格斯开始考察工人阶级的生产状况，表达了对资本主义的厌恶和对劳动人民的同情，《政治经济学批判大纲》的发表标志着恩格斯完成了向唯物主义和共产主义的转变，恩格斯从无产阶级立场和历史唯物主义的方法出发，加深了对共产主义的理解，论述了经济因素在社会变革中的作用，经济利益对立是产生阶级对立的基础，内含了唯物史观的基本精神。

马克思和恩格斯共同阐发了科学的实践观和新唯物主义，《神圣家族》在马克思和恩格斯创立哲学思想中具有重要的地位，他们在思想上彻底清算了唯心主义，论述了人民群众是历史的创造者，历史活动是群众的事业，只有从实践和实际生活出发才能正确认识历史现象，构成了唯物史观的重要观点。在《关于费尔巴哈的提纲》和《德意志意识形态》中，马克思和恩格斯彻底清算了旧唯物主义，阐释了新唯物主义，突出了实践观在新唯物主义中的地位和作用，实践的观点是新世界观首要的和基本的观点，在实践中，把人与自然的唯物主义理解结合起来，把正确发挥主观能动性和尊重客观规律结合起来，实现了对社会生活认识和整个哲学认识的根本变革。表明了新唯物主义的阶级实质和历史使命，突出新唯物主义改造世界的功能，马克思指出："哲学家只是用不同的方式解释世界，问题在于改变世界。"① 恩格斯把它誉为"包含着新世界观的天才萌芽的第一个文件"②。恩格斯大致同时也写了关于费尔巴哈的札记，批判了费尔巴哈的唯心史观，达到了与马克思相同的立场和结论。在《德意志意识形态》中，马克思和恩格斯系统地阐述了历史唯物主义的基本原理，为科学社会主义奠定了基础，《共产党宣言》的发表标志着马克思和恩格斯哲学观的最后完成，表明了新唯物主义已经成为工人阶级争取解放的行动指南，充分展示了新唯物主义改造世界的功能和革命的本质，列宁指出："这部著作以天才的透彻而鲜明的语言描述了新的世界观，即把社会生活领域也包括在内的彻底的唯物主义、作为最全面最深刻的发展学说的辩证法、以及关于阶级斗争和共产主义新社会创造者无产阶级肩负的世界历史性的革命使命的理论。"③ 在马克思和恩格斯哲学思想指导工人运动的实践中，马克思和恩格斯始终强调他们的"整个世界观不是教义，而是方法。它提供的不是现成的教条，而是进一步研究的出发点和供这种研究使用的方法"④。要把握住新世界观的精髓，即哲学思想方式和方法论，"人民最精致、最珍贵和看不见的精髓都集中在哲学思想里"⑤，又要在无产阶级伟大的革命实践中不断发展新世界观，是新世界观指导实践的过程和实践证实、发展新世界观辩证过程的统一，二者相辅相成、缺一不可，这才是正确的彻底的唯物主义态度。

（2）列宁哲学思想

列宁在把马克思主义和俄国的具体实际相结合的过程中，捍卫和发展了马克思和恩格斯的哲学观，为马克思主义者探索落后国家的社会主义革命和建设指明了方向。温州人吸收了列宁的哲学思想，不断探索解决温州问题的新思想、新观念和新理论。列宁领导俄国人民取得了十月社会主义革命的伟大胜利，开创了人类历史的新纪元，社会主义从理论变成了现实，列宁非常重视马

---

① 《马克思恩格斯选集》第1卷，人民出版社，1995，第57页。
② 《马克思恩格斯选集》第4卷，人民出版社，1995，第213页。
③ 《列宁选集》第2卷，人民出版社，1995，第416页。
④ 《马克思恩格斯全集》第39卷，人民出版社，1974，第406页。
⑤ 《马克思恩格斯全集》第1卷，人民出版社，1956，第120页。

克思和恩格斯的哲学思想，体现在他的"没有革命的理论，就不会有革命的运动"的著名论断中，哲学思想是"革命的理论"的基础部分，指导和制约着其他的革命理论，工人阶级的革命运动离不开马克思和恩格斯哲学思想的指导。列宁在同民粹派、"合法马克思主义"、经济派和孟什维克等机会主义的坚决斗争中，论述和发挥了历史唯物主义。列宁指出："自从《资本论》问世以来，唯物主义历史观已经不是假设，而是科学地证明了的原理"，唯物史观是"唯一科学的历史观"①。在《唯物主义和经验批判主义》中，列宁总结了工人阶级运动的斗争经验和当时自然科学的最新成果，发展了辩证唯物主义的认识论。坚持辩证唯物主义反映论的基本原理，论述了两条根本对立的认识论路线和辩证唯物主义认识论的三个重要结论；阐明实践的观点是认识论首要的和基本的观点，实践作为检验真理的标准具有确定性和不确定性；给辩证唯物主义的物质概念下了经典性的定义，"物质是标志客观实在的哲学范畴，这种客观实在是人通过感觉感知的，它不依赖于我们的感觉而存在，为我们的感觉所复写、摄影、反映。"② 真理问题是认识论的重要问题，列宁丰富和发展了马克思主义真理观，真理是客观的，是绝对真理和相对真理的统一，"绝对真理是由相对真理构成的。"③ 相对真理和绝对真理在一定条件下可以相互转化，承认客观真理、真理的相对性和绝对性，也就坚持了辩证唯物主义认识论的基本观点。列宁也丰富和发展了唯物辩证法，提出了"辩证法也就是马克思主义认识论"的著名论断，辩证法是关于事物普遍联系和发展的学说，是人类改造世界的伟大认识工具，阐释了唯物辩证法的范畴体系，论述了对立统一规律是辩证法的核心，辩证唯物主义和历史唯物主义是相统一的。

（3）毛泽东哲学思想

毛泽东哲学思想集中体现在《实践论》和《矛盾论》等著作

---

① 《列宁选集》第1卷，人民出版社，1995，第10页。
② 《列宁选集》第2卷，人民出版社，1995，第89页。
③ 《列宁选集》第2卷，人民出版社，1995，第94页。

之中，实践观、矛盾观和真理观是毛泽东哲学思想的主要组成部分，无论过去、现在还是将来，毛泽东哲学思想都是温州人认识温州问题和解决温州问题的思想武器。毛泽东辩证地考察了认识与实践的关系。毛泽东认为，实践是人们"根据于一定的思想、理论、计划、方案以从事于变革客观现实"的活动。实践的形式多种多样，但基本的形式有生产活动、阶级斗争、科学实验等。其中生产活动是人类最基本的实践活动，是决定其他一切活动的基础；阶级斗争是阶级社会的一项重要实践；科学实验是人类探索未知、面向未来的重要实践形式。毛泽东认为，实践是认识的基础，这表现为，实践是认识的来源、认识发展的动力、检验真理性的标准和认识的最终目的。在毛泽东看来，认识来源于实践，实践是检验认识真理性的标准。人们的社会实践是人们对于外界认识的真理性标准，认识与实践的统一是马克思主义的一个最基本原则。根据这一原则，思想必须反映客观实际，实践是真理的检验者。毛泽东在充分承认认识的本质意义是对客观世界加以反映的基础上，从实践是认识的来源、目的、发展的动力和检验标准等多方面出发全面肯定实践对于认识的重要性。毛泽东的实践观从人的社会性来理解人，真理的标准只能是社会的实践。对于社会问题、政治活动而言，"只有千百万人民的革命实践，才是检验真理的尺度"。所以，在他看来，由社会的人所组成的集体的实践活动是检验真理的重要标准。在毛泽东看来，真理与实践的不同之处在于，真理是人们的认识对客观事物及其规律的正确反映；实践则是人们对客观世界的改造活动。毛泽东始终坚持真理的客观性，并在此基础上强调真理是绝对性和相对性的统一，真理的客观性是由实践加以证明的。真理是唯一的，"真理只有一个，而究竟谁发现了真理，不依靠主观的夸张，而依靠客观的实践"[①]。所以，从根本上说，毛泽东一直认为真理是客观的，是由认识与客观事物相符合的程度所决定的。正确认识和处理人民内部矛盾是社会主义社会的一个重大的理论和实践问题。在领导中国革命和建设的实践过程中，毛泽东对社会主义基本矛盾问题进行了深

①　《毛泽东选集》第2卷，人民出版社，1991，第663页。

人的探索，并取得了理论和实践上的巨大成就。毛泽东在《矛盾论》中指出，互相矛盾的诸方面在发展中有适应也有冲突。适应之中有不适应之处，因此发展中就有改革而冲突是矛盾发展的最后形式，就是革命。在《关于正确处理人民内部矛盾的问题》中，毛泽东的矛盾观表达得更加明确。毛泽东的社会主义社会矛盾学说对于正确认识和处理人民内部矛盾、促进社会主义温州的稳定和发展、构建社会主义和谐温州都具有重大的理论价值和实践意义。

（三）中国特色社会主义哲学

中国特色社会主义哲学是温州哲学主要的理论来源之一。中国特色社会主义哲学是当代中国的马克思主义哲学，是中国特色社会主义理论体系的有机组成部分，是它的理论基础。中国特色社会主义哲学的主要创立者是邓小平，他高举中国特色社会主义旗帜，中国特色社会主义哲学是这面旗帜的灵魂，邓小平是中国特色社会主义的灵魂工程师，没有这个灵魂，就没有中国特色社会主义，中国特色社会主义哲学需要人民，人民更需要中国特色社会主义哲学，必须对中国特色社会主义建设经验进行哲学概括和总结，从而建构起有生命力的中国特色社会主义哲学。江泽民和胡锦涛进一步丰富和发展了中国特色社会主义哲学。

（1）中国特色社会主义哲学的建构

邓小平用建设有中国特色的社会主义理论引导人民正确地对待历史、认识现实，鼓舞人民奋发努力、积极向上，为伟大壮丽的社会主义现代化建设事业而英勇奋斗；出色地把马克思主义哲学运用于中国特色社会主义实践，中国取得了举世瞩目的成就，他坚决否定"两个凡是"的错误观点，恢复和确立了实事求是的思想路线，肯定了实践是检验真理的唯一标准，建构起了有生命力的中国特色社会主义哲学。有生命力就在于它同中国人民之间的血肉联系、同共产主义远大理想之间的紧密联系，忘记、忽视或是割断这种联系，哲学的生命就会枯竭，人民需要哲学，哲学更需要人民。邓小平把马克思主义哲学观作为行动的指南，把它与中国的实际和时代特征结合起来，在改革开放和社会主义现代化建设中，始终努力建构中国特色社会主义的灵魂，没有这样的灵魂，就没有中华民族的灵魂，就没有一切，无论过去、现在和将来，这个灵魂是谁也摧毁不了的、谁也动摇不了的。邓小平为建构中国特色社会主义的灵魂奋斗了终生，从理论和实践上提出了一系列富有创新性和时代性的思想和观点。

马克思主义哲学和毛泽东哲学思想是中国共产党和中国人民认识中国特色社会主义和建设中国特色社会主义的精神武器，是科学的世界观和方法论，它提供给我们的不是教条，而是行动的指南。以毛泽东为主要代表的中国共产党和中国人民对于马克思主义的普遍真理与中国革命的具体实际结合中一系列独创性经验的哲学概括，形成了毛泽东哲学思想。以邓小平为主要代表的中国共产党和中国人民把马克思主义哲学和毛泽东哲学思想的基本立场、观点和方法运用于中国特色社会主义建设实践，对中国特色社会主义建设经验进行了创造性的哲学概括，建构了中国特色社会主义哲学。它是马克思主义哲学和毛泽东哲学思想在中国特色社会主义的运用和发展，是当代中国坚持和发展马克思主义哲学的必然结果。这是因为：

第一，赋予了当代中国马克思主义哲学鲜明的实践特色。实践特色是马克思主义哲学的本质诉求，实践性是马克思主义哲学的根本特征。马克思主义哲学在当代中国的实现程度，取决于当代中国对马克思主义哲学的需要程度，改革开放和社会主义现代化建设迫切需要把马克思主义哲学和毛泽东哲学思想运用到中国特色社会主义实践。中国特色社会主义哲学以揭示中国特色社会主义的规律为己任，以邓小平为主要代表的中国共产党和中国人民在当代中国实践基础上继承前人又打破成规，解放思想，实事求是，立足社会主义初级阶段实际，深刻回答了长期束缚人们思想的重大认识问题，深化了对社会主义建设规律，人类社会发展规律的认识，开创了马克思主义哲学的新形态，形成了建设有中国特色社会主义哲学的科学体系，即当代中国马克思主义哲学的科学体系。

第二，赋予了当代中国马克思主义哲学鲜明的民族特色。通过中国人民普遍认同和接受的民族形式实现了马克思主义哲学和毛泽东哲学思想在当代中国的丰富和发展，是中国人民所喜闻乐见的朴实道理，具有中国气派和中国作风。中国特色社会主义哲学是在改革开放和社会主义现代化建设中，在总结我国社会主义正反两方面的经验的基础上，逐步形成和发展起来的。以邓小平为主要代表的中国共产党和中国人民，从社会主义初级阶段的基本国情出发，面向现实，直指问题要害，抓住发展生产力这个中心环节，对改革开放的经验和中国人民的敢为人先、勇于探索和勇于创新精神加以升华，并且把它提升到世界观和方法论的高度。既深刻把握了马克思主义哲学和毛泽东哲学思想的精髓，能够用马克思主义哲学的立场、观点和方法分析和解决中国特色社会主义的现实问题，又发展了马克思主义哲学和毛泽东哲学思想。

第三，赋予了当代中国马克思主义哲学鲜明的时代特色，"任何真正的哲学都是自己时代精神的精华"，哲学是一定时代的产物，不能脱离时代。恩格斯指出，"每一个时代的理论思维，从而我们时代的理论思维，都是一种历史的产物，它在不同的时代具有完全不同的形式，同时具有完全不同的内容。"① 以邓小平为主要代表的中国共产党和中国人民准确把握时代脉搏，与时代对话，以时代问题为中心，对国际国内形势，对世界上其他社会主义国家的成败和资本主义国家发展的态势和矛盾进行了正确的分析，作出了新的科学判断。和平与发展已经成为当今世界的主题，国际竞争日趋激烈，世界天天在发生变化，科学技术突飞猛进，深刻改变着当代经济社会生活和世界面貌。任何真正的马克思主义者都必须认真对待这些时代特点，并作出马克思主义的回答，只有与时代发展共同进步的马克思主义哲学，才是我们所需要的真正的马克思主义哲学，这要求我们根据实际情况用新的观点来认识、继承和发展马克思主义哲学和毛泽东哲学思想，赋予当代中国马克思主义哲学鲜明的时代特色。

（2）中国特色社会主义建设经验的哲学总结

中国人民在中国共产党领导下进行改革开放已经走过了30多年的历程，取得了举世瞩目的成绩，成功的经验是主要的，但

---

① 《马克思恩格斯选集》第 4 卷，人民出版社，1995，第 284 页。

是也有失败的教训。党的十一届三中全会以后，我国进入了改革开放和全面开创社会主义现代化建设新的历史时期，从开办经济特区到形成全方位、多层次和宽领域的开放格局，中国积极参与世界竞争，加强国际交流与合作。全面推进农村改革和城市改革，进行经济体制改革、政治体制改革和文化体制改革，改革开放使中国真正活跃起来，促进了生产力的解放和发展，综合国力显著增强，人民生活水平不断提高，积累了中国特色社会主义建设的成功经验。例如，关于坚持"两手抓、两手都要硬"的方针，关于发展是硬道理的思想，关于以经济建设为中心，坚持改革开放和坚持四项基本原则的思想，关于两个大局的战略思想，等等。也受到了资产阶级自由化思潮的冲击，中国共产党和中国人民经受住了考验，开辟了一条有中国特色的社会主义道路。这些正反两方面的经验，是中国共产党和中国人民的宝贵财富。作为中国特色社会主义建设经验总结的邓小平理论，包含着丰富的内容，党的十五大报告指出，它第一次比较系统地回答了中国社会主义的发展道路，发展阶段，根本任务，发展动力，外部条件，政治保证，战略步骤，党的领导和依靠力量以及祖国统一等一系列基本问题，指导我们党制定了在社会主义初级阶段的基本路线，贯通哲学、政治经济学、科学社会主义等领域。有业绩即真理，实事求是，一切从实际出发是贯穿于邓小平理论的基本立场、观点和方法，是邓小平理论的灵魂。邓小平理论的灵魂，也就是中国特色社会主义哲学，是在马克思主义哲学和毛泽东哲学思想的指导下，对中国特色社会主义建设经验的哲学概括。

邓小平是伟大的马克思主义者，改革开放和社会主义现代化建设的总设计师、党的第二代领导集体的核心，他把毕生的心血都献给了中国社会主义事业，一切以中国人民的根本利益为出发点和归宿，建立了巨大的功绩。他对党、对人民、对马克思主义的最大贡献，就是邓小平理论，中国特色社会主义哲学是邓小平理论的重要组成部分，是它的理论基础和灵魂，邓小平是中国特色社会主义哲学的主要创立者，他的贡献最大，这是不言而喻的，《邓小平文选》集中体现了这一历史性的伟大成果。但是，中国特色社会主义哲学是在马克思主义哲学、毛泽东哲学思想和中国特色社会主义实践的结合进程中，是中国共产党和中国人民智慧的结晶，为什么这样说呢？这是因为：

第一，中国特色社会主义哲学集中了全党的智慧，体现了全党对中国特色社会主义建设规律的共同认识。邓小平坚决反对过分夸大他个人的作用，理顺了党和人民的血肉联系、全党和党的中央领导集体的关系、他个人和党的中央领导集体的关系；明确了中国共产党是中国社会主义事业和中国人民的领导核心，全党必须服从中央，要善于集中全党的意见和建议，充分调动中央和地方两个积极性。邓小平代表中央所作的报告、讲话，所起草的决议、文件，所制定的党在社会主义初级阶段的基本路线、方针、政策，大多是经过党内讨论，邓小平加以分析和综合而成的。1978年邓小平《解放思想，实事求是，团结一致向前看》这篇讲话，是在全党同志要求彻底纠正"文化大革命"错误，冲破"两个凡是"的禁锢，在中国面临向何处去的重大历史关头，集中了全党的智慧而形成的开创有中国特色社会主义新理论的宣言书。

第二，中国特色社会主义哲学集中了中国人民的智慧，体现了中国人民对中国特色社会主义建设规律的共同认识。邓小平强调，改革开放是大家的主意、人民的要求，是深得民心的政策，在改革开放中人民群众的积极性被充分地调动起来了，激发出了强大的创造力，创造了一个又一个奇迹。家庭联产承包责任制的推行、乡镇企业的异军突起，有区域特色的发展模式的形成，温州模式、苏南模式、珠三角模式就是这一区域经济社会发展模式的典型代表，这些经验都是人民群众创造的，事实雄辩地证明了党的十一届三中全会以来的路线、方针、政策是完全正确的。人民群众是我们党的智慧和力量的源泉，要听取人民群众的意见和建议，善于集中人民群众的正确意见，对不正确的意见及时给予适当解释，我们党无论如何都不要和群众对立起来，党最大的危险就是脱离群众，密切联系群众是必须要坚持的原则，脱离人民群众就失去了党的智慧之源，就不能实现富强、民主、文明的社会主义现代化国家。邓小平善于把人民群众的意见和建议集中起来成为全党的意志，并把它上升到哲学的高度，作为党的路线、方针、政策的理论基础，这就是中国特色社会主义哲学的魅力所在。1992年邓小平南方谈话，是在国际国内政治风波严峻考验的重大历史关头，坚持党的基本路线不动摇，回答了社会主义的许多重大认识论问题，解放了长期束缚人们的思想，把改革开放和社会主义现代化建设事业推进到新阶段的又一个解放思想、实事求是的宣言书。

以江泽民为核心的党的第三代中央领导集体高举邓小平理论伟大旗帜，把中国特色社会主义事业全面推向了21世纪，在世纪之交提出了"三个代表"重要思想，把是否坚持解放思想、实事求是、与时俱进上升到了中国共产党党性修养的高度，体现了"三个代表"重要思想的哲学思想与马克思主义哲学党性的内在逻辑联系。温州人在"三个代表"重要思想指导下，对"三个代表"重要思想的哲学党性思想进行了实践，形成了温州哲学的党性原则，即温州哲学是温州人民的哲学，发展为了人，发展的成果由人民共享，是温州人民的根本利益在哲学上的集中体现，代表着温州最广大人民的根本利益，始终站在人民的立场上分析和解决当代温州发展面临的现实问题。"民营""民有""民富""民享"的温州哲学党性是"三个代表"重要思想的哲学党性思想在温州的成功实践，大大丰富了温州哲学的内涵。以胡锦涛为总书记的党中央高举中国特色社会主义伟大旗帜，提出了科学发展观。以习近平为总书记的党中央继续带领全国人民奋勇向前，努力实现中国梦。温州在深入贯彻落实科学发展观、十八大精神中，重组新优势，彰显新特色，确立了"小区域、大发展"的战略目标。温州哲学得到进一步发展。

第二节　温州哲学的现实表达

温州哲学的产生，给全国其他地区繁荣发展哲学社会科学提供了借鉴，对崛起区域文化，推进当代中国马克思主义哲学大众化具有重要的理论与现实意义。

一 温州经验的哲学总结

温州哲学是温州经验的哲学总结，是温州模式的理论基础。温州模式是中国特色社会主义理论体系在温州实践的产物。温州模式的形成过程是中国特色社会主义理论体系在温州的实践过程。温州人运用马克思主义哲学的立场、观点和方法解决温州问题，把中国特色社会主义哲学和永嘉学派的事功哲学结合起来，充分发扬温州人精神，创造了温州经验、温州现象、温州奇迹，这些经验、现象、奇迹，概括起来主要有：

第一，坚持解放思想和改革创新。温州人勇于改革、敢于改革、善于改革，全面进行创新实践活动，敢闯敢冒，敢为人先，率先改革、率先探索、率先发展，赢得了市场经济的先发优势。在推进温州跨越式发展和持久繁荣进程中，温州人不唯上、不唯书、只唯实，善于研究新情况，解决新问题，在马克思主义指导下，努力冲破一切束缚科学发展的旧观念、旧体制、旧思想，思想解放一步，温州的发展就前进一步，解放思想成为温州人的第一大法宝。温州人勇于发明、敢于创造、善于创新，改革创新是温州人的"灵魂"。

第二，坚持实事求是和一切从实际出发。在马克思主义指导下，把中国特色社会主义理论体系和温州人的具体实际结合起来，走温州区域特色发展之路，为建设有中国特色的社会主义提供理论支持和实践经验，这是温州人总结改革开放历史经验得出的基本结论。温州人坚信中国特色社会主义理论体系，并积极实践中国特色社会主义理论体系，但中国特色社会主义理论体系必须温州化，只有温州化的中国特色社会主义理论体系，才是温州人所需要的真正的中国特色社会主义理论体系，温州模式是中国特色社会主义理论体系在温州实践的产物。实事求是也是温州人的第二大法宝。

第三，坚持尊重群众的首创精神。温州人正是凭着首创精神，创造了许多个"全国第一"，温州改革开放的历史是温州人的创造史、创业史和创新史，发动全民创业，发挥人民群众的积极性、主动性，尊重群众的首创精神是温州发展的根本所在。温州人个个想当老板，人人参与创业，千家万户办工厂、千军万马跑市场，成为一道亮丽的风景线。温州人是温州物质财富和精神财富的创造者，是温州改革、发展和创业的主体，是温州模式的创立者、发展者和创新者，温州模式的精髓是民有、民营、民富、民享。在推进温州跨越式发展和持久繁荣进程中，形成了温州人精神，温州人精神是温州人的第三大法宝。

第四，把市场作用和政府作用有机结合起来。温州人进行改革开放和现代化建设既靠市场这只"无形的手"，也靠政府这只"有形的手"。温州人培育了市场机制，完善了市场体系，使市场在资源配置中的基础性作用得到充分发挥，遵循了市场经济运行规律，温州人不断开拓市场、占领市场、创造市场，在全国甚至全世界建立了温州城、温州街、温州村、温州店，形成了行业性的温州市场和跨区域、跨所有制的温州经济。温州各级党委和政府鼓励、支持并积极引导个体、私营经济发展，以实践为标准，调动温州人的积极性和创造性。温州区域特色发展路子是一条穷则思变、改革创新的路子，一条尊重群众首创精神、全民创业的路子，一条以商促工、以工强商的路子，一条"走出去"和"引进来"相结合的路子。

温州模式的创造、发展和创新，都体现了温州人的开拓进取精神、求真务实精神、改革创新精神、冒险自主精神、敢为人先精神和特别能创业的精神，温州人精神是温州模式不竭的发展动力，保证了温州模式具有旺盛的生命力。温州哲学的形成过程也就是温州模式的形成过程，这个过程大致可以分为三个阶段。

（1）"小商品，大市场"阶段

这个阶段大致从1978年到1992年，作为改革开放和现代化建设的总设计师，邓小平确立了"实践是检验真理的唯一标准"的哲学观念，"倡导解放思想，实事求是，团结一致向前看"[1] 的哲学思维方式，开辟了中国特色社会主义道路。温州人把邓小平的哲学观念、思维方式与温州实际结合起来，坚持一切从实际出发，

---

[1] 李君如：《哲学根据：实事求是》，河南人民出版社，1994，第218页。

解放思想，实事求是，大胆探索，率先进行市场取向改革，创造了以私营企业和家庭工业为特色的"小商品、大市场"的温州模式，温州哲学是温州模式的重要组成部分。党的十一届三中全会后，温州成为全国首批 14 个沿海开放城市之一，这给温州的发展提供了广阔的空间。1984 年，温州开始走上了"小商品、大市场"的经济发展道路，被称为"中国农民经济史上的一个创举"，温州经济哲学思想开始形成。1986 年，浙江省向中央提议建立温州试验区，允许打破常规、放手探索，准备承担一点风险。1987 年国务院批准建设温州农村改革试验区，并确定了一个重大的实验课题，进行农村股份合作制度建设，股份合作制企业在温州成为最普遍的企业组织形式，但外界对温州姓"社"姓"资"的问题争论不断，说"温州模式实质上就是资本主义模式"。① 温州人不与人进行抽象的争辩，而是埋头苦干，用事实说话，以实践作为检验真理的根本标准，形成了温州人的哲学观念和"行动—理性认识—行动"的思维方式，确立了温州哲学的真理观、认识论、行动观。

（2）"小资本，大辐射"阶段

这个阶段大致从 1992 年到 2003 年，温州人继续解放思想，实事求是，抓住机遇，加快发展，形成了以股份合作经济为特色的"小资本，大辐射"的发展战略，温州哲学得到进一步丰富。1992年，邓小平发表南方谈话，深刻回答了长期束缚人们思想的重大认识问题，是"把改革开放和现代化建设推进到新阶段的又一个解放思想、实事求是的宣言书"②。邓小平对无所不在的意识形态争论给予了断然的"终结"。邓小平指出："改革开放迈不开步子，不敢闯，说来说去就是怕资本主义的东西多了，走了资本主义道路。要害是姓'资'还是姓'社'的问题。判断的标准，应该主要看是否有利于发展社会主义社会的生产力，是否有利于增强社会主义国家的综合国力，是否有利于提高人民的生活水平。"③ 温

---

① 史晋川等：《制度变迁与经济发展：温州模式研究》，浙江大学出版社，2000，第 231 页。

② 《江泽民文选》第 2 卷，人民出版社，2006，第 10 页。

③ 《邓小平文选》第 3 卷，人民出版社，1993，第 372 页。

州的发展符合"三个有利于"标准，明确回答了那些有这样或那样争论的人，温州姓"社"，不姓"资"。温州人按照"三个有利于"标准对股份合作制经济进行了大胆探索，市场是实现股份制经济繁荣与发展的基础性条件，因此，温州人不断开拓市场，在全国甚至世界各地建起了温州城、温州街、温州村、温州店。温州人不是借助计划而是借助市场把温州与全国乃至世界紧密联系在一起，温州哲学的联系观和发展观开始形成。邓小平指出："计划多一点还是市场多一点，不是社会主义与资本主义的本质区别。计划经济不等于社会主义，资本主义也有计划；市场经济不等于资本主义，社会主义也有市场。计划和市场都是经济手段。"①温州成功探索出了一条市场经济发展路子，经济发展快了，人民富裕起来了。温州人开始形成了"结果能创税就是温州价值"的哲学观念，并用这种价值观进行大胆实践与探索，积极投身于市场经济大潮中，释放出了无限的能量。温州哲学的主导观念基本形成，它是邓小平哲学思想在温州的成功实践，也是一个时代的进步在温州人身上的集中体现。

以江泽民为核心的党的第三代中央领导集体高举邓小平理论伟大旗帜，把中国特色社会主义事业全面推向了 21 世纪，在世纪之交提出了"三个代表"重要思想，把是否坚持解放思想、实事求是、与时俱进上升到了中国共产党党性修养的高度，体现了江泽民哲学思想与马克思主义哲学党性的内在逻辑联系。温州人在"三个代表"重要思想指导下，对江泽民的哲学党性思想进行了实践，形成了温州哲学的党性原则，即温州哲学是温州人民的哲学，发展为了人，发展的成果由人民共享，是温州人民的根本利益在哲学上的集中体现，代表着温州最广大人民的根本利益，始终站在人民的立场上分析和解决当代温州发展面临的现实问题。"民营""民有""民办""民享"的温州哲学党性是江泽民的哲学党性思想在温州的成功实践，大大丰富了温州哲学的内涵。

（3）"小区域，大发展"阶段

这一阶段大致从 2003 年开始至今，党中央高举中国特色社会

---

① 《邓小平文选》第 3 卷，人民出版社，1993，第 373 页。

主义伟大旗帜，提出了科学发展观。温州在深入贯彻落实科学发展观中，重组新优势，彰显新特色，确立了"小区域，大发展"的战略目标，继承和发展了温州模式，创立了新温州模式，温州哲学得到进一步发展。2003年以后，温州开始进入经济体制深刻变革、社会结构深刻组合、利益格局深刻调整的转型期。如何继续前行，不断创新，实现科学发展，成为摆在温州人面前的新课题。解放思想、实事求是、与时俱进，始终是温州人迎接经济全球化挑战，化解社会矛盾，构建和谐温州的法宝。"小区域，大发展"阶段，是温州发展的关键期，是坚持率先转型、赶超发展，实现更好更快发展，全面建设小康社会的阶段；是要在结构调整和发展转型上取得新突破，加快产业结构调整，构筑三、二、一产业新格局的阶段；是加快空间结构调整，着力构筑组团式、网络化、国际性、生态型的大都市发展新格局的阶段；是加快城乡结构调整，实现城乡区域统筹协调发展，要在重点领域和关键环节上取得新突破，大力推进城乡环境再造的阶段；是抓好一批温商总部经济园规划建设、引进一批在外温商回归大企业大项目、建立一整套促进内外温州人交流互动机制、做强一张覆盖全球的温州人营销网络的阶段；是大力推进温州文化创新与重构，加强传统文化的保护和传承，大力弘扬新时期温州人精神，形成敢为人先、开放包容、追求卓越、合作共赢的时代精神的阶段。在中国特色社会主义理论体系的指引下，温州一定能够实现"小区域，大发展"阶段的目标任务。

二 温州人精神的精华

温州人精神是处于温州实践过程中的温州人的理想、信念、价值、情感、意志等因素组合而成的动态的观念和意识体系，总括了温州人的一切意识要素、观念形态和全部精神现象及其过程，是温州人意识的集中体现。温州人精神的精髓是敢为人先、实事求是。敢为人先和实事求是互为前提、互为条件。敢为人先是实事求是中的敢为人先，实事求是是敢为人先中的实事求是，敢为人先和实事求是统一于温州实践之中。温州人精神既反映了时代特征和时代主题，又反映了中国国情和温州市情，具有中国特色温州特点，是民族精神和时代精神在温州的生动写照，也是温州传统文化和温州现代文化的有机融合。

国内党政部门、学术界、新闻界和工商界人士对温州人精神分别进行了富有特色的研究，取得了丰硕的成果。

江泽民在 2000 年"两会"期间，参加浙江代表团讨论时指出：全世界都知道温州人会做生意，沿海靠山赋予他们开放的精神，冒险的精神，最重要的是温州人能吃苦。

朱镕基在 2002 年"两会"期间，参加浙江代表团讨论时指出：温州人艰苦创业的精神是应对 WTO 的一大良策。

在 1998 年 10 月召开的温州市第八次党代会上，时任市委书记蒋巨峰把温州人精神表述为"敢为人先，特别能创业"。蒋巨峰指出，温州人精神是温州优良传统文化经过改革开放和市场经济大潮的洗礼而逐步形成和发展起来的，它是温州文明的基本内涵和重要特征，对外代表温州形象，对内能够凝聚人心。

在 1999 年，时任温州市市长钱兴中把温州人精神表述为"恋土不守乡、敢冒知进退、双赢重诚信、共生且共荣"。

温州市政协副主席姜嘉锋认为，现在世人所说的温州人精神，只是强调了温州人的创业和闯劲，其实，温州人精神中最可贵的还有协作共赢的精神，这种精神已经是一种文化的优势。创业时期的温州，温州人凭借这种优势，走向全国，走向世界。在商品生产初始阶段的温州，温州人凭借这种优势，在缺乏自由结社制度的当初，他们的团队理念就自然地成为市场经济扶助的组织资源。协作共赢关系是温州本土资本积累的主要组织形式和文化优势。①

浙江省民营经济研究会副会长方立明和浙江大学人文学院教授奚从清认为，温州人精神是温州的灵魂，温州人精神由温州人集聚性群体的生产方式、生活方式、交往形式积淀而成，是支配温州人的价值取向、行为方式、心理导向的精神力量，是温州历史的深厚积淀和温州现实的集中表现。温州人精神渗透在各个层面：在思维方式层面，表现为温州人对自身及周边环境的感知、

---

① 姜嘉锋：《让关系服膺于社会规则》，《温州日报》2008 年 6 月 2 日。

判断和作出反应的思维向导和定式；在行为方式层面，表现为在社会行为和交往行为中展示的精神风貌和价值取向以及温州人普遍认同的习俗和习惯；在规章制度层面，表现为温州党政部门的为政风格、温州企业的经营理念、管理方式和人文规则；在文化生活层面，体现为以现代传媒为载体的大众文化的精神气质，各类经济社会重大活动中的温州民俗民风、习惯习俗，知识单位和学术科研团体的文化流派、文化风格；在温州景观层面，表现为渗透城乡规划布局、历史遗存和现代建筑中的精神风格和气质。①

费孝通先生认为，温州人精神就是不甘心落后，敢为天下先，冲破旧框架，闯出新路子，并且不断创新。温州人从家庭作坊、摆摊叫卖、沿街推销、设店开厂到股份合作、企业集团、资产经营、网络贸易，看到了中国的市场经济从初期的萌芽到和国际经济接轨全过程的演示，并且觉得可以从中捉摸中国市场经济发展过程中的一些内在逻辑和规律。②

祝宝江等人认为，温州人的精神特质，即温州人精神，应指改革开放以来温州人民在发展社会经济、争取富裕生活的创业过程中形成的一种独特的精神品质，既有历史资源的丰富积淀，又有着现代的内容，是历史和现实的有机结合，是温州的灵魂。温州人精神从表现的群体上看，可以分别落实在官方政府部门和基层老百姓当中。就政府部门而言，温州当地政府各个部门把"无为"和"有为"有机结合起来的运行方式极大地调动了群众的积极性和创造性，为人民群众提供了宽松的创业环境，大大激发了群众的潜能。就老百姓而言，温州人精神的表现就更加直接，也更加丰富。③

经济学家钟朋荣把温州人精神概括为四句话："白手起家、艰苦奋斗的创业精神；不等不靠、依靠自己的自主精神；闯荡天下、四海为家的开拓精神；敢于创新、善于创新的创造精神。"

此外，张德江、钟朋荣、洪振宁、肖龙海、马津龙、应云进、

---

① 方立明等：《互动管理与区域发展：温州模式研究的几个问题》，三联书店，2010，第218、219页。
② 费孝通：《筑码头闯天下》，《瞭望》1999年第8~9期。
③ 祝宝江主编《温州人精神简明读本》，浙江大学出版社，2009，第27页。

万永昌、张有余、熊慧君、胡飞航、朱仁华等人都对温州人精神做过考察和研究。限于篇幅，在此就不分别论述了。

在中国特色社会主义实践中，温州人走出了一条又好又快又新的发展路子，形成了温州人精神，"温州人精神既有丰厚的历史传承，又有前瞻性的现代追求，是历史与现实的统一"。① 温州人精神的基本要素包括冒险、自主、扩张、敢为人先、实事求是、崇实求效、艰苦创业、改革创新、求同存异、共生共荣和民本和谐等方面。下面以冒险精神、自主精神和扩张精神为例进行简单阐述。

（1）冒险精神

冒险精神使温州人抢占了市场经济的先发优势。邓小平指出，不要怕冒风险，我们处理问题冒点风险不怕，"没有一点闯的精神，没有一点'冒'的精神，没有一股气呀、劲呀，就走不出一条好路，走不出一条新路，就干不出新的事业"。② 温州人克服了一个怕字，有勇气第一个去试，形成了敢于冒险、善于冒险、勇于冒险的精神，敢冒，就是敢于先行一步，温州人在很多方面先人一步、快人一招。敢冒，就是勇于"无中生有"。温州人依靠市场化的头脑和手段，成功地"无中生有"，屡次创造出令人惊叹的"零资源现象""零技术现象""零生产现象"。温州人的冒险是有信念的冒险，只要冒险行动，一切皆有可能，冒险始终在进行着并有所领悟，对冒险行动未来的高度信心和想查明究竟的好奇心驱使温州人不断去探索。对自己认准的事，就会大胆去冒险，有闯的精神，有信念的冒险精神是温州人的行动取得实际业绩的精神支撑力，在非常艰难的条件下，创造了温州奇迹，提升了温州文明。

（2）自主精神

自主精神使温州人成为市场经济舞台的主角。温州人不消极地依靠外部支援，而是靠自己"走过千山万水，说遍千言万语，想尽千方百计，历经千辛万苦"③ 求生存和发展，温州人的政治

---

① 费孝通：《乡土中国》，三联书店，1985，第145页。
② 《邓小平文选》第3卷，人民出版社，1993，第373页。
③ 谢健：《温州模式对西部大开发的借鉴作用》，《浙江社会科学》2002年第4期。

"嗅觉"和经济"嗅觉"往往比别人更灵敏。就是凭着这顽强的自主精神，温州人开辟了独具特色的生存和发展道路。邓小平指出，"改革开放胆子要大一些，敢于试验，不能像小脚女人一样。看准了的，就大胆地试，大胆地闯"①。自主就是要想方设法把自己看准的事彻底掌握在自己手中，不管遇到多大的困难，必须把看准的事拿下，只要有1%的希望就要尽100%的努力。自主活动是温州人行动的核心，在行动中，及时掌握主动权，自主决策、自主改革、自强不息、自求发展，自担风险。千千万万温州人奋勇争先，人人争当老板，千家万户办工厂，成为市场经济舞台的主角。正是充分尊重了温州人的主体地位，调动了温州人的积极性和创造性，促进了温州经济社会又好又快的发展。在温州人看来，如果没有掌握行动的主动权，那么行动继续进行下去就毫无意义，行动就会被取消，意味着行动失败，所以温州人会花大力气通过各种方式掌握行动的主动权，只有主动出击，掌握主动权，行动才有意义，才能有好的行动业绩并为下一步行动做好准备。

（3）扩张精神

扩张精神使温州人在市场竞争中立于不败之地。扩张就是温州人以追求更好的业绩为中心的行动的扩大再循环，温州人永远不会满足行动的第一个结果所产生的业绩，会创造各种条件，在第一个结果产生的业绩基础上进行下一步更大的行动，行动的结果取得了更好的业绩，又在更好的业绩基础上进行新的更大的行动，如此无限地进行下去，只有更大的行动，没有最大的行动；只有更好的业绩，没有最好的业绩。温州人"没有最好，只有更好"的扩张精神与温州人独特的思维方式密切相关，即"行动—理性认识—行动"的思维方式，行动是理性认识的出发点，理性认识是行动的结果，业绩是行动和理性认识的归宿。这种思维方式大体可以分为三个部分。第一，行动起来，不是学会后再行动，而是在行动中学习；第二，将自己的实践总结、上升为理性认识；第三，以理性认识为指导，将实践提升到更高的水平，以追求业绩为中心，行动，认识，再行动，再认识，如此无限地进行下去。

---

① 《邓小平文选》第3卷，人民出版社，1993，第373页。

这种思维方式是解放思想、实事求是、与时俱进的集中体现。温州人永不停止对业绩的追求，在全国各地和海外建立了强大的温州网，"大量温州资本对外投资，形成了行业性的温州市场和跨区域的温州经济"。① 成功走出了一条市场经济发展路子，创造了丰厚的物质财富和精神财富。

第三节　温州哲学的基本问题和主要特征

恩格斯在《路德维希·费尔巴哈和德国古典哲学的终结》中明确指出："全部哲学，特别是近代哲学的重大的基本问题，是思维和存在的关系问题。"② 思维和存在的关系问题是任何哲学都必须回答的问题，但是回答思维和存在关系问题的角度、态度、方式可以而且应当多样化，这是关于哲学基本问题的精髓，只有把握这个精髓，哲学才有生命力，才能形成各具特色的哲学体系。温州人按照自己的方式回答了哲学的基本问题。温州哲学是马克思主义哲学与温州实际和时代特征相结合的产物，具有温州特色、温州风格和温州气派。

一　温州哲学的基本问题

温州哲学从总体上研究温州人和世界的关系问题，这里的世界是进入温州人的实践活动领域的世界，我们可以把与温州人实践活动相关的世界称为温州世界。这样，温州哲学从总体上研究温州人和世界的关系问题，就可以表述为研究温州人和温州世界的关系问题，而贯穿于温州人和温州世界关系中的基本方面就是温州人意识和温州世界的关系问题，温州人意识和温州世界的关系问题构成了温州哲学的基本问题。很显然，温州哲学以自己的角度、态度、方式回答了哲学的基本问题，温州人是区域人的一

① 吕金记：《温州模式继承与提高的路径选择分析》，《温州论坛》2002 年第 4 期。
② 《马克思恩格斯选集》第 4 卷，人民出版社，1995，第 223 页。

个典型代表，区域人是中国特色社会主义哲学整个体系的特色所在，是理解中国特色社会主义哲学的一把钥匙，把握住了哲学基本问题的精髓。为什么温州人意识和温州世界的关系问题能够成为温州哲学的基本问题呢？这是因为：

第一，温州人是考察自身与温州世界关系的认识主体。温州人不仅是温州世界的自然存在物，也是一种有意识的和自觉的能动的社会存在物，温州人在处理自身与世界的关系时，首先呈现在眼前的，是由各种联系交织起来的温州世界，温州世界外在于温州人的意识而客观存在着，并且能够被温州人的感觉所感知。温州人的意识不仅能够反映温州世界的外部现象，而且能够通过概念、判断、推理等思维操作来认识温州世界的内部固有的联系，即规律，实现对温州世界的观念改造，不断通过驾驭温州世界的能力，从而用对温州世界的变化和发展规律的正确认识来指导实践，促进温州人和温州世界的和谐，这就必然会发生温州人意识和温州世界的关系问题。

第二，温州人是考察自身与温州世界关系的实践主体。温州人不仅反映温州世界，而且创造温州世界，温州人为了自身的生存与发展，总是按照自己的愿望和意志改造温州世界，使其成为为我而存在的世界，把世界打上温州人意识的烙印，从而创造温州世界。把握这层关系需要注意两个方面的内容，在温州人和温州世界的矛盾运动中，温州人创造温州世界，温州人通过实践把自身的体力和智力物化为温州世界的存在物，改变了温州世界的自然状态，创造出了原来所没有的社会存在物，在这个过程中，温州世界发生了结构和形式上的变化，是温州人的本质力量对象化的产物。温州世界也创造温州人，温州世界以物质、能量、信息的形式转化为温州人生命结构和意识的一部分，温州人要生存和发展就必须和温州世界发生物质、能量、信息的交换，把一部分物质和能量作为生活资料加以消耗，把一部分信息作为认识成果转化为温州人意识内容的组成部分，从而在新的更高的认识水平上改造温州世界。温州人和温州世界是相互作用、不可分割的，它们互为前提、互为媒介，集中地体现在温州世界对温州人的制约和温州人对温州世界的超越的矛盾运动之中，这就必然发生温州人意识对温州世界的关系问题。

温州人意识和温州世界有两个基本的方面必须把握住，首先，温州人意识和温州人世界谁是出发点的问题，是把温州人意识作为出发点还是把温州世界作为出发点？温州哲学坚持把温州世界作为出发点来解释温州人意识，即温州人意识必须要符合温州世界状况，温州世界决定温州人意识，有什么样的温州世界就有什么样的温州人意识，温州人意识随着温州世界的性质的变化而发生变化。对于温州人来说，当前最大的温州世界的状况，就是中国正处于并将长期处于社会主义初级阶段，是生产力水平比较低的阶段，任何脱离或超越这个阶段的理论活动和实践活动都是注定要失败的。"大跃进"和"人民公社化运动"就是很好的例证，必须要一切从社会主义初级阶段的国情出发，大力发展生产力。各个区域人都要从各自的省、市、县（市区）、乡等状况出发，制定出符合自身特点的区域发展战略，走区域特色发展之路。温州人在正确分析自身面临的温州世界状况的基础上，制定出了符合地方特色的区域社会发展模式，即温州模式，这一模式促进了生产力的巨大发展，具有强大的生命力，原因就在于温州人的意识符合了温州世界的要求。其次，温州人意识对温州世界具有能动的反作用，温州人的意识不仅反映温州世界，而且创造温州世界，对温州世界进行观念的改造，形成主观"蓝图"，再通过实践把"蓝图"变为现实，从而改变温州世界，创造温州世界。

二　温州哲学的主要特征

温州哲学是温州经验的哲学总结和温州人精神的精华，是在改革开放实践中形成的，具有鲜明的时代特征。具体说来，温州哲学的主要特征是：实践性、务实性和变革性，务实性是实事求是的根本特征，变革性是解放思想的根本特征，解放思想和实事求是统一于区域实践之中。

（1）实践性

实践性是温州哲学的一个显著特征。温州实践就是温州人的实践，是温州人解决温州问题的对象化活动，温州实践是温州人特有的生存与发展方式，即温州人的存在方式，温州人是温州实践的主体，温州事物是温州实践的客体，温州实践的结果取得了劳动产品，这个产品包括精神产品和物质产品。温州实践正确地解决了温州人和温州世界的关系，是温州人和温州世界矛盾运动的统一，温州人创造温州世界，温州世界也创造温州人，在温州实践中，温州人的主体地位得到了充分尊重，温州人的积极性、主动性和创造性得到了充分体现，温州世界不断得到丰富，温州世界的空间不断拓展和延伸，建立了强大的无孔不入的温州关系网。这样，温州实践就内在地包含着温州人和温州自然的关系、温州人和温州社会的关系、温州人与温州人之间的关系以及温州人和温州人意识的关系，这些关系的总和构成了温州关系网。温州实践是温州关系网的发源地和温州社会生活的本质，从根本上说，温州社会是在温州实践所引起的温州人和温州自然的物质、信息、能量的交换过程中形成和发展起来的，温州自然就是纳入温州人的实践活动领域的自然，温州人意识是温州环境的主观映象，总之，温州实践的观点贯穿于温州哲学的各个环节。

温州实践既是温州世界运动的客观过程，又是温州人活动的主观过程。温州人以自己的方式认识世界，在正确认识世界的基础上，把与自身生存和发展相关的事物纳入实践领域，成为温州事物，这样，温州世界就以温州人的方式而存在，就好比徒弟要求师傅给他做一件衣裳作为奖励一样，师傅认为这个徒弟干得很出色就答应了徒弟的要求，给他做了一件衣裳，这件衣裳好像是专门为徒弟量身定做的，如果根据徒弟的身段情况和爱好来做这件衣裳，那么徒弟就会喜欢穿了，反之，徒弟可能就认为这件衣裳不合身或不喜欢就不穿了，事实上，是徒弟自己为自己量身定做了这件衣裳，因为这件衣裳的背后凝结着自己的智慧和汗水。温州世界好像就是专门为温州人而量身定做的，事实上，是温州人自己为自己量身定做了温州世界，自己创造自己的世界，使温州人成为主体，温州世界成为客体。具体说来，温州人要生存和发展，就必须进行改造世界的活动，即改变自然的原生形态和创造社会，使自然成为温州自然、社会成为温州社会、环境成为温州环境，实现温州人和温州世界的物质、能量、信息的变换，为了实现温州人和温州世界的物质、能量、信息的交换，温州人之间必须进行交往活动并互换其精神和物质成果，从而最终形成温州关系网。温州人对世界的否定性改造正是对自身生存和发展的肯定，这种肯定和否定的辩证实践是温州世界运动的客观过程和温州人活动的主观过程的统一。温州实践不断地改造和创造温州世界，使温州世界得到改善和拓展，同时，又不断改造和创造着温州人本身，使温州人得到生存和发展。温州世界的改变和温州人的活动或自我改变的一致，只能被看作并合理地理解为温州实践。

温州人在改革开放和现代化建设中坚持实践优先，讲求真抓实干，不与人进行抽象的争论，抓住时机，大胆试验，把实践和邓小平的解放思想、实事求是统一起来。温州改革开放的成功不能靠书本，只能靠实践，靠实事求是。邓小平指出："不争论，是为了争取时间干。一争论就复杂了，把时间都争掉了，什么也干不成。"① 不要搞脱离实际的抽象的空洞的争论，这不但不能解决实际问题，反而延误了解决实际问题的时间。只有实践才能转变人们的观念，冲破传统观念的束缚，实践体现了时代的要求，适应了现实温州发展的需要，唯有实践，才能充分说明温州人所需要的马克思主义哲学是必须同温州实际相结合的马克思主义哲学，必须是随着实践的变化而不断向前发展的马克思主义哲学。邓小平强调，在改革开放中要大胆试验，敢于探索。"摸着石头过河"是邓小平实践观的缩影。其目的在于找到促进生产力发展的方式，温州人的第一个试验是支持农村包产到户的推行，第二个试验是股份合作制经济。最大的试验是改革开放。这些试验是前无古人的开创性事业，没有现成的答案和经验可循，要靠自己在实践中不断摸索。邓小平多次说"改革是一场试验""我们现在做的事情都是一个试验""是一个伟大的试验""从世界的角度讲，也是一个大试验"，是探索中国特色社会主义道路的试验，温州是探索中国特色社会主义道路的一个典型代表。试验—总结—再试验，如此无限地进行下去。同时，实践要讲求效果，只要能解放和发展

① 《邓小平文选》第3卷，人民出版社，1993，第374页。

生产力，取得生产业绩，承担社会责任，实践就有意义，实践不能解放和发展生产力，不能取得生产业绩，不承担社会责任，实践就没有意义。邓小平指出，在农业生产中，"生产关系究竟以什么形式为最好，恐怕要采取这样一种态度，就是哪种形式在哪个地方能够比较容易比较快地恢复和发展农业生产，就采取哪种形式……不合法的使它合法起来"。① 采用什么样的生产关系形式最好，只有实践的效果才能回答，由实践来评判。只要它适应生产力的发展就可以大胆利用。温州实践大大丰富了邓小平的实践观，深化了对中国特色社会主义建设规律的认识。

（2）务实性

务实性是温州哲学的重要特征之一。务实性既有历史的代际传承，又有前瞻性的现代追求，是历史与现实的统一。在历史上，以叶适为代表的永嘉学派提出"农商并举、义利并重"的观点，一方面，肯定了"商业"的地位，倡导士农工商协调发展，把它看作是社会兴盛繁荣的前提；另一方面，肯定了"富商豪贾对发展经济为天子养民"的作用。叶适反对把义利对立起来的观点，主张义利统一，无功利则道义为虚语，提倡功利实用，反对空谈"义理"。这种义利思想的代际传承，形成了温州人讲求实利、不唯形式的务实风格，以及根据社会环境变化变换利益诉求渠道的灵活变通的哲学观念。在现实中，温州人用实事求是的原则与方法解决了温州改革开放和现代化建设的一系列重大理论与现实问题，温州人敢想敢干，但绝不蛮干，一切从实际出发；没有发展空间，就开辟新的发展空间。温州人求富有道，富而思源，富而思进，埋头苦干，艰苦奋斗。温州人不唯书、不唯上、只唯实。温州人在争论中出名，在不争论中发展，坚持发展是硬道理。坚持一切从实际出发，信奉"不管白猫、黑猫，抓住老鼠就是好猫"，崇尚实干，少说多做，抓住机遇，加快发展，从而创造了温州模式。可以说，没有温州人的务实精神，就不会有温州模式。温州的建设成就是温州人实实在在干出来的。

温州人在改革开放和现代化建设实践中，充分发扬务实精神，

---

① 《邓小平文选》第1卷，人民出版社，1994，第323页。

创造了温州经验、温州现象、温州奇迹，温州从一个贫穷落后的滨海小城成长为中国发展最快最好的知名城市之一，成为中国改革开放的一个缩影。温州人坚持一切从实际出发，率先进行市场取向改革，大胆发展民营经济，大力推进工业化和城市化，走出了一条具有鲜明区域特色的发展路子，创造了生机勃勃的温州模式，取得了举世瞩目的发展成就，为探索区域特色发展之路提供了范式。温州哲学集中体现了温州人的切身利益，把追求利益和社会道义统一起来，不空谈义理，在温州实践中，坚持业绩是硬真理，社会责任是软真理。用追求业绩的办法解决温州问题。很好地实现了富民目标和承担了社会责任。温州哲学的生命力不仅仅体现在温州经济社会发展上，更体现在温州人的务实精神上。温州人的务实精神，才是温州哲学不竭的发展动力。温州哲学采用温州老百姓喜闻乐见的语言表述方式，用短小精悍的篇幅，朴实的语言来表达深刻的哲理。例如，温州人用"解放思想、实事求是"作为解决温州问题的法宝，用"大胆地试""大胆地闯"来表达实践精神；用"硬真理""软真理""软硬兼施"来表述辩证法的观点；用"人民拥护不拥护""人民赞成不赞成""人民高兴不高兴""人民答应不答应"作为解决温州问题的出发点和归宿；用"温州实践""温州社会"来表达唯物史观；等等。这些都说明了温州哲学具有务实的特征。

（3）变革性

变革性是温州哲学的又一个重要特征，集中体现在温州人的解放思想之中，观念和思维方式随着实践和时代的变化而变化，有时是革命性的变化，在哲学层面具有决定性的意义。在温州的现实条件下，不解放思想，温州改革开放和现代化建设就没有希望。邓小平支持的关于真理标准问题的大讨论，大大解放了温州人的思想，解放思想的问题是个关系到温州的前途和命运的问题。精神力量也可以变成物质力量。要做到实事求是首先必须解放思想，邓小平指出："只有思想解放了，我们才能正确地以马列主义、毛泽东思想为指导，解决过去遗留的问题，解决新出现的一系列问题，正确地改革同生产力迅速发展不相适应的生产关系和上层建筑。"① 温州改革开放取得的成果不仅是解放思想的必然结果，更是用温州实践对解放思想的最好的诠释，温州模式之所以能够被全国人民认同，是因为经过温州人反复的实践和理论反思，温州模式的理论和实践证明，与僵化的计划经济相反，市场经济充满了生机与活力，对资源配置的效率更高。从根本上说，温州模式就是发展市场经济的模式，温州模式的实践对促使人们转变观念，否定计划经济，接受和赞同发展市场经济起到了重要的作用。温州是市场经济的发祥地，温州成功探索出了一条市场经济发展道路，经济发展步伐加快了，就业的途径拓宽了，市场繁荣了，人民富裕起来了，政府财政实力也得到增强，党的执政基础更加稳固，人民生活水平不断提高，社会更加进步文明和谐。温州在突破陈旧观念的束缚上先行一步，真正做到了解放思想，成功走出了一条区域特色发展之路，为全国探索中国特色社会主义道路提供了借鉴。如果思想不解放，思想僵化，温州改革开放就迈不开步子，马克思主义本本里没有的，领导人没有讲过的，就不敢说，不敢做，一切照搬照抄，这样就会脱离实事求是，就会脱离温州的实践，温州就不能实现又好又快又新发展。解放思想关系到温州现代化建设的成败。冒险是解放思想的必然要求，解放生产力，首要的是解放思想，解放思想最根本的是冒险，不冒险就不能从教条主义和主观主义的束缚中解放出来；研究新情况，解决新问题，必须要冒险，因而冒险是重要的精神生产力。温州人认为解放思想还要向前看，否则就不可能顺利前进。各方面的新情况都要研究，各方面的新问题都要解决。温州市场经济模式在世界观和方法论上的集中反映，就是温州哲学，温州哲学的变革性特征不仅反映了时代特征，更重要的是它对时代问题的哲学思考为人们提供了新的思维方式，开辟了新的思维方向，创立了新的思想和观点，打破了观念的绝对化、教条化，勇于创新，敢于创新，不断探索适合自身发展的新思维、新路子。要求人们注重对实践问题的思考，追求哲学本真，凸显真正的哲学精神，对人的理想性活动、创造性活动、超越性活动提供了新的思维方式。

---

① 《邓小平文选》第 2 卷，人民出版社，1994，第 141 页。

第四节　研究温州哲学的意义

温州哲学对"苏联哲学的托勒密体系"进行了一次"邓小平式的改革",它以区域人来代替人类作为哲学的主体,符合中共中央关于哲学贴近实际、贴近生活、贴近群众的要求。马克思主义哲学与温州人相结合必定崛起温州哲学,马克思主义哲学与区域人相结合必定崛起中国特色社会主义哲学。两个必定既相互区别又相互联系。温州哲学不是区域哲学,而是区域人哲学,即不能把温州哲学理解为在温州的区域内产生的哲学,而应该把它理解为在温州及其他区域由温州人创立的哲学,温州哲学是区域人哲学的一个典型代表,研究温州哲学具有重要的理论和现实意义。

一　有助于开辟中国区域人哲学研究之路

江泽民同志在考察中国社会科学院时指出,建设中国特色社会主义,需要在实践和理论上不懈地进行探索,不断在实践的基础上提出创新的理论。温州哲学就是在理论上进行创新的一次尝试。马克思主义哲学必须要中国化、时代化、大众化,这是时代的要求和中国新的实践的需要,中国特色社会主义哲学是马克思主义哲学中国化、时代化、大众化的成果,是当代中国的马克思主义哲学。温州哲学贯穿于中国特色社会主义哲学大众化为与温州的具体实际相结合的理论和马克思主义哲学中国化、时代化、大众化为与中国特色社会主义的具体实际相结合的理论的过程中,丰富了马克思主义哲学的内涵。马克思强调,理论只有被群众掌握,才能够产生出改造社会的巨大能量。温州人自觉地坚持马克思主义哲学,运用马克思主义哲学的立场、观点和方法指导行动,勇于创新、敢于创新,不断探索适合自身发展的新思维、新路子,把马克思主义哲学的普遍真理与温州人的具体实际结合起来,创造性地形成了温州哲学,使马克思主义哲学大众化取得了温州形式。温州人的命运与温州哲学密切相关,它始终关心与温州人的切身利益密切相关的问题，具有温州风格、温州气派和温州特色。

温州哲学开创了中国区域人哲学研究的先河，是区域人哲学的一个典型代表，对全国其他地方繁荣发展哲学，推进当代中国马克思主义哲学大众化提供了借鉴。在区域实践中，区域人运用马克思主义哲学的立场、观点和方法解决区域的现实问题，把中国特色社会主义哲学与自身的具体实际结合起来，走区域特色发展之路，对区域经验进行哲学概括和总结，形成了区域人哲学。区域人哲学的形成过程是中国特色社会主义哲学在区域实践的过程，区域人哲学是中国特色社会主义哲学在区域实践的产物。区域人哲学用区域人作为哲学的主体，区域人是中国社会的基本现象，用区域人取代抽象的主体更符合中国的实际，所谓区域人就是对中国地方行政区划而形成的人的区域身份的规定，广东人、温州人、泰顺人等都是区域人，区域与区域人的生存与发展密切相关。例如，区域人享受的医疗、保险、住房、就业、就学等待遇与区域紧密相关，甚至有时区域的变动，可以决定一个区域人的命运。区域是区域人实践的时间和空间，深圳就是一个区域。区域人是理解中国特色社会主义哲学的一把钥匙，中国特色社会主义哲学不是确定的知识体系或教条，而是由一系列区域人哲学组成的开放的系统。只要有条件，一个县域人甚至一个村域人都可以有自己的哲学，各个区域人都有自己的特点，对区域人的切身利益密切相关的问题的解答方式、角度、态度可以而且应当多样化，从而形成区域人哲学的"百家争鸣、百花齐放"现象，理解了这一点就理解了中国特色社会主义哲学的本质。这样，中国特色社会主义哲学就会永葆生机与活力。

二 有助于开创中国特色社会主义哲学的温州形态

党的十五大报告指出，邓小平理论，是贯通哲学、政治经济学、科学社会主义等领域，涵盖经济、政治、科技、教育、文化、民族、军事、外交、统一战线、党的建设等方面比较完备的科学体系。因此，中国特色社会主义哲学是邓小平理论即中国特色社会主义理论的重要内容，是当代中国的马克思主义哲学。中国特

色社会主义哲学的主要创立者是邓小平，江泽民和胡锦涛进一步
丰富和发展了中国特色社会主义哲学。中国特色社会主义哲学是
中国特色社会主义的灵魂，没有这个灵魂，就没有中华民族的灵
魂，就没有中国特色社会主义道路的开辟，中国特色社会主义哲
学是中国人民认识世界和改造世界的思想武器，中国人民是个很
抽象的概念，必须要把这个抽象上升为具体，在中国的现实条件
下，中国人就是区域人，如何把中国特色社会主义哲学和区域人
结合起来，对区域经验进行哲学总结和概括，形成区域人哲学，
开创中国特色社会主义哲学的区域形态，这是具有深远意义的哲
学事业。

21 世纪的马克思主义哲学向何处去，重点是中国特色社会
主义哲学向何处去，这个问题越来越受到中国人民的关注，成为
中国思想界研究的焦点问题之一，学术研究取得了一系列重要
成果。

张岱年认为，辩证唯物主义是 21 世纪的主潮，辩证唯物论
对许多哲学理论问题都作出了正确的回答，辩证唯物论符合真
理。黄楠森认为，21 世纪马克思主义哲学的体系将在比较和争
论中日益完善，辩证唯物主义占主导地位的哲学多样化的局面将
在相当长的时间保持下去，最终会形成一个大多数人比较认可的
新体系。陈先达认为，处于社会主义时代的马克思主义哲学只能
沿着马克思主义哲学和中国实际相结合的道路走，马克思主义哲
学的发展应该注意主体多样化、道理民族化、风格个性化。李德
顺认为，实现马克思主义哲学与时俱进的发展和繁荣，应当探索
一条建构和阐述马克思主义哲学新形态的道路。汪信砚认为，在
21 世纪，世界范围内的马克思主义哲学的发展必将出现一种新
的综合趋势，那就是在马克思主义哲学深度分化所取得的丰富成
果的基础上，按照时代精神的新特点并根据时代发展的新要求建
构马克思主义哲学的新的理论形态。

温州哲学开创了中国特色社会主义哲学的温州形态，温州人
在马克思主义哲学指导下，把中国特色社会主义哲学和自身的具
体实践结合起来，从哲学上对温州模式进行了概括和总结。温州
哲学是区域人哲学的一个典型代表，区域人哲学是中国特色社会

主义哲学的区域形态，区域人哲学把中国特色社会主义哲学的主体由中国人转换为区域人，在社会主义社会里，人民的根本利益是一致的，但是各个区域人都有自己的特点，对区域人密切相关的问题的解答方式、角度、态度可以而且应当多样化，实现了中国特色社会主义哲学主体多样化、理论区域化、风格个性化。从而中国特色社会主义哲学就会在区域人之间形成"百家争鸣、百花齐放"景象，就会形成各种特色的区域人哲学。浦东哲学、苏南哲学、深圳哲学等都是区域人哲学，只要有条件，一个县域人甚至一个村域人都可以有自己的区域化的中国特色社会主义哲学，温州哲学探索出了一条建构和阐释马克思主义哲学新形态的道路，根据区域实践发展的新要求来开创马克思主义哲学新形态，按照这条道路走，就会形成各种各样的区域人哲学，从而开创中国特色社会主义哲学的区域形态。

三 有助于实现马克思主义哲学温州化

党的十七届四中全会明确提出要推进马克思主义大众化，用大众化的马克思主义指导人民群众的实践，深入研究马克思主义哲学大众化的重要性与实现方式，中国特色社会主义的实践迫切需要马克思主义哲学大众化，只有大众化的马克思主义哲学才能指导人民群众的具体实践。近年来，马克思主义哲学大众化日益受到关注，成为学术界讨论的热点问题，许多学者对马克思主义哲学大众化进行了研究并取得了一系列重要成果，探索马克思主义哲学大众化之路，反映了当前我国哲学发展的大趋势，具有重要的理论和现实意义。

马克思主义哲学大众化既是从马克思主义哲学家的深奥理论到人民大众的通俗理论、朴实道理指导实践的过程，又是从人民大众的实践到丰富发展马克思主义哲学，形成大众化的马克思主义哲学的过程，即从深奥理论到通俗理论指导实践过程和从实践出发到发展理论过程的统一。这两个过程是矛盾的两个方面，二者相辅相成、缺一不可。目前，学术界对第一个过程的认识达成了广泛共识，第二个过程容易被忽视，甚至许多人认为大众化就是第一个过程，这种认识割裂了大众化的有机统一的两个方面。

马克思主义哲学的大众化是通过从马克思主义哲学的深奥理论到通俗理论指导实践的过程和从实践出发到发展马克思主义哲学理论过程的统一来实现的。

温州哲学实现了马克思主义哲学温州化，马克思主义哲学温州化是通过从马克思主义哲学的深奥理论到通俗理论指导温州实践的过程和从温州实践出发到发展马克思主义哲学理论过程的统一来实现的。温州哲学就是在马克思主义哲学的指导下，结合温州人自己的特点和实践发展起来的温州化的马克思主义哲学，在哲学内容和形式上有别于马克思主义哲学，温州哲学始终以时代问题的解决为中心，体现时代精神的精华，随着时代的变化和哲学思维的发展而处于动态演进之中。马克思主义哲学是很朴实的道理，并不玄奥，它能够被广大温州人真正掌握和理解并转化为投身实践的内在动力，满足了温州人生产和生活的需要，具有强大的生命力。只有坚持马克思主义哲学的指导，马克思主义哲学温州化才不会迷失方向；只有温州化的马克思主义哲学才是温州人所真正需要的马克思主义哲学。

从马克思主义哲学的深奥理论到通俗理论指导温州实践的过程就是马克思主义哲学理论温州化的过程，即把马克思主义哲学的深奥理论通俗化，向温州人宣传通俗的马克思主义哲学理论且内化为温州人的观念并指导温州实践。马克思主义哲学理论的温州化最根本的是马克思主义哲学的精髓的温州化，即实事求是的温州化。温州人对实事求是的温州化作出了突出贡献，是马克思主义哲学理论大众化的典范。实事求是对马克思主义哲学的世界观、真理观、价值观、人生观、实践观等进行了概括和升华，赋予了实事求是鲜明的实践特色、民族特色、时代特色，实事求是温州化的理论表达式是温州真理和温州价值，实事求是大众化的实践表达式是温州实践。马克思主义哲学温州化的对象是温州人，马克思主义哲学理论的温州化主要通过把马克思主义哲学的深奥理论转化为通俗理论、根据马克思主义哲学大众化的对象需要设计不同层次的理论内容、通过网络等媒体宣传普及马克思主义哲学的通俗理论三种方式实现的。

首先，温州人把马克思主义哲学理论层层简化，使用简洁晓畅的语言和文笔，举日常生活的浅显事例，从一个或几个方面阐述马克思主义哲学的内容，形成了通俗的马克思主义哲学。马克思主义哲学通俗化要坚持以现实问题为中心的原则，把现实问题与马克思主义哲学融合起来，马克思说过，每个时代总有它自己的问题，准确把握并解决这些问题，就会把理论、思想大大向前推进一步。用现实问题解释马克思主义哲学，在马克思主义哲学指导下解决现实问题，从而用马克思主义哲学理论说服温州人。理论只要彻底，就能说服温州人，所谓彻底就是抓住事物的根本。空洞的理论说教缺乏吸引力、感召力和亲和力，只要以现实问题为中心，抓住问题的要害，马克思主义哲学就能说服温州人，就能被温州人通俗理解，那么马克思主义哲学理论温州化的实现就是可能的。

其次，马克思强调，理论在一个国家的实现程度，取决于理论满足这个国家的需要程度，马克思主义哲学理论只有满足温州人的需要，才能实现温州化。马克思主义哲学温州化的对象是温州人，按照不同对象对马克思主义哲学的需要程度，把温州人进行具体分类，这是一种科学的研究方法，以利于用不同层次的内容满足不同对象对马克思主义哲学理论的需求，增强马克思主义哲学理论在温州人中的吸引力和感召力。温州人可以分解为公共组织人员、非公组织人员、农民三个子对象，三个子对象各有自己的特点，理论宣传普及不能搞"一刀切"，不能用统一的内容体系和模式，要根据宣传对象的需要有所差异地进行。温州结合三个对象的特点，对不同的满足各个对象需要的马克思主义哲学内容进行了宣传普及，正因为这样，马克思主义哲学理论温州化的实现才是可行的。公共组织人员具有很强的政治性特点，同政治生活具有千丝万缕的联系，是公共服务的提供者和公共资源的分配者，也是温州人的根本利益的实现者和维护者。公共组织人员的马克思主义哲学理论水平高低直接关系到温州的大局，对他们的理论教育要注重科学性、政治性、系统性、前瞻性。非公组织人员具有很强的经济性特点，非公组织以营利为目的，利润决定着非公组织能否生存与发展，对非公组织人员来说，时间就是金钱，效率就是生命。对他们的马克思主义哲学理论宣传普及要突出经济性、实效性、价值导向性、具体性。农民具有朴实的特点，农民占温州人口的大部分，没有温州农民的马克思主义哲学，就没有马克思主义哲学的温州化，马克思主义哲学农民化过程中，只有内化为农民的观念，成为农民生产与生活普遍使用的道理，才能实现马克思主义哲学的农民化。对农民朋友来说，不适合讲哲学，而应该讲道理，把马克思主义哲学通俗化为农民的朴实道理，这是农民理解马克思主义哲学的有效方式。公共组织人员又可以分解为公务员、教师、学生，学生又可以分解为中学生、大学生和研究生等，以此类推，要结合各个对象的特点进行理论宣传普及。对各个学历层次的学生应该用不同的内容和模式进行教育，而我国中学和大学的马克思主义哲学理论教育内容重复、单一，这极不利于马克思主义哲学理论的大众化。

最后，随着信息时代的来临，互联网以空前的速度在全球扩展，网民数量越来越多，网络技术对温州人的生活影响广泛而深远，网络渗透到了温州人生活的各个领域，改变了温州人的学习方式、生活方式、思维方式。温州在网上建立了专门的马克思主义哲学通俗理论宣传普及网站，一方面，利用网络传播马克思主义哲学通俗理论，开展知识性和趣味性的活动，以动画片、节目、小品等方式，把马克思主义哲学理论宣传融入其中，实现寓教于乐。另一方面，网络的社会化和马克思主义哲学的大众化的要求是相一致的，网络的普及与发展，把温州人带入更为广阔、自由的天地，温州人可以发表各自的观点和意见来进行交流和讨论，对社会热点问题进行解答，从而了解到更为真实的大众思想动态，提高马克思主义哲学理论宣传的针对性，体现马克思主义哲学温州化的时效性，因而马克思主义哲学理论的温州化是有效的。我们不应该也不能回避网络，要充分发挥互联网的优势，创造一个良好的网络平台，以利于马克思主义哲学理论的温州化。

马克思强调，理论一经掌握群众，也会变成物质力量。把马克思主义哲学深奥理论转化为通俗理论，通过向温州人宣传普及通俗理论，温州人逐渐认识、理解和掌握了马克思主义哲学并内化为自己的观念，充分发挥出了马克思主义哲学在温州人日常生产和生活实践中的指导作用，变成了温州人进行改革开放和社会主义现代化建设的强大动力。

从温州实践出发到发展马克思主义哲学理论的过程就是用温州人的实践来认识、继承、发展马克思主义哲学，形成温州化的马克思主义哲学的过程。马克思主义哲学是一种发展的学说，要用发展的观点对待马克思主义哲学，贯彻马克思的从实践出发解释观念的历史唯物主义原则，用实践的马克思主义哲学发展书本的马克思主义哲学。温州环境天天发生变化，新的事物不断出现，新的问题不断出现，要充分发挥温州人的创造性，不断从变化着的实践中总结经验，概括新理论。在马克思主义哲学的指导下，不断总结温州人的实践经验和方法，从理论上进行深刻、实际的阐述，形成准确的温州化的马克思主义哲学表述语言，从而发展马克思主义哲学理论，形成有温州特色的马克思主义哲学。用实践发展理论的过程赋予了马克思主义哲学鲜明的时代特色，时代特色是马克思主义哲学温州化的实践诉求，即要求马克思主义哲学与温州改革开放现实对话，反映时代内涵和精华。马克思强调，任何真正的哲学都是自己时代精神的精华。与时俱进是马克思主义的理论品质，恩格斯强调，每一时代的理论思维，从而我们时代的理论思维，都是一种历史的产物，它在不同的时代具有完全不同的形式，同时具有完全不同的内容。要以温州人不断变化、发展的实践提升时代内容，丰富和发展马克思主义哲学内容，创新马克思主义哲学的形态，把哲学的内容与哲学的形式统一起来，形成具有温州特色、温州风格和温州气派的马克思主义哲学。温州哲学就是一个很好的例子，温州人面对现实，从客观存在的现实出发，直指问题要害，解决实际问题，反对理论脱离实际、脱离群众，温州哲学反映了温州人的愿望和诉求，体现了温州人的切身利益，融入了温州人日常生产和生活实践中，信念是温州实践的先导，是一种实践的规则和实践的习惯，它本身就包含使人实践的因素。温州人树立了牢固的中国特色社会主义共同理想，在改革开放和社会主义现代化建设实践和马克思主义哲学温州化进程中没有迷失方向，没有这样的信念，就没有凝聚力，就没有一切。

第三章　温州人实践观

温州人勇于实践、敢于实践、善于实践，坚信只有实践才能出真知，只有实践才能长才干，形成了温州哲学的实践观。温州人实践是马克思主义的实践观与温州人的具体实际相结合的产物，温州人实践正确地解决了温州人和温州自然的关系、温州人和温州社会的关系、温州人与温州人之间的关系以及温州人和温州人意识的关系。为了全面理解温州人和温州自然的关系、温州人和温州社会的关系、温州人与温州人之间的关系以及温州人和温州人意识的关系，需要进一步分析温州人实践的含义、地位和作用。

第一节　温州人实践的含义

温州人的生命力在于实践，停止了实践，温州人的生命就会枯竭，只有准确理解温州人实践的含义，才能深刻而全面地把握温州人实践的地位和作用，从而更好地认识温州人世界和改造温州人世界。

一　温州人解决温州问题的对象化活动

邓小平指出：　"改革开放的成功，不是靠本本，而是靠实践。"[①] 实践的观点是马克思主义哲学首要的和基本的观点，马克思指出："全部社会生活在本质上是实践的。"[②] 邓小平在解决现实问题的实践中发展马克思主义哲学的实践观，从客观存在的现实

[①] 《邓小平文选》第3卷，人民出版社，1993，第382页。
[②] 《马克思恩格斯选集》第1卷，人民出版社，1995，第56页。

出发，直指问题要害，反对理论脱离实际、脱离群众，"一定要纠正脱离实际情况的本本主义"①。社会主义条件下，一切工作都要以人民群众的根本利益为出发点和归宿，要真正能够解决群众的实际问题，关心群众的生活，我们做任何工作，都为的是解决问题，我们说的做的究竟能不能解决问题，这样解决问题是否正确，还需要今后的实践来检验②。实践是主观见之于客观的活动，是发现问题到解决问题，发现新问题再到解决新问题的无限过程，为了发现问题和解决问题，根本点在于调查研究。那么，什么叫问题？问题就是事物的矛盾，哪里有未解决的矛盾，哪里就有问题。提出问题，首先就要对问题即矛盾的两个方面进行调查和研究，才能懂得矛盾的性质，这就是发现问题的过程，再对问题进行系统的分析，最后使问题得到解决，解决问题实质上就是解决事物的现实矛盾。在认真调查研究的基础上，对具体的问题即矛盾进行具体的分析，创造性地形成了"解决群众关心的现实问题的对象性活动就是实践"的观点，构成了邓小平的实践观。不解决人民关心的现实问题，不改善人民生活，就得不到人民的支持和拥护。人民群众是历史的创造者，只有依靠人民群众，尊重群众的实践，才能发展马克思主义哲学的实践观。邓小平的实践观反映了人民群众的愿望和诉求，体现了人民群众的根本利益，融入了大众日常生产和生活实践中，实现了马克思主义哲学实践观与人民群众的接触和融合。

温州人在马克思主义实践观的指导下，把邓小平的实践观和自身的具体实际结合起来，总结解决温州问题的实际经验和方法，创造性地形成了温州哲学的实践观。温州人实践就是温州人解决温州人问题的对象化活动，是温州人特有的生存与发展方式。温州人问题就是温州人事物的矛盾，温州人事物是指温州人解决温州问题活动所指向的客观事物。发现温州人问题，解决温州人问题，发现新的温州人问题，解决新的温州人问题，如此无限地进行下去，这是理解温州人实践的钥匙，温州人问题内在地包含着

① 《毛泽东选集》第 1 卷，人民出版社，1991，第 112 页。
② 《邓小平文选》第 2 卷，人民出版社，1994，第 113～114 页。

温州人和温州自然的关系问题、温州人和温州社会的关系问题、温州人与温州人之间的关系问题以及温州人和温州人意识的关系问题。在温州人实践中，使自然问题成为温州自然问题、社会问题成为温州社会问题、人的问题成为温州人的问题、意识问题成为温州人意识问题、环境问题成为温州环境问题。温州人问题的解决不能靠本本，本本也解决不了温州人问题，只能靠温州人实践，只有温州人实践才能解决温州人问题。温州人实践正确地解决了温州人和温州自然的关系、温州人和温州社会的关系、温州人与温州人之间的关系以及温州人和温州人意识的关系，使之达到了主观和客观、主体和客体的统一。

温州人实践的主体是温州人，温州人实践把温州人的体力和智力对象化为自然或社会的存在物，创造出一个属于温州人的对象世界，即温州世界，获得了丰富的物质产品和精神产品，温州城、温州街、温州村、温州店、温州货在全国甚至全世界遍地开花，形成了一道亮丽的风景。温州实践充分尊重了温州人的主体地位，充分体现了温州人的自主性、创造性和扩张性，温州人的自主性、创造性和扩张性三者相辅相成，缺一不可。温州人的自主性表现在驾驭温州环境的能力上，温州人始终积极主动地去认识温州环境，改善温州环境，拓展温州环境，改造温州环境，从而驾驭温州环境。温州人的创造性表现在创造物质财富和精神财富上，温州人对温州世界的改造实质上就是创造，没有创造，就不会形成适合于温州人生存与发展的温州世界。温州人的扩张性表现在温州人对业绩永不停息的追求上，温州人永远不会满足于温州实践的第一个结果所产生的业绩，会创造各种条件，在第一个结果产生的业绩基础上进行下一步更大的实践，实践的结果取得了更好的业绩，又在更好的业绩基础上进行新的更大的实践，如此无限地进行下去，只有更大的实践，没有最大的实践；只有更好的业绩，没有最好的业绩，可以用"没有最好，只有更好"来表达温州人的扩张性。在温州实践中，温州人意识到了自己的存在，具有了主体意识，对温州世界进行了反映、复写、摄影，通过思维操作达到了对温州世界的观念改造，形成了温州人的主观世界，又通过温州实践把主观世界对象化为客观世界，使温州世界适合于温州人的生存与发展。

二 温州人特有的生存与发展方式

温州人要生存与发展，首先必须能够生活，为了生活得更好，必须进行认识温州环境和改造温州环境的活动，使自己在激烈的竞争环境中求得生存与发展，立于不败之地。温州人认为，只有拥有财富才能使自己拥有尊严，温州人财富积累的过程是温州人追求业绩和承担社会责任的过程，为了追求业绩和承担社会责任，温州人必须进行温州实践，正是温州实践不断地创造着适合温州人生存与发展的温州环境、财富、业绩，集中体现在温州经验、温州现象和温州奇迹之中。温州人靠了温州实践这面旗帜，在中国改革开放历史上创造了很多个"第一"：全国第一张私人工商营业执照、全国第一批股份合作企业、全国第一个金融利率改革城市、全国第一个制定私人企业条例、全国第一个实行全社会养老保险、全国第一座农民城、全国第一个农民包机公司、全国第一个跨国农业公司等。在温州人看来，当理论与实践发生矛盾时，先服从实践。否则，理论就成了教条，就束缚了创造性，就不是真正解放思想和实事求是，就迈不开改革开放的步子。

在温州人实践中，温州人为了能够生存与发展，就要创造精神财富和物质财富，要创造精神财富和物质财富就要吃大苦、冒大险。江泽民同志在谈到温州经验时说过这样一段话：全世界的人都知道温州人会做生意，沿海靠山赋予他们这种开放的精神，冒险的精神，最主要的是温州人能吃苦。温州人被誉为"东方犹太人"，温州人关注市场，不在乎形式。当人们都在一味地追求"最好"时，温州人却在追求"更好"。面对温州商人，全世界最会赚钱的犹太商人惊呼："居然还有比我们更会做生意的人！能做别人不愿做的事，能吃别人不能吃的苦，就能挣别人挣不了的钱。"一位著名的韩国企业家感叹道："从我儿子8岁开始，我就给他讲温州商人的故事，我相信等到他80岁的时候，他会发现，他一生的成功都来源于这些故事。"敢想、敢干、能干，温州人以特有的草根精神白手起家，精打细算、踏实肯干、无孔不入……有太多的词语可以解释温州人能赚钱的原因。然而，其真正的原因，是温州人已经将赚钱融入了他们的灵魂、融入了他们的思想、融入了他们的生命。温州人：敢杀鸡取卵、敢揠苗助长、敢断臂求生，蔑视传统法则。温州人：点子比面子重要，相信财富才能使人拥有尊严。温州人：没有市场就创造市场，有了市场就占有市场；没有需求就创造需求，有了需求就最大限度地满足所有人的需求。温州人：为每一个城市的 GDP 增长都作出了重大贡献，同时也为自己迅速攒下了亿万身家。

温州人为什么能够形成自己特有的生存与发展方式？原因就在于温州人的生存实践、创业实践和经商实践，经过温州人的历史实践，逐渐形成了温州人特有的生存与发展方式。

首先，温州人的生存实践培育了温州人独特的生存与发展方式。在历史上，温州人的生存法则是穷则思变、自强不息。温州人多地少、资源匮乏，生存问题成为温州人的首要问题。为求生存，温州人想尽千方百计；为谋生存，温州人走过千山万水；为图生存，温州人历经千辛万苦；为了生存，温州人说尽千言万语，是温州人的生存实践培育了温州人独特的生存与发展方式，也体现出温州人顽强的生存能力。只要能生存、只要能发展，天南地北无所不往、无孔不入；"别人不愿干的温州人愿意干，别人不想干和干不了的温州人能干、敢干、善干"。正是这种顽强的生存实践，培育了温州人为生存而抗争，为生存而创业，为生存而创富的生存方式。随着温州人生存实践的发展，温州人的生存逐渐由感性到理性，越来越具有更深刻、更丰富的内涵，温州人既在温州自然中生存，又在温州社会中生存；既有生理、心理和安全的生存需要，又有尊重和自我实现的发展需要。温州人的生存实践迫切需要理性知识，经过反复的生存实践，对感性知识进行加工升华，形成了理性知识。正因为温州人的认识由感性认识上升到了理性认识，用理性认识指导生存实践，温州人的生存活动才有规律，是合规律性和合目的性的统一，并呈现出历史的连续性。只有不断进行生存实践，形成理性认识，不断进行发展实践，如此反复进行下去，温州人才能真实地、有效地认识温州环境和创造温州环境，才能正确处理温州关系、解决温州问题。温州人的理性知识保障、规范和引导着温州人的生存实践沿着有利于自身的方向发展，温州人在生存与发展实践中形成了独特的生存与发展方式。

其次，温州人的创业实践培育了温州人独特的生存与发展方式。改革开放以前，国家对温州的投资很少，温州经济发展慢，加上条件艰苦，资源匮乏，贫困问题一直困扰着温州人。摆脱贫困、创业致富、创造财富、承担社会责任构成了温州人的价值取向。让每个温州人都富裕起来，同时，带动和帮助其他地区其他人也富裕起来，一个人富裕不是真正的富裕，大家富裕才是真正的富裕，温州人始终遵循这样的致富理念。改革开放后，隐藏在温州人内心的致富欲被充分挖掘出来，温州人的积极性、主动性和创造性充分体现出来，使改革开放成为温州人本质的必然要求。为求富裕，温州人艰苦创业、吃苦耐劳、苦干巧干，"白天当老板，晚上睡地板"是许多温州创业者的真实生活写照；为求富裕，温州人"恋土不守乡"，走南闯北，四海为家，建立无孔不入的温州关系网，不断开拓生存与发展空间，在温州人不断扩大的创业实践中创造财富，"永嘉弹棉郎，挑担走四方"是温州创业者的一个缩影。温州人把自己的产品销售到每个角落，造就了一大批百万富翁甚至千万富翁，带动了许多地区许多人走向富裕。大量温州人向外流出和温州资本向外扩张，形成了行业性的温州市场和跨区域、跨所有制的温州经济。正是温州人的创业实践培育了温州人为创业致富而百折不挠、为创造财富而开拓进取、为大家富裕而勇于承担社会责任的生存与发展方式。对温州人来说，创业具有很强的吸引力，创业最能够考察每一个温州人的能力、智慧和意志力，温州人在创业实践中证明了自己的能力、智慧和意志力，把自己的目的、理想、观念转化为活生生的现实。信念是温州人创业实践的先导，温州人的创业信念是困难的时间就是财富的空间，落后的空间就是财富的时间，成功是温州人的愿望，失败也是一个经验，创业从来都不是一帆风顺的，创业实践是永无止境的，温州人用自己的时间创造自己的空间，时间是温州人生存与发展的空间，温州人存在于自己的时间和空间之中。

最后，温州人的经商实践培育了温州人特有的生存与发展方式。温州人受永嘉学派"义利并举、农商并重"思想的熏陶，素有经商的传统，自东晋以来，温州人以制瓷、造船、纺织、造纸、漆器等手工业制品而闻名中外。温州人"富贵而不务本"，"海上丝绸之路"开通后，温州成了浙南、闽北及毗邻地区商品物资的集散地。当时，有人称温州"商船贸迁"，"其货纤靡，其人多贾"。这种经商传统，经过温州人的历史实践，强化了温州这一地区的商业文化传统。温州人在商业实践中形成了有别于其他人的独特的商业生存与发展方式，温州人以商为荣、以商为业、以商带工，无商不快、无商不活、无商不强，温州人的经商实践遵循以小成大、以弱变强、面向市场、参与世界的经商法则，把经商"血统"渗透在自己的骨子和血液里，使温州人勇于经商、敢于经商、善于经商。温州人把经商看作是财富来源的"天经地义"的实践活动，商业文化和商业氛围异常浓厚，温州人强烈的经商冲动和永无止境的经商实践，使温州人完成了生存与发展上的超越。正是温州人的经商实践培育了温州人为利和义而"全民"经商、"全民"创业、"全民"富裕的生存与发展方式，温州人的经商实践是温州人主要的生存与发展方式。"哪里有市场，哪里就有温州人，哪里有温州人，哪里就有市场"是温州人开拓市场、创造市场、占领市场的生动写照，在十里之外，就可以嗅到温州人的"商业气息"。

改革开放以来，人们对温州实践经验的看法意见不一，但对温州人的敢为天下先、特别能创业的精神，全国人民是认同的，温州模式得到了越来越多的人的认可，温州人已经成为一个品牌、一种无形资产，成为财富的代名词。改革开放初期，温州人以小企业、小商品起家，建起了乐清县柳市低压电器市场、乐清县综合农贸市场、乐嘉县桥头纽扣市场、苍南县宜山再生纺织品市场、苍南县钱库综合商品市场、苍南县金乡徽章标牌市场、平阳县水头兔毛市场、平阳县萧江塑编市场、瑞安县仙降塑革市场、瑞安县塘下莘腾塑料编织袋松紧带市场。许多学者考证后公认，温州早年这十大专业市场堪称中国市场最早的启动点，温州是社会主义市场经济的发祥地之一。温州形成了各类商品市场或产销基地。眼镜、皮鞋、打火机是温州小商品的典型代表，温州人把这些小商品推向全国，并逐步推向世界。跑千山万水、说千言万语、想千方百计、尝千辛万苦、挣千金万银，是温州实践的真实写照。温州人吃的苦比一般人想象的要大得多，同时，温州人财富的积累比一般人想象的要多得多。为了让小商品占领大市场，20世纪90年代初，温州人在北京建立了浙江村，建起了20个服装专业市场，成为东北、华北中低档服装业的产销基地。在全国甚至全世界建立温州城、温州街、温州村、温州店的过程中温州人尝尽了辛酸苦辣，但温州人不怕苦、不怕难、不怕险，求真务实、自强不息、创业创新，以自己特有的生存与发展方式走上了成功之路，成为市场经济最具竞争力的群体之一。温州人总是在理论和实践上不断进行探索，企业制度变革和创新是一个非常典型的代表，实现了企业制度变迁，即家庭作坊—私营企业—合伙企业—股份合作企业—有限责任公司—股份公司—跨国公司。温州人创造的温州模式在争论中开始形成，在不争论中得到丰富，在温州实践中获得检验和发展，一步步得到了合法的政治经济地位，温州哲学是温州模式的有机组成部分，是它的理论基础。温州成为全国走中国特色社会主义道路非常有典型意义的一个代表，给全国其他地区繁荣发展哲学社会科学、实践中国特色社会主义理论体系提供了重要借鉴。

第二节　温州人实践的动机和效果

温州人实践的动机和温州人实践的效果之间相互作用、相互影响，相辅相成，缺一不可。温州实践的动机属于主观范畴，没有无动机的效果，任何效果都是由一定的动机引起的；温州实践的效果属于客观范畴，是动机的实践表现，是在一定动机的支配下，通过温州实践而产生的客观后果。

一　温州人实践的动机

在动机与效果的关系中，哲学史上存在三种观点，即动机论、效果论、动机和效果统一论。动机论者片面强调动机的作用和意义，否认或忽视效果的作用和意义。主要代表人物有中国古代的孟子、董仲舒、朱熹及德国的康德等人。

在中国哲学史上，先秦的孟子把仁义动机和功利动机绝对对立起来，倡导仁义动机，反对功利动机。汉代的董仲舒继承了孟子的思想，明确提出"正其谊不谋其利，明其道不计其功"的观点，判断善恶，主要看是否出于"道""理"的善良动机。宋代的朱熹把董仲舒的"正谊（义）不谋利，明道不计功"的思想誉为"大法"。这种重义轻利的动机论是片面的，但是这些思想长期影响着中国人的思想观念。

在西方哲学史上，康德是动机论的一个典型代表，康德认为，道德行为的善是由善良意志决定的，善良意志之所以善，不在于行为所达到的效果和利益，而在于善良意志遵循普遍必然的道德法则，即"绝对命令"。康德在《实践理性批判》一书中说：这里的问题并不在于结果，只在于问意志是怎样被决定的，和什么才是它（作为一个自由意志）的准则的动机。康德只重视动机，不重视利益，这种动机论也是片面的。

马克思主义哲学认为，动机是效果的行动指导，人的任何行为都是由一定的动机引起的，没有无动机的活动。人们无论做什么事情，其活动本身就内含着对某种效果、目的的期望和追求。只要是正常的人，其行为就要受动机的支配。人的动机是在实践中产生，在实践中发展，并在实践中实现从动机到效果的转化。动机的好坏及其效果的好坏，只有通过实践的检验才能得到最终的、客观的回答。一般情况下，动机与效果是一致的，好的动机得到好的效果，坏的动机得到坏的效果。但由于主、客观各方面复杂因素的影响，动机与效果不一致的情况也时有发生，好的动机产生坏的结果或坏的动机产生好的后果，即人们常说的"事与愿违"。

温州人的愿望或意向支配着温州实践活动，温州实践总是由一定的动机引起的，温州实践活动无时无刻不受到温州人的愿望或意向的支配，没有温州人的愿望或意向，就没有温州实践。所谓温州实践的动机，就是从事温州实践活动的温州人的动机，是指温州人在温州实践活动中的主观愿望或意向，是温州人活动的直接动因或出发点。温州实践的动机对规范温州人的行为具有十分重要的作用，在温州实践中，温州人的动机正确与否直接规定和影响着温州人的活动方向。如果温州人的动机是良好的，那么，就能够帮助温州人认识到自己对自己、自己对社会、集体、他人所负的责任，从而进行有益于自己、社会、集体、他人的活动，把自己的命运和社会、集体、他人的命运统一起来；如果温州人的动机是不良的，那么，就不能够帮助温州人认识到自己对社会、集体、他人所负的责任，从而进行有害于社会、集体、他人的活动。在对温州实践活动进行评价时，分析和确定温州实践的动机是对温州实践活动作出公正、客观、恰当评价的重要因素。

那么，温州人实践的动机，即温州人在实践中的动机究竟是什么样的呢？温州人的动机既有丰厚的历史传承，又有前瞻的现代诉求，是历史与现实的统一，就是富裕动机。温州人既为了财富又为了承担社会责任的动机就是富裕动机，富裕动机包括精神富裕动机和物质富裕动机。

首先，温州人实践的动机继承了永嘉学派"以功利统一仁义"的思想，具有丰厚的历史传承。永嘉学派产生于南宋时期农业发展迅速、手工业发达、商业繁荣、科举鼎盛的永嘉（今温州）地区，是当时永嘉地区社会状况的客观反映，是温州区域文化的遗传因子。永嘉学派反对以义抑利，主张以功利统一仁义，叶适指出，既无功利，则道义乃无用之虚语。主张以利和义，薛季宣指出："惟知利者为义之和，而后可与共论生财之道。"天下熙熙，皆为利来；天下攘攘，皆为利往；求利之心，人皆有之。永嘉学派"以利和义，而不以义抑利"的观点肯定了人们追求利益的活动。主张以国家之力扶持工商业发展，反对重农抑商，给工商业者一定的社会地位。叶适提出了"以国家之力扶持商贾，流通货币"和"四民古今未有不以世，至于愍进髦士，则古人盖曰无类，虽工商不敢绝也"的观点。永嘉学派反对"重本轻末""抑末厚本"，肯定工商业的思想为温州人闯荡世界提供了动力之源。

永嘉学派主张发展工商业的原因就在于：发展工商业能够解决当时永嘉地区人口众多而土地不足的矛盾，必须通过非农业生产方式来解决永嘉人的生存问题，而且工商业的发展有利于国家、社会的发展。这样，从商的直接动因是使永嘉人"挣到银子"而能够生存，因而，追求利益成为永嘉人从事工商业活动的直接动因。能够解决当时永嘉地区人口的生存问题就是最大的道义，让每个永嘉人都能够生活，依靠自己生活，不是依靠国家救济生活，减轻社会负担，这就是道义，从商既能够满足人们追求利益的需要，又符合社会道义目标，这就把利益和道义统一起来，因而，从商成为当时永嘉地区大多数人的选择。然而，永嘉学派毕竟是在生产力和生产关系都没有发生根本性变化的封建社会里产生的，它并没有根本脱离自给自足的自然经济，并不能直接决定温州人在市场经济中的生存与发展。温州人只有把继承永嘉学派思想和发展永嘉学派思想结合起来，才能更好地在市场经济竞争中立于不败之地，永嘉学派思想具有适应和推动市场经济发展的成分。特别是永嘉学派功利和仁义并举的思想影响着一代代温州人，经过温州人的历史实践，温州人形成了不唯上、不唯书、只唯实的务实风格和做事做人相统一的生活态度，用积累财富的办法解决前进中的问题，把追求财富和承担社会责任结合起来。创造财富而不承担社会责任就是富而不仁，没有创造财富而又不努力去创造财富就是最大的不仁，创造了财富而又承担社会责任就是富裕，就是最大的仁义，因而，富裕光荣。富裕动机很好地把温州人的财富动机和道义动机统一起来，既为了财富的动机又为了承担社会责任的动机就是富裕动机，富裕动机是好的动机，是评价温州人活动的重要因素。

其次，温州人实践的动机是在改革开放和现代化建设中逐渐形成和完善的，具有前瞻的现代诉求。改革开放后，党和政府大力提倡发展商品经济，逐步建立和完善了社会主义市场经济体制。素有经商传统的温州人敢为人先，抢占了市场经济的先发优势，温州人纷纷走向全国、走向世界，艰苦创业，勇于拼搏，在发展商品经济中创造了丰富的物质财富和精神财富。实质上，温州人开拓市场、占领市场的条件并不是很有利，交通不便，不懂当地的方言，不熟悉当地的风俗习惯，不了解当地的实际状况，到处遭受歧视和打击。但温州人的富裕动机不断驱使温州人去开拓市场、占领市场并积累了财富。温州人清楚地知道既要让自己富裕起来，又必须带动当地人也富裕起来，这样的动机才是好的动机，才会受到当地人的欢迎。温州人的足迹遍布全国甚至世界，无论是偏远山村还是繁华的大都市，都活跃着温州人的身影，温州人就像空气一样无所不在。改革开放初期，人们不敢言利，也不敢求利，更不敢逐利，但温州人却不耻言利，敢于逐利，善于富裕，温州人认为会赚钱、能赚钱并且带动其他地区其他人挣钱是值得自豪的。当全国其他地区其他人还在探讨社会主义的义和利的关系时，温州人已经行动起来追求能使自己和他人都富裕起来的"义和利"了。温州人"走千山万水，说千言万语，想千方百计，吃千辛万苦"的直接动因是能够让自己富裕起来，同时带动其他地区其他人也富裕起来。没有富裕的动机，温州人敢为天下先、特别能创业的精神就失去了依托，哪里能富裕，哪里就有温州人，哪里有温州人，哪里就能富裕。

改革开放初期，温州人并非是运用现代经济方法，而更多的是运用永嘉学派的"思想方法"来开拓市场、占领市场、创造市场。随着改革开放的深入，温州人逐渐学会了用现代经济方法管理经济，把永嘉学派的"思想方法"和现代经济方法结合起来，形成温州方法。不管温州人走到全国还是世界，都带上温州方法，用温州方法解决温州问题，温州方法伴着温州人从传统走向现代。富裕动机支配着温州人的所有活动，温州人的一切活动及其客观后果都是由富裕动机引起的，任何温州实践的效果都是在富裕动机的支配下，通过温州实践活动达到的。

二　温州人实践的效果

在哲学史上，效果论者片面强调效果的作用和意义，否认或忽视动机的作用和意义。主要代表人物有中国宋代的陈亮、颜元和英国的边沁、密尔等。

在中国哲学史上，有许多学者认为，只有带来一定效果的活动才是有意义的，不能带来一定效果的活动就是无意义的。中国宋代的陈亮针对空谈"义理""不知事功"的虚伪说教，明确提出"功利成处，便是有德；事到济处，便是有理"。中国清代的颜元强调践履、功用，明确主张要"正其谊以谋其利，明其道而计其功"。陈亮、颜元注重效果的思想具有一定的历史进步意义，但是只重视效果、不注重动机的观点是片面的。

在西方哲学史上，效果论的主要代表人物有英国的边沁、密尔等。边沁虽不否认动机的作用，但他认为一个人的动机如何，与行为是否道德无关，道德的价值不存在于主观领域之中，而只存在于客观事实之中，存在于行为的效果之中。密尔发挥了边沁的这一思想，密尔认为不管动机好还是不好，只要达到具有功利的效果就是好的。功利主义者为了替他们强调效果的片面观点作辩护，还提出要把行为者与行为区别开来，认为对行为进行评价，可以只考虑行为的效果，不考虑行为的动机；如果对一个人的行为进行评价，就要考虑他的行为动机。这种把人的行为和人本身分离的做法，并不能解决效果论在理论上的矛盾。因为行为和行为者不是绝对对立的，行为的动机就是行为者的动机，只有把行为和行为者统一起来，才能作出公正、客观、恰当的评价。

马克思主义哲学认为，效果是实践活动的客观后果，是动机的行动体现，任何效果都是由一定的动机引起的，只有在一定动机的支配下，通过一定的实践活动才能产生效果，动机与效果统一的基础是实践。人的动机在实践中产生、发展，并在实践中实现从动机到效果的转化。实践是检验动机和效果好坏的客观标准，只有把一定的动机转化为相应的效果，才能体现动机的作用和意义，只有讲求相应的效果，才能把效果转化为新的动机。

温州人实践的效果是标志温州人在实践活动中的客观后果的哲学范畴，是在温州人的动机支配下，通过温州人实践而产生的客观后果，是温州人的动机的实践表现，就是富裕效果，温州人既创造了财富又承担了社会责任的效果就是富裕效果，富裕效果包括物质富裕效果和精神富裕效果。温州实践的效果属于客观范畴，温州实践的效果问题是一个关系到温州人前途和命运的全局性问题，直接体现了温州人的能力水平、智慧水平。如果温州实践取得了好的效果，那么，温州人就很好地把富裕动机转化为富裕效果，既让自己富裕起来了，又带动一部分地区一部分人也富裕起来了，温州人就真正做到了创造财富和承担社会责任相统一，从而更加坚定地从事有利于自己和社会主义社会的活动，把自己的命运和祖国的命运统一起来；如果温州实践取得了坏的效果，那么，温州人就没有很好地把富裕动机转化为富裕效果，或者是偏离了富裕动机的轨道，抑或温州人的富裕是以损害一部分地区一部分人的利益为代价的，也可能温州人自己根本就没有创造财富，温州人就没有做到创造财富和承担社会责任相统一。在对温州实践活动进行评价时，分析和确定温州实践的效果是对温州实践活动作出公正、客观、恰当评价的关键因素。

温州人在温州实践中创造了温州经验、温州现象、温州奇迹，形成了温州模式，温州模式经历了"小商品，大市场""小资本，大辐射"和"小区域，大发展"三个发展阶段，温州人一步步确立了自己的政治经济地位。温州实践的效果是良好的，改革开放30多年来，温州和温州人发生了历史性变化，取得了良好的经济效果和社会效果，积累了丰富的物质财富和精神财富，造就了一批甚至一大批百万富翁、千万富翁、亿万富翁，不但温州人自己富裕起来了，而且带动了一部分地区一部分人也富裕起来了。大量温州人向外流出和温州资本对外扩张，形成了行业性的温州市场和跨区域、跨所有制的温州经济。温州人经受住了改革开放、市场经济和经济全球化的考验，不断地超越、继承和发展传统文化，特别是不断地超越、继承和发展永嘉学派，不断地崛起温州区域文化。温州积极实施温州模式研究和建设工程，这个工程的实施意义重大，影响深远，是千年工程，功在当代，利在千秋，温州模式是涵盖温州经济、温州政治、温州文化、温州管理、温州教育、温州科技、温州地理、温州人文、温州战略、温州战术等方面比较完备的科学体系，温州模式需要系统地回答温州的科学发展、社会和谐、全民创业、效率公平、共同富裕、内外条件、市场机制、政府作用、社会保障和文化崛起以及温州特色理论与实践等一系列基本问题。温州实践的效果会越来越好，积累的财富会越来越多，社会会越来越和谐，离大家富裕的目标会越来越近，科学发展能力会越来越强，从而实现温州跨越式发展和持久繁荣，温州人为了把温州建设成一个富强、民主、文明、和谐、公平、正义、理性的大温州①而努力奋斗。

三 温州人实践的动机和温州实践的效果的关系

在哲学史上，动机与效果统一论者主张人的活动是一个动机与效果统一的过程，马克思主义哲学产生以前，动机与效果统一论者虽然认识到了动机与效果的辩证关系，但是他们并不懂得实践的意义和作用，并不知道动机和效果统一的基础是实践，主要代表人物有中国先秦的墨子和德国的黑格尔等。

在中国哲学史上，有一些学者提出了从人的行为的动机和效果这两个方面来进行评价。中国先秦的墨子最早提出了"志""功"两个概念，"志"就是动机，"功"就是效果。《墨子·鲁问》中说，鲁国君曾问墨子：我有两个儿子，一个爱好学习，一个爱好把钱财分给别人，你看哪一个为太子合适？墨子回答说，不能光看他们的效果，还要看他们的动机，最后才可决定。因此，他劝鲁君"合其志功而观焉"。墨子论述了动机和效果之间的辩证关系，这种思想包含着合理成分，但墨子并不懂得动机和效果相结合的基础是实践。

在西方哲学史上，德国的黑格尔阐释了动机和效果之间的辩证关系，黑格尔认为，人的行为是动机和效果的统一。动机规定着行为的内容，没有动机就没有行为的效果。但是，对行为进行评价时，不能只看动机，还要看在一定动机的支配下所产生的客观结果，因为行为的客观结果体现着动机的好坏。动机和效果的统一就在人的行为中，因此，对人们的行为进行评价时，必须坚持内外统一、主客观统一的原则，任何把动机和效果割裂开来或片面夸大一端的观点，都是"抽象理智"。黑格尔的这个思想是深刻的，但是黑格尔并不懂得实践是动机和效果统一的基础，从而陷入了唯心主义。

马克思主义哲学认为，动机与效果是辩证统一的，动机是效

---

① 大温州是指温州人活动区域的总和，不仅包括温州本地，还包括全国和世界被温州人改造过的区域，例如，温州人在全国、世界建立的温州城、温州街、温州村等都属于大温州的范围。

果的行动指导，人的任何行为都是由一定的动机引起的，没有无动机的活动，效果是动机的行动体现，任何效果都是在一定动机的支配下，通过一定的实践活动达到的。动机与效果统一的基础是实践。只有实践才能检验动机的好坏及其效果的好坏。毛泽东《在延安文艺座谈会上的讲话》中指出："唯心论者是强调动机否认效果的，机械唯物论者是强调效果否认动机的，我们和这两者相反，我们是辩证唯物主义的动机和效果的统一论者。为大众的动机和被大众欢迎的效果，是分不开的，必须使二者统一起来。为个人的和狭隘集团的动机是不好的，有为大众的动机但无被大众欢迎、对大众有益的效果，也是不好的。"① 一般情况下，动机与效果是一致的，好的动机得到好的效果，坏的动机得到坏的效果。但由于主、客观因素的影响，动机与效果不一致的情况也时有发生，好的动机产生坏的结果或坏的动机产生好的后果，即人们常说的"事与愿违、歪打正着"。因此，评价任何活动都要既看动机又看效果，把动机和效果在实践的基础上统一起来。这就要求人们在分析和解决问题时，既不能只看动机不看效果，也不能只看效果不看动机，而应在确定良好动机的前提下，努力得到较好的效果。当动机与效果发生矛盾时，要认真分析原因，总结经验，在实践中不断修正不符合客观实际的动机和不能达到良好效果的方案，在实践的基础上真正做到动机与效果的辩证统一。

温州人实践的动机是标志温州人在实践活动中的主观愿望的哲学范畴，是指从事着解决温州问题活动的温州人的动机，在温州人实践中，温州人的动机集中体现在富裕动机中。温州实践的效果是标志温州人在温州实践活动中的客观后果的哲学范畴，是指在一定的动机支配下，通过温州实践得到的客观后果。温州实践的动机属于主观范畴，温州实践的效果属于客观范畴，温州实践达到了主观和客观的统一。温州实践的动机和温州实践的效果辩证关系的原理，为温州人正确解决社会责任评价问题提供了方法论指导。对温州人全面认识现实生活中动机和效果的矛盾，正确进行社会责任评价具有重要的理论和现实意义。

---

① 《毛泽东选集》第3卷，人民出版社，1991，第868页。

　　温州人实践的动机和温州人实践的效果之间的辩证关系集中体现在富裕动机和富裕效果之间的辩证关系之中。温州人认为，富裕动机和富裕效果是分不开的，必须在温州实践的基础上把富裕动机和富裕效果统一起来，温州人既为财富又为承担社会责任的动机是好的动机，就符合中国特色社会主义的价值目标；温州人既创造了财富又带动其他地区其他人也创造了财富，承担了社会责任，这种效果是好的效果，就会受到其他地区其他人的欢迎；只是为了自己积累财富而不为了其他地区其他人积累财富的动机和不承担社会责任的动机都是不好的动机，以损害其他地区其他人的利益为代价的效果是不好的效果，有为大家富裕的动机但没有达到大家富裕的效果，也是不好的。必须在温州实践的基础上把富裕动机和富裕效果统一起来，对温州人的社会责任进行评价时，必须坚持内外统一、主客观统一的原则，任何把富裕动机和富裕效果割裂开来或片面夸大一端的观点都是错误的。

　　温州人总能根据温州人实践的动机和温州人实践的效果来修正理论和政策，非常注重实际问题的研究和解决，善于研究新情况，解决新问题，以自己现在正在做的事情为中心，确立了"温州实践有出路"的基本构想，贯彻从温州实践出发来解释观念的唯物主义原则，不是在与人争辩中解决温州问题，而是在温州实践中解决温州问题。温州人埋头苦干，用实践作为检验真理的根本标准，坚信只有实践才能出真知，只有实践才能长才干，形成了自己特有的实践形态，即温州实践。在改革开放和现代化中，温州不断地出现新情况、新问题，温州人总能不断地研究新情况，解决新问题。例如，个体、私营企业的合法地位问题，温州人总能从实际出发对合法经营的个体、私营企业先给予肯定和保护，再进行鼓励、支持、引导，使个体、私营企业为改革开放和现代化建设服务，为人民服务，为社会主义事业服务，并努力向中央建议，把党的路线、方针、政策和温州人的具体实际结合起来，走温州人自己的路，建设社会主义温州，为实现温州跨越式发展和持久繁荣而努力奋斗。温州人解放思想、实事求是，大胆探索、勇于实践，温州实现了经济社会发展的历史性跨越，城乡面貌发生了翻天覆地的变化；温州打造了民营经济的特色和品牌，成为中国民营经济的先行区；温州形成了改革创新的先发优势，成为中国构建社会主义市场经济体制的试验区；形成了温州人精神，为时代人文精神注入了积极元素。温州实践的动机和温州实践的效果得到了越来越多的人的认可，尤其是温州人，因为温州人是温州实践的动机和温州实践的效果相统一的实践者，温州人的富裕和实现富裕的能力闻名于世，温州人的富裕是富裕动机和富裕效果的统一。

第三节　温州人实践的主体和客体

在温州人实践中，主体和客体之间相互作用、相互影响，共处于矛盾统一体中，温州人建造了一个属于自己的世界，即温州世界，温州世界是纳入温州人活动领域的世界。这样，温州哲学从总体上研究温州人和世界的关系，就可以转换为研究温州人和温州世界的关系。

一　温州人实践的主体

温州人实践的主体是从事着解决温州人问题活动的人，在温州人实践中，每一个温州人都从事着解决一个或多个温州问题的活动，从这个意义上说，温州实践的主体是温州人。温州问题贯穿于温州事物发展过程中，每一温州事物发展过程中都存在着自始至终的温州问题，即温州事事有问题，时时有问题。温州实践是永无止境的，温州人总是在温州实践中不断地发现温州问题，解决温州问题，发现新的温州问题，解决新的温州问题，如此无限地进行下去，温州实践的过程就是温州人解决温州问题的过程。正是靠了温州实践这面旗帜，温州人成功地解决了一个个温州问题，温州人成为能人，成为财富的象征，成为世界最具竞争力的群体之一。温州人的能力、智慧、意志得到了充分展现，赋予了温州人特质和温州人意识。

那么，赋予温州人特质和温州人意识的内在根据是什么呢？

首先，温州人特质的内在根据是温州人的本质属性。每一个有生命的温州人的存在构成了全部温州人历史的前提，每个温州人生命的诞生最初纯粹只是一个自然现象，是有生命的人的一部分，直接的是自然存在物，具有人的自然属性，和其他婴儿一样处于血缘的、自然的联系之中。随着温州人的成长，温州人由家庭为主的自然联系逐步进入社会关系领域，参与社会生活，尤其是进入温州社会关系领域，参与温州社会生活。在社会教育和社会生活中，温州人学习和掌握了必要的社会程序，准备了必要的素质和能力，享有权利和承担义务，认识到自己的作用和意义，使自己真正成为社会中一个成熟的群体，为温州实践作了必要的准备。温州人的本质不是温州自然联系的总和，而是温州社会关系的总和，温州自然是指与温州人生存与发展相关的自然，温州社会是在温州实践中形成起来的温州人的社会，是与温州人的生存与发展相关的社会。温州人在改造温州自然的实践过程中，温州人相互交流、合作，并结成了一定的社会关系，这种社会关系就是温州人的社会关系，有个人之间的关系、群体之间的关系、个人和群体之间的关系等。这种多方面的温州人社会关系反过来又制约着温州人的活动，温州人就是在多方面的温州人社会关系中获得了多方面的现实的规定性。温州人的本质即温州人的本质属性是温州人社会关系的总和，这是使人成为温州人的内在根据，温州人的社会关系把温州人和其他人区分开来，使温州人成为一个特定社会关系中的群体，处于不同社会关系中的人具有不同的规定性。在温州实践中，温州人总是处在温州人的社会关系中，是温州人社会关系的生产者和再生产者，同时，又生产和再生产了温州人自身，使温州人代代繁衍下去，从而继续生产和再生产温州人的社会关系。离开温州人的特定社会关系，就无从了解温州人的本质，只有理解了温州人的本质在于温州人的社会关系的总和，才能把温州人和其他人区分开来；只有理解了温州人的社会关系，才能理解温州人的社会地位，温州人的社会关系决定了温州人的社会地位，在温州人的社会关系中，经济关系居于支配地位，起主导作用，正是温州人创造了温州经验、温州现象和温州奇迹，尤其是财富的积累，才使温州人成为现代社会最具竞争力的群体之一，成为社会地位的象征。

其次，温州人意识源于是温州区域文化和温州实践。意识是物质世界长期发展的产物，是人脑的机能，作为人脑的机能，意识是人脑进行的精神活动，意识的形式是主观的，内容是客观的。意识的主观性体现在意识的形式、个体意识之间的差别性和意识的创造性三个方面；意识的客观性体现在意识的对象、意识产生的依据和意识对客观对象的反映三个方面。温州人在生存与发展过程中，受到温州区域文化的影响和熏陶，特别是永嘉学派和温州人精神，永嘉学派有别于其他的儒家学派，与心学、理学形成三足鼎立之势，主张义利并举和农商并重，反对空谈义理。永嘉学派思想自然而然地渗透于温州人的行为方式、生活方式和情感方式之中，具有强大的惯性作用，经过了温州人的历史实践，丰富了温州区域文化的内涵，构成了温州人意识中不可缺少的遗传因子。除了温州人之外，其他人较少受到这种文化的熏陶，使温州人的意识和其他人的意识初步区别开来。温州人精神是温州人在温州实践活动中形成的，是温州人优秀思想文化的结晶，温州人能吃苦，勇于冒险，勇于创新，勇于实践，敢为天下先和特别能创业是温州人精神的集中体现，温州人精神鼓舞着每一个温州人，影响着每一个温州人，并渗透到温州人的骨子和血液里，温州人精神是温州人意识的主要组成部分，使温州人意识和其他人的意识进一步区别开来。而温州人意识又是在温州实践中生成、实现和确证的，正是在温州实践中，温州人意识到了自己的存在，形成了自我意识，温州实践就成为有温州人自我意识的活动，进而使温州人意识和其他人的意识完全区分开来，使意识成为温州人意识。温州人意识既有历史继承性，又具有前瞻性的现代诉求和未来导向，是传统意识、现代意识和未来意识的融合。

温州人通过温州实践使自己真正成为一种自我创造的主体性存在，赋予了温州人特质、温州人意识，在特定的历史时空中找到了自己的位置，形成了温州社会关系，确立了自己的社会地位，把握住了自己由过去到现在再到未来的时空走向。温州人总能先人一步，快人一招，原因就在于温州人正确把握住了自己所处时代的状况和特征，知道这种现状已有的过去和可能的未来，并且知道自己在时空中的现实位置及以后变化和发展的可能的指向，立足现实，面向未来，通过努力把自己的理想变为现实。

二　温州人实践的客体

温州人实践的客体是指温州人解决温州人问题活动所指向的客观事物，即温州人事物，温州人事物是每一个温州人从事解决一个或多个温州人问题活动所指向的对象，从这个意义上说，温州人实践的客体是温州人事物。对温州人事物要从两方面来理解：一方面，事物外在于温州人的意识而客观存在着，呈现在温州人面前的，是由各种联系交织起来的事物，温州实践使事物深深打上了温州人活动的烙印，成为温州人解决温州问题活动所指向的客观事物；另一方面，温州人不仅反映温州事物，并且创造温州事物，并不断地扩大温州事物的范围，温州人驾驭了温州事物，创造了温州事物，创造温州世界，温州人生存与发展的家园越来越美好。温州实践使自然成为温州自然、社会成为温州社会、环境成为温州环境。

那么，自然成为温州自然、社会成为温州社会、环境成为温州环境是怎样实现的呢？

首先，温州自然是指温州人活动深入的自然界，是被温州人的实践改造过并深深打上了温州人的目的和意志烙印的自然界，温州自然是温州实践的重要客体。自然是独立于温州人的活动或尚未被纳入温州人的活动范围内的自然界，包括自在自然和被其他人深入到的自然，被纳入他人活动领域的自然称为他人自然，自在自然是指人类产生之前的自然或人类尚未深入到的自然。温州实践不仅改变了自在自然的形态，而且还把温州人的目的、理想、意志等因素注入他人自然中，使自在自然和他人自然朝着有利于温州人生存与发展的方向发展，按照温州人自己的方式来改造自然，从而使纳入温州人活动的自然不断扩大和延伸，温州人不断创造出适合于自身生存与发展的自然。在温州实践中，自在自然和他人自然日益转变为体现温州人的目的和意志，并能满足温州人的生存与发展需要的温州自然，这个过程就是自然成为温州自然的过程，自然成为温州自然的结果是从自在自然和他人自然中划分出温州自然。温州人在温州实践中创造出了一个属于自

己的自然界，即温州自然，把自然不断地改造成自己生存与发展
的条件，成为温州人的能力、智慧、力量的确证和展现，温州自
然条件不断地得到改善，温州自然的空间不断扩大和拓展，温州
人生存与发展的自然基础越来越牢固。

其次，自然成为温州自然的过程也是社会成为温州社会的过
程。在改造温州自然、创造温州自然的同时，温州人必须相互交
往并结成一定的社会关系，有个人之间的关系、群体之间的关系、
个人和群体之间的关系等，从而形成、改造和创造自己的社会，
这种社会就是温州社会，温州社会是在温州实践中形成起来的温
州人的社会，与温州人的生存与发展密切相关。没有温州人之间
的交往关系，就不会有温州人与温州自然的关系，温州人创造温
州自然并不是在温州社会关系之外，而是在温州社会关系之中实
现的。在温州实践中形成的温州自然和温州社会构成了温州环境，
温州哲学从总体上研究温州人和世界的关系问题，这里的世界是
进入温州人活动领域的世界，即环境，环境从内容上可以分为自
然环境和社会环境，这样，自然成为温州自然，社会成为温州社
会，也就使环境成为温州环境。

温州人通过实践在自在自然、他人自然和他人社会的基础上
建造了一个属于温州人自己的自然和社会、环境，形成了温州自
然、温州社会和温州环境。一方面，自在自然、他人自然和他人
社会构成了温州人生存与发展的自然基础和社会基础，温州人在
温州实践活动中，把自在自然、他人自然和他人社会同化于自身，
转化为自己的本质力量，同时又把这种本质力量对象化于温州自
然、温州社会和温州环境中。另一方面，温州自然、温州社会和
温州环境形成之后反过来又制约着自在自然、他人自然和他人社
会。在温州实践中，温州自然、温州社会、温州环境、温州人构
成了温州系统，温州系统在全国甚至世界有着越来越重要的影响，
发挥着越来越重要的作用。

三 温州人实践的主体和温州人实践的客体的相互作用

温州人实践的主体是温州人，客体是温州人解决温州问题活
动所指向的客观事物，即温州人事物，温州人和温州人事物是温

州人实践的两端。温州人实践是一个以温州人、温州工具、温州人事物为基本结构的动态的发展系统，其中，温州人是这个系统中最活的因素，是自主性、创造性、扩张性的主体，温州人事物是这个系统中物的因素，是客观存在着的客体，温州工具是把温州人和温州人事物连接起来，使温州人和温州人事物之间相互作用、相互影响，是主体和客体的中介。在温州人和温州人事物的相互作用、相互影响中，温州人的主体地位得到了充分尊重，能力不断得到提高，温州人不断地创造温州人事物，不断地超越温州人事物的限定；但温州人事物也不断地限定、制约着温州人，温州人和温州人事物之间的超越和反超越贯穿于温州人实践发展过程的始终。温州人既不能过分陶醉于对温州人事物的胜利中，也不能在温州人事物面前碌碌无为，应当有所为，有所不为，达到温州人与温州自然、温州社会、温州环境、温州人与温州人之间以及温州人与温州人意识之间的和谐。温州人与温州事物的相互作用不同于一般的物质之间、精神之间、物质和精神之间的相互作用，而是把物质之间、精神之间、物质和精神之间的相互作用都包含于自身。具体地说，温州人和温州事物之间的相互作用既有物质性的特点，又有精神性的特点，以温州事物为对象，温州人意识注入其中。

那么，温州人和温州人事物之间的相互作用是怎样实现的呢？温州人和温州人事物的相互作用是通过温州人客体化和温州人事物主体化的双向运动实现的。

首先，温州人和温州人事物的相互作用是通过温州人客体化实现的，温州人客体化是指温州人通过温州实践把自己的本质力量转化为对象物。在温州实践中，温州人运用温州工具①把自己的目的、理想、愿望、意志等本质力量转化为温州城、温州街、温州村、温州店、温州货等对象物，创造了温州自然、温州社会、温州环境，形成了五彩缤纷的对象世界，建造了一个属于温

---

① 温州工具是指温州人在温州实践中运用的工具、手段以及使用这些工具、手段的原理和方法，包括实物工具和非实物工具两类。实物工具又可以分为两类：一类是作为人的肢体延长、体能增强的工具，例如发动机的使用；另一类是作为人的感官和思维的延伸、智力放大的工具，例如计算机的使用。

州人自己的世界，即温州世界。温州实践的过程是温州人改造自在自然、他人自然、他人社会和创造温州世界的过程，在这一过程中，自在自然、他人自然、他人社会按照温州人的要求和方式发生变化，形成了自在自然、他人自然、他人社会原来所没有的各种对象物，例如，温州人在全国甚至全世界建立起了温州城、温州街、温州村、温州夜市等。温州世界是在温州人和温州事物相互作用的实践中创造出来的，是温州人本质力量的确证和展现，也就是温州人的本质力量通过温州实践活动转化为静止的物质的存在方式，把自己的体力和智力积淀、凝结和对象化在温州世界中，随着温州实践的深入和发展，温州人的自我发展能力会不断增强，温州人创造的对象物在数量和质量上会不断提高，温州世界的范围会不断扩大。

其次，温州人和温州人事物之间的相互作用是通过温州人事物主体化实现的，温州人事物主体化是指在温州人实践中，温州人把一部分温州人事物转化为自己的体力和智力，温州人事物失去了对象化的形式，成为温州人生命结构的因素或温州人本质力量的因素。温州人和温州人事物不断发生着物质、能量、信息的交换，一方面，温州人输出物质、能量、信息，从而改造温州世界，创造温州世界；另一方面，温州人为了生存与发展，需要输入物质、能量、信息，不但消耗物质产品，使之转化为自己体力的一部分，而且消耗精神产品，使之成为自己智力的一部分。在温州实践过程中，温州人创造了温州世界，同时，温州人的自我发展能力不断提高，驾驭温州世界的能力不断提高，又在新的更高的水平上去改造新的温州世界。温州人的能力和素质又得到大大提高，大大深化和拓展了温州人的认识，在温州实践基础上形成的温州人的认识即温州认识。温州实践是起点和终点，当温州实践和温州认识发生矛盾时，温州人坚持温州实践优先的原则，温州认识在温州实践的基础上不断深化和拓展，这就是温州人的思维方式。

温州人和温州人事物之间的相互作用、相互影响是通过温州人客体化和温州人事物主体化的双向运动实现的。温州人客体化，使自己的本质力量转化为对象物，积累了丰富的物质财富和精神财富，这种物质财富和精神财富会一代代积累、继承、发展下去。温州人事物主体化使温州人的本质力量不断丰富和发展，自我发展能力不断提高，温州人客体化和温州事物主体化是一个双向运动过程，两个方面相辅相成、不可分割，互为前提，温州人就是通过这种运动形式不断地解决温州问题，不断地超越温州事物对自身的限定，这种运动形式是温州人对温州事物的超越和温州事物对温州人的限定的集中表现，是温州实践活动的本质内容。总之，温州实践是以温州人、温州工具和温州事物为基本结构的自我运动、自我完善、自我发展的系统，温州人控制着温州实践活动的组织、运行、停止，温州人和温州人事物之间不断地进行物质、能量、信息的交换，温州人的自我发展能力不断地提高，温州世界不断地扩大，温州实践本身也不断地发展。

第四章　温州人世界观

温州人通过实践认识世界和改造世界，形成了五彩缤纷的对象世界，建造了一个属于温州人自己的世界，即温州人世界。世界与温州人世界分化与统一的基础是温州人实践。温州人之所以只有通过自己的实践才能认识世界和改造世界，是因为世界是独立于温州人意识之外，不以温州人意志为转移的；温州人之所以能够通过自己的实践创造温州人世界，是因为世界的运动、变化是有规律的，规律是可以被温州人认识和利用的。温州人世界内部诸要素之间相互联系、相互作用，温州人世界和外部世界之间也相互联系、相互作用，温州人世界是由众多要素构成的统一整体，有其自身的运行机制。

第一节　自然与温州自然

温州人对自然的认识经历了自在自然、人化自然、生态自然到温州自然的发展过程，这种转变不仅仅是一种简单的语义转变，也是从分化自然向融入自然的转变，更是从改造自然向促进温州人与自然和谐发展的转变。考察温州人与自然关系变化的历史过程，就是系统反思温州人处理自身与自然关系的态度、角度、方式。温州自然对构建温州人与自然本质统一的新型关系，促进温州人与自然的和谐共生共融具有重要意义。

一　自然

温州自然的产生把温州人的自然观和其他人的自然观区别开来，在温州自然产生以前，温州人对自然的认识过程和其他人对自然的认识过程是一样的。人对自然观的认识，总是与特定历史时期的实践和认识水平紧密相连，进入阶级社会以后，人对自然的认识总是与一定社会的政治、经济、文化和科学技术发展水平息息相关。近代以来，随着生产力的巨大发展，人对于自然的认识发生了根本变化，随着科学技术和知识经济的发展，人对自然观的认识日益清晰、明朗和理性。尤其是随着马克思主义自然观中国化、大众化、时代化的深入与发展，中国人对自然观的认识不断深化与拓展，科学发展观的提出，为当代中国人建构中国特色社会主义自然观提供了理论依据和实践范式，温州自然是中国特色社会主义自然观非常典型的一个代表。

要考察人与自然关系的变化史，反思温州人与自然的关系，就要从人对自然观的认识开始，人对自然观的认识主要经历了古代朴素的自然观、近代的机械唯物主义自然观和马克思主义自然观等三个阶段。

古代朴素的自然观是古代朴素唯物主义的重要组成部分，有些思想也含有一定的辩证观点，是自然观发展的第一个阶段。这种自然观用本原或本质来描述自然的初始状态或始基，把一些具体的物质作为本原或本质。例如，古希腊的泰勒斯认为，水是世界的本原，世界万物由水产生，又复归于水；赫拉克利特认为，世界是一团永恒的活火；德谟克里特认为，世界万物都是由原子和虚空构成的。中国古代的"元气说"认为，元气是构成世界的本体，一切有形的物体都是由元气组成。受实践水平和认识能力的限制，古代朴素的自然观具有明显的历史局限性，显然不能对自然进行科学阐释，不能正确处理一般与个别的关系，以个别来替代一般或以一般来替代个别，以思辨的玄思替代真实的联系，以神化了的人性替代自然的规律。

机械唯物主义自然观是机械唯物主义的重要组成部分，是一种用机械运动规律和原理来描述自然的观点。机械唯物主义的自然观以近代实验科学的发展为基础，使用定性分析和定量分析相结合的方法研究和描述自然的构造和成因。机械唯物主义的自然观以牛顿力学作为解释自然的根本原理，认为机械运动是自然界唯一的运动形式，动物是机器，甚至人也是机器，只能从机械运动来揭示自然的奥秘。机械唯物主义的自然观是自然观发展的第二个阶段，机械唯物主义的自然观比古代朴素的自然观进步，但是，把自然界的一切运动形式简单归结为机械运动，这就形成了一种孤立、静止、片面的思维方法，最终走向了神秘主义，例如，宇宙存在着第一推动力，那就是神。

马克思主义自然观的产生，是自然观发展史上的伟大变革，是一种唯物主义的辩证自然观，是唯物论和辩证法的统一。19世纪自然科学领域的最新成就，特别是细胞学说、能量守恒与转化定律、生物进化论的发展，对马克思主义自然观的产生具有直接的意义，这些自然科学揭示出了一幅全新的自然图景。马克思主义自然观认为，自然界不是孤立不变的，而是普遍联系和永恒发展的。自然界具有客观实在性，自然的运动变化是有规律的，人是可以认识和利用规律的，自然辩证法是自然界本身固有的客观规律。人在实践基础上认识自然和改造自然，人对自然的关系首先是实践的即以活动为基础的关系，由此，人的实践把自然界、人、社会第一次辩证地统一起来。马克思主义自然观从实践出发，提出了自在自然和人化自然的概念，自在自然与人化自然的提出是人对自然界认识的重大飞跃。

自在自然这一概念具有双重含义，不但包括人类世界产生之前的自然，即先在自然，而且包括人类世界产生之后尚未纳入人类活动领域的自然。自然的时间和空间是无限的，但特定历史条件下人的实践能力和水平总是有限的，自然总是存在着人类活动的"盲区"，这些"盲区"是自在自然的重要组成部分。自在自然独立于人的意识之外，不以人的意志为转移，是客观性的存在，自在自然的客观实在性必然会通过人类实践，延伸到人化自然之中去，构成人化自然客观实在性的自然基础。人类不是在自在自然之外改造自然，而是在自在自然提供的物质、能量、信息的基础上实现自身的生存与发展，从而建造出一个适合于人类生存与发展的自然。自在自然运动变化是有规律的，人是可以认识和利用规律的，但自在自然的运动变化完全是自发的、盲目的。自在自然是客观物质世界的组成部分，它在人类认识世界和改造世界中发挥着基础性作用，这种基础性作用主要体现为自在自然是人类进行实践活动的客观前提和制约性因素。

人化自然是指纳入人类活动领域的自然。人类在实践中，总是优先选择最有利于自身生存与发展的自然物进行改造，把自己的本质力量对象化，形成了多种多样的人化了的对象物，构成了五彩缤纷的对象自然，建造了人类生存与发展的"周围自然"。人化自然是人类的需要、目的、意志、理想、愿望等本质力量的确证和展现，人化自然是在人类实践基础上形成的，人类要生存与发展，就必须进行实践，从自在自然中不断获取物质、能量、信息，人化自然不能完全脱离自在自然，要以自在自然为生存与发展的基础。但人化自然毕竟不同于自在自然，人化自然不是自在自然自动延伸的产物，而是人的本质力量对象化的产物，是人的对象自然，在人类历史中即在人类社会的产生过程中形成的自然界是人的现实的自然界。实践是自在自然与人化自然分化与统一的基础，实践可以改变天然自然的外部形态、内部结构和客观规律起作用的方式，但绝不可能消除自在自然的客观实在性。自在自然和人化自然之间既相互区别又相互联系，在一定条件下相互转化，在人类实践中，人类不断超越自在自然的限定，人化自然不断扩大和延伸，而自在自然又制约着人类活动，人类对自在自然的超越和自在自然对人类的制约，这是人类认识自然和改造自然活动的本质内容。

奴隶社会以前，人类通过崇拜、敬畏自然的方式来解决人与自然的矛盾，达到人与自然的和谐，人类只能依赖、顺从自然。进入封建社会以后，随着生产力的发展和科学技术的进步，人类认识自然和改造自然的能力得到了一定的提高，但人类的实践能力和水平还非常有限，人类对自然的影响还比较小，改造自然的范围也比较小，自然生态系统基本平衡，人与自然保持基本的和谐关系。近代以来，随着生产力的巨大发展和科学技术的巨大进步，人与自然的关系也由过去的奴主关系变为主奴关系，人类中心主义应运而生，人类由农业文明进入了工业文明。在人类中心主义影响下，人类不是奴隶般地服从自然，而是统治自然，大规模无节制地开采和掠夺自然资源，生态平衡遭到严重破坏，马克思指出，不以伟大的自然规律为依据的人类计划，只会带来灾难。

人类生存环境日益恶化，人与自然的矛盾日趋尖锐。20 世纪 50 年代以来，全球性问题制约着人类的生存与发展，人类开始关注生态危机，反思人与自然的关系，强烈呼吁可持续发展。生态自然的观念逐渐成为世界人民的共识，人与自然的和谐成为世界人民的共同愿望。恩格斯指出，我们必须时时记住，我们统治自然界绝不像征服者统治异民族一样，绝不像站在自然界以外的人一样——相反的，我们连同我们的肉、血和头脑都是属于自然界，我们不要过分陶醉于对自然界的胜利。对于每一次这样的胜利，自然界都报复了我们。要促进人与自然的和谐相处，人类要从自然的主人向自然界的一部分转变，自然也是人的一部分，人与自然是一个整体，自然界是人为了不致死亡而必须与之不断交往的人的身体。所谓人的肉体生活和精神生活同自然界相联系，也就等于说自然界同自身相联系，因为人是自然界的一部分。人超越自然的同时也被自然所限定，人改造自然的同时也被自然所改造。

生态自然是指自然、人和社会是一个有机体，人和社会是自然的一部分，自然也是人和社会的一部分，人类活动遵循自然规律和社会规律，达到人与自然的和谐共生。一方面，恢复人的自然地位，把人看成自然的一部分，人回归到了自然；另一方面，把自然纳入人的发展和社会的发展中，自然也是人和社会的一部分，保护自然就是保护人类自身，人的命运与自然息息相关，必须正确认识自然、尊重自然、保护自然，最终实现人与自然的和谐共生。实现人与自然的和谐共生是一个长期的历史过程，需要人类共同努力，达成共同认识，采取共同行动，承担共同但有区别的责任。首先，人类要转变观念，从人是自然的统治者向人是自然界的一部分转变，从掠夺自然资源向促进人与自然和谐发展转变。人类只有保护好自然才能保护好自己，从人类的根本利益出发，充分考虑其他地区其他人的可持续发展，既满足当代人的需要，又满足子孙后代的需要。其次，要大力发展科学技术，用科学理性与技术理性的手段认识自然，处理人与自然的关系，科学技术在促进人与自然的和谐共生中发挥着重要作用。人类要选择适合人与自然和谐发展的生产和生活方式，大力发展清洁能源和生态农业，关注科技，保护自然，尊重自然，促进人与自然的和谐。依靠科技来处理、调整人与自然的关系是生态自然观的价值主张，但也不能忽略科学技术的负面影响，在技术万能论的西方发达国家，科学技术被异化了，成为资本主义国家统治的工具，生态自然就是克服科技的异化，只有进一步发展科技，才能消除生态环境的技术壁垒，只有克服科技的负面影响，才能走出负载于科技中人的认识和目的的误区，最终实现人和自然之间、人和人之间的矛盾的真正解决。

二　温州自然

温州人不断反思人类的自然观，形成了自己的自然观，即温州自然，温州自然是马克思主义哲学自然观与温州人的具体实际相结合的产物，是温州人认识自然、改造自然、尊重自然、保护自然的行动指南。温州人通过温州实践从自在自然、人化自然、生态自然中划分出温州自然，温州自然以自在自然、人化自然、生态自然为基础，温州自然与自在自然、人化自然、生态自然之间不断进行物质、能量和信息的交换，温州自然丰富了自然观的内涵。温州自然观认为，温州人和温州自然是一个有机的整体，温州人是温州自然的一部分，保护温州自然就是保护温州人自己；温州自然也是温州人的一部分，是纳入温州人活动领域的自然，促进温州人的发展就是促进温州自然的发展。温州人生存与发展离不开温州自然的物质、能量和信息，温州人只有存在于温州自然之中，才是有意义的，温州自然只有存在于温州人之中，才是有意义的。

温州人积极把温州自然做精、做优、做美、做生态，不断营造更为优越的人居环境，打造更为显著的自然特色。温州自然是温州人运用生态学原理建设起来的自然，以保护和尊重温州自然为出发点，通过循环利用温州自然物质、能量、信息，突出自在自然、人化自然和生态自然的有机结合，从长远的角度和科学发展的观念构造温州自然的鲜明生态特色和个性，形成生态经济发达、自然环境优美、生态人居舒适、生态文化繁荣的人与自然的新型关系，最终实现温州人与温州自然的和谐。

作为温州人系统反思自身与自然关系的自然观，温州自然具有四个基本特征：和谐性、规律性、协调性、共融性。

和谐性。温州自然作为温州人生存与发展的自然基础，必须要从科学发展观的角度，合理利用温州自然资源，走生态良好的发展路子，生态与经济、人与自然协调发展，人与自然之间、自然与社会之间的关系各方面都体现和谐，使之成为一个相互促进的共同体。温州是人文荟萃、名贤辈出之地，在建设温州自然过程中要突出温州历史文化特色，注重挖掘以历史名人为主题的人文历史资源，并加以整合利用，提高温州自然的吸引力，把温州人的因素真正融入温州自然。坚持以人为本，满足温州人对文化、精神、艺术方面的需要作为温州自然创造、建设和完善的重要内容，使温州自然既满足温州人的物质需要，也满足温州人的精神需求，把温州自然的因素真正融入温州人，这种和谐是温州自然的核心内容。

规律性。温州自然扬弃了"高能耗、非循环"的自然资源运行机制，着力提高一切资源的利用率，做到物尽其用、地尽其利、人尽其才、各施其能、各得其所，优化自然资源配置，循环利用温州自然物质、能量、信息。温州自然观重视发展循环经济和建设生态自然，将其纳入温州世界中，保持生态平衡，遵循自然规律和经济规律，结合自然环境保护、人工自然建设和生态自然发展，运用生态学原理，统筹考虑，配套推进，做好自然保护区、国家森林公园、绿色生活三个方面的建设，逐步建立并完善符合循环经济原理和生态平衡的发展系统，不断扩大温州自然，促进经济与生态的协调发展，实现经济与环境的"双赢"，达到人与自然的和谐。

协调性。温州自然以科学发展观为指导，兼顾其他地区其他人的利益，既满足当代温州人的需要，又满足后一代温州人的需要，合理配置温州自然资源，促进温州人与温州自然之间的协调发展。科学使用和保护水、土地、矿产等资源，提高资源环境利用率和综合利用水平，重视发展科学技术，开发生态技术、生态工艺，积极选择适宜技术推广的生态产业，保证温州人与温州自然协调发展过程低污染、低排放、低能耗，逐步走上清洁生产、绿色消费之路。重视保护生态，建立科学、完善的生态环境监测管理体系，形成类型齐全、分布合理、面积适宜的自然保护区，建设国家森林公园，改善生态自然环境质量，创造绿色生活。重视环境保护，大力推进清洁生产和环保产业发展，创造一个有文化底蕴的温州自然，一个有生机的温州自然，一个有生态基础设施与有绿色生活的温州自然。

共融性。温州自然不仅追求温州人与温州自然的和谐，而且追求温州人、温州社会、温州自然和温州环境的共融，形成一个共生共融的温州世界。重视温州社会、温州自然和温州环境的融合和协调，更重视温州人生活质量的提高，在温州世界共生共融协调的新秩序下寻求发展。温州人与温州自然发展时间和空间布局合理，合理利用和配置温州自然资源，优化温州生态自然环境，保护和尊重温州自然。实现温州人与温州自然的共生共融，城乡共生共融，资源利用和更新的协调。保护和利用温州自然的生态资源，形成形式多样、色彩丰富、层次错落的生态系统，保护生物多样性，强调生态资源的连通性，自在自然、人化自然、生态自然的结合性，温州人与温州自然的共融性。温州自然是在科学性的基础上追求艺术性，努力形成有山相映、有水环绕、依山傍水的温州自然。注重区域共生共融。温州自然不仅注重温州本地自然，而且注重纳入温州人活动领域的其他地区的自然，建立公平的区域合作伙伴关系，实现技术与资源共享，形成互惠共生共融的跨区域的生态系统。

三 自然与温州自然的分化与统一

温州实践是自然与温州自然分化与统一的基础，温州人在温州实践中，从自然中划分出了温州自然，建造了一个属于温州人自己的自然，形成了温州人自己的自然观。温州实践不仅使自然发生变化，同时还把温州人的目的、意志和愿望等因素注入自然之中，使自然按照温州人的方式和要求发生运转，纳入自己活动范围，引起了自然本身不发生的变化，而只有温州实践才发生的变化。温州实践虽然不能改变自然规律，但温州人可以认识和利用自然规律，把温州人的内在尺度运用到自然中，按温州人特有的方式使自然方式变化，从而创造温州自然。

温州自然与自然的关系形成于温州实践活动中，停止了温州实践也就不存在温州自然与自然的关系，只有在温州实践中，温州自然和自然才有分化与统一。温州自然不是自然自动分化的产物，也不是其他人实践的结果，而是温州实践的结果，温州人的本质力量就在于温州实践所引起的自然的变化，温州人在怎样的程度上改变自然，温州人的本质力量就在怎样的程度上得到确证和展现。温州人不仅认识自然和改造自然，而且创造温州自然，正是从这个意义上说，温州实践是温州人改变自然和形成温州自然的现实基础，正是在温州实践中，自然与温州自然才发生分化与统一。温州实践不断在自然与温州自然之间发生着物质、能量和信息的交换，温州自然以自然的物质、能量和信息为基础，自然制约着温州自然，温州人总是通过温州实践不断扩大温州自然，在考虑其他地区其他人的利益的前提下，使自然向着有利于自身的方向发生变化，从而形成温州人与温州自然和谐共生共融的关系，使自然与温州自然统一起来，温州自然的形成不仅不会破坏人与自然的和谐，而且是人与自然和谐的典型代表。

温州实践是自然与温州自然的接触点。温州人在自然与温州自然相互接触的温州实践过程中，自然的物质、能量和信息不断转变为温州自然的物质、能量和信息，这是一个不断扩大的过程，温州人立足现实，继承过去，开创未来，不断移动自己的时空坐标，让温州实践的结果一代一代地继承下去，在继承实践结果的基础上创造新的成果，在新的成果上开创未来。对于特定的温州人来说，自然的所有物质、能量和信息并不是都能转化为温州自然的物质、能量和信息，只有纳入温州人活动领域的那部分自然物质、能量和信息，才能转化为温州自然的物质、能量和信息。每一代温州人都在前人积累的物质、能量和信息基础上进行实践活动，又不断创造着新的物质财富和精神财富，使物质、能量和信息的积累越来越多，越来越丰富。后一代温州人改造自然的活动不但受到前一代温州人改造自然活动的限制，而且总是把前一代温州人改造自然的结果转化为自身从事创造温州自然活动的能力，过去实践的结果在现实的实践中得到了继承，未来的实践也在现实的实践中得到确立，现实不仅是过去和未来的交接点，而且是过去与未来问题的集结点。因此，必须立足当代温州人的实践，不断提高当代温州人的实践能力和水平，只有立足现实，面对现实，直指问题要害，才能继承温州实践的过去和开创温州实践的未来。这就充分调动了每一代温州人的积极性和主动性，温州人的主体地位得到了充分尊重，温州人的创造性得到了充分发挥。

温州实践是永无止境的，温州人对自然的认识也是永无止境的，温州人在温州实践中不断扩大自然与温州自然接触的范围，对自然的认识不断深化和拓展，改造自然的能力不断增强，温州自然的物质、能量和信息不断丰富，温州自然不断扩大。温州实践从根本上制约着自然与温州自然接触的范围、广度和深度，温州人改造自然的同时，也创造着温州自然，自然不断为温州自然提供物质、能量和信息，温州自然也不断使自然发生变化，丰富自然的内涵，自然与温州自然之间相互作用、相互影响、相互制约，这种运动贯穿于温州实践过程中，温州实践是自然与温州自然的交叉点。不仅温州自然只有通过温州实践才能形成，而且自然的物质、能量和信息只有通过温州实践才能转化为温州自然的物质、能量和信息，改造自然、创造温州自然是温州实践的重要内容。

温州实践是温州人有目的、有计划的活动，这种有"目的的活动不是指向自己……而且为了通过消灭外部世界的规定的（方面、特征、现象）来获得具有外部现实形式的实在性"①。温州人在温州实践中，不仅认识自然和自然规律，而且根据自己的目的和意志改造自然，利用自然规律改变自然的现存状况，创造出一个适合于温州人生存与发展的自然，即温州自然。温州自然并不是脱离自然而独立自存的实体，也不是超然于自然而绝对孤立自存的自然，温州自然从属于自然，是在自然的基础上形成的，温州自然不可能消灭自然的客观实在性，自然的客观实在性通过温州实践延伸到温州自然之中，构成了温州世界客观实在性的自然基础，客观实在性是自然和温州自然的共同点。温州人不是在自

---

① 《列宁全集》第 55 卷，人民出版社，1990，第 183 页。

然之外创造温州自然，而是在自然所提供的物质、能量和信息的
基础上建造温州自然，不断通过温州实践表现自己的本质力量，
把自己的本质力量对象化，形成了丰富多彩的对象自然，建造了
一个五彩缤纷的温州自然。

第二节　社会与温州社会

社会是自然界长期发展的产物，社会离不开自然，自然是社
会存在与发展的前提和条件，自从出现了人及其实践活动后，自
然之网就被打开了一个缺口，在自在自然的基础上形成了人化自
然和人类社会。温州人通过温州实践认识社会和改造社会，建立
了温州人自己的社会关系网，创造了温州社会，从社会中划分出
了温州社会。

一　社会

马克思主义哲学在科学实践观的基础上正确地解释了自然与
社会的关系，社会是在人与自然的物质、能量、信息的交换过程
中逐渐形成和发展起来的，自然与社会相互作用和相互影响，人
们在从事认识自然和改造自然的活动过程中，必须要结成一定的
交往关系，进行社会交往活动。没有人与人之间的交往活动，就
不会存在人与自然的关系；没有人与人之间的交流、合作，人类
认识自然和改造自然的实际能力就非常低，从而制约生产力的发
展和阻碍社会进步。人类通过实践把自己的交往活动对象化，形
成社会关系，并把社会关系注入自然关系之中，使自然深深打上
社会交往活动的印记，赋予自然存在以社会的尺度，具有社会性。
人们改造自在自然、创造人化自然、构建生态自然的活动都是在
一定的社会交往中并借助这种交往关系进行的，人们改造自然活
动的形式、内容和范围受到社会关系的制约，社会关系广、交往
活动多的人，意味着他驾驭自然的能力相对较强，自然对他的关
系会更有意义，他对自然的改造形式就多种多样，内容就丰富多
彩，范围就更广。因此，必须不断地建立、结成、开拓新的社会

关系，拉大社会之网，与他人不断地进行交流与合作，相互学习，
互通有无。

马克思指出："社会生活在本质上是实践的。凡是把理论导致
神秘主义的神秘东西，都能在人的实践中以及对这个实践的理解
中得到合理的解决。"① 实践是人特有的对象化活动，是人的存在
方式，社会是人的社会，人的存在是社会的前提，社会与人的活
动是统一的，没有人的存在，也就没有社会的存在。一切社会活
动都是人的活动，人不仅能够认识社会，而且能够创造社会，就
像社会也创造人一样。社会性是人的本质属性，马克思说："人是
最名副其实的政治动物，不仅是一种合群的动物，而且是只有在
社会中才能独立的动物。孤立的个人在社会之外进行生产——这
是罕见的事，在已经内在地具有社会力量的文明人偶然落到荒野
时，可能会发生这种事情——就像许多个人不在一起生活和彼此
交谈而竟有语言发展一样，是不可思议的。"② 社会为每个人的生
存和发展创造了条件，开辟了广阔的空间；反过来，人的发展又
不断地为社会发展提出更高的要求，推动社会发展，没有人的持
续健康的发展，就没有社会的持续健康的发展。人的本质在其现
实性上是一切社会关系的总和，离开社会就无法理解活生生的、
现实的、实践着的人。"人不是抽象的蛰居于世界之外的存在物。
人就是人的世界，就是国家，社会。"③ 社会不是抽象的单个人的
相加，而是由处于实践中的社会的人形成的相互联系和相互作用
的有机体。"人的本质不是单个人所固有的抽象物，在其现实性
上，它是一切社会关系的总和。"④ 实践着的人总是处在一定的社
会关系之中。

社会是不断自我更新、自我完善和自我发展的有机体。马克
思主义哲学认为，社会有机体是囊括全部社会生活及其关系的总
体性范畴，社会是以生产方式为基础的各种社会关系同时存在而
又相互依存所构成的整体。明白了社会是一个有机体之后，在研

① 《马克思恩格斯选集》第 1 卷，人民出版社，1995，第 60 页。
② 《马克思恩格斯选集》第 2 卷，人民出版社，1995，第 2 页。
③ 《马克思恩格斯选集》第 1 卷，人民出版社，1995，第 1 页。
④ 《马克思恩格斯选集》第 1 卷，人民出版社，1995，第 56 页。

究社会现象和社会问题时，既要研究个别的社会现象和社会问题，又要把对个别现象和问题的研究上升到社会总体的研究，树立整体观念，只有理解了整体才能真正理解部分。

社会是人与人之间交往活动的产物，社会关系就是个人之间的交往关系，基本的交往关系有三种，即经济交往关系、政治交往关系和文化交往关系。在一个国家或地区的一定的历史阶段，只保护、只允许特定的交往形式，把能够促进生产力发展和社会进步的交往活动规范化、制度化，当代中国确立了以公有制为主体，多种所有制经济共同发展的基本经济制度就是国有经济、集体经济和私营经济等经济交往活动的规范化和制度化。马克思和恩格斯在人类历史上第一次科学地揭示了人类社会的基本结构，人与人之间的经济关系构成了社会经济结构的内容，建立在经济结构之上的政治法律设施、制度及其相互关联的方式构成了政治结构的内容，艺术、道德、政治法律思想、宗教和哲学等构成了文化结构的内容。在物质生产实践中形成的人与自然界的关系，实现着社会与自然的物质、能量和信息交换，构成生产力系统；在物质生产实践中形成的人和人的联系，使生产力获得具体的社会形式，构成生产关系体系；以生产关系为基础的其他各种社会关系，建立起由政治法律制度和设施以及政治法律观点、各门社会科学、道德、哲学、艺术、宗教等意识形态组成的庞大的上层建筑系统。把统一的社会机体分解为不同社会生活基本领域，只是对社会结构的一般考察，而现实存在的具体社会结构，是一个复杂的动态系统。随着历史的发展，社会的联系越来越广泛和密切，社会的结构越来越复杂和丰富。社会结构的复杂性要求人们，对于各种社会现象只有将它摆在社会体系的整体联系中，才能确切地把握它。

人类社会是不断向前发展的，生产力和生产关系、经济基础和上层建筑之间的矛盾是社会的基本矛盾，从原始社会、奴隶社会、封建社会、资本主义社会到共产主义社会（社会主义社会是它的初级阶段）。就人类总体历史而言，这五种社会形态依次更替体现了社会发展具有规律性，并表现为一个决定过程，呈现出一定的轨迹和趋势；但是就具体的民族历史而言，社会发展具有选择性，一个民族选择什么样的社会制度和发展道路取决于这个民族的自觉选择，历史选择可以使一个民族跨越一种或几种社会形态，通过不同的发展道路向更高级的社会形态迈进。社会发展的决定性和选择性是内在统一的，人们的历史选择具有既定的前提，即可能性空间是历史选择活动的前提，而可能性空间又是由生产力决定的，历史选择受历史规律的制约，人们不能改变人类历史的总体进程。当代中国选择了中国特色社会主义发展道路，当代中国之所以作出这样的选择，中华民族的利益是直接动因，交往使中华民族内部的矛盾运动和外部的各种因素交织在一起，相互作用、相互影响，正是这种内外因素的相互作用、相互影响为中华民族的生存与发展提供了由多种可能性构成的"可能性空间"。此外，与中国人民对历史必然性和本国国情的把握有着直接联系，这是在历史发展的可能性中所作的最佳选择，既是历史的必然，又是中国人民和中华民族的自觉选择和伟大创造。社会形态更替的决定性和选择性使社会形态更替呈现出统一性和多样性，在理解社会发展时，既要看到统一性，又要看到多样性，把握二者的辩证关系，社会形态更替的统一性往往通过各个民族不同的发展道路表现出来，社会形态更替的多样性也不能改变人类总体历史进程。同类社会形态具有共同的本质，体现了人类解决必然与自由矛盾的能力和智慧；但是同类社会形态在不同的民族具有不同的表现形式，具有不同的特点，体现了不同的民族解决必然与自由矛盾的能力和智慧。

人类社会是不断进步的，社会从低级向高级发展，由事实变动向理想状态趋近，是一个过程，物质文明、政治文明和精神文明不断得到发展，物质生活、政治生活和精神生活不断改善，是合乎历史必然性的上升发展，是社会由旧的历史时代向新的历史时代的转变。社会会向着越来越完善的方向发展，人性不断改善，人会越来越趋于理性，人类认识世界和改造世界的能力不断提高，从而增进人类的幸福。社会进步意味着人类不断展现自身历史的丰富性，展现人的本质力量，努力实现人的全面而自由的发展，以人类本身为目的，而不是人类以社会进步为目的，为进步而进步的观念是错误的。社会进步过程中要付出一定的代价，不付出任何代价的发展是不存在的，社会发展既不能不付出代价，又不能付出太高的代价，要尽量避免不必要的代价，把代价付出的度控制在一定的范围之内，充分考虑大多数人的代价承受能力，统筹经济社会发展，设计合理的代价支付方式，促进社会和谐、稳定和发展。生产力是社会发展的最终决定力量，生产力的状况是社会发展的根本标准，但是从社会进步的终极价值来看，人的发展是社会进步的最高目的，而每个人的全面而自由的发展是判断社会进步的最高标准。生产力标准和人的全面自由发展标准是统一的，生产力是社会进步的前提和手段，人的全面自由发展是社会进步的最高目的，实质上，生产力的发展和人的全面自由的发展是一致的。人类社会的未来是美好的，需要人类共同努力来实现，人类只有立足现实，追求理想，才能推进社会全面进步和促进人的全面发展，逐步从必然王国走向自由王国。

二 温州社会

温州实践从社会中划分出了温州社会，温州人不仅认识社会，而且把自己的主观因素注入社会之网中，建立了温州人自己的社会关系网，从而改造社会，创造温州社会。温州社会构成了温州人生存与发展的社会基础，在温州社会形成过程中，温州人的社会关系加入整个社会关系的生产与再生产过程，成为重要的生产要素，温州人的社会关系网是温州社会得以运行和发展的黏合剂和推动力量。凭借温州社会，温州人迅速行动起来，集中人力资本和社会资本，全面向外开拓市场，使物质、能量、信息在温州人之间相互交换，形成了跨区域的温州人的社会网络。温州人的社会网络，不只是为了在温州人之间交换物质、能量、信息，它还是温州文化代码的真正的生产者和传播者，建立了温州人的社会认同，构建了温州社会。温州人个人资源非常有限，难以支撑自身的生存与发展，只有依赖整个温州人的社会网络，才能更好地生存与发展，这种社会网络为温州人的进入、生存和发展提供了支撑，反过来温州人的进入、生存和发展又进一步扩大了这种社会网络。

温州社会形成于温州人改造自然、创造温州自然的生产活动，以及在此基础上进行的交往活动。温州人不是孤立地进行改造自然和改造社会的活动，而是在温州人的社会关系网条件下进行，温州人的社会关系网是通过温州人之间的交往形成的。正是温州人之间的交往，即温州人之间的交互作用，形成了温州社会，温州社会是温州人交互活动的产物，温州人的社会关系网就是温州人之间的交往关系网。

温州人之间的交往是在温州实践基础上进行的，温州实践的广度和深度制约着温州人之间的交往活动，根据同温州实践相联系的程度可以划分出温州人之间最基本的交往类型，即温州人之间的经济交往、政治交往、文化交往。温州人之间的经济交往活动、政治交往活动、文化交往活动形成了温州人之间的经济关系、政治关系、文化关系。在现实中，这三种交往关系相互渗透、相互融合，温州人借助一定的社会规范进行交往，形成了规范化的交往关系。

温州人之间经济交往活动的规范化、制度化构成了温州社会的经济结构，温州社会经济结构的主要内容就是温州人之间的经济关系，温州人之间的经济关系是以温州人与温州自然之间的现实关系为基础的。温州人解放生产力和发展生产力的实践就体现了温州人与温州自然之间的现实关系，与生产力解放和发展的一定阶段相适应的温州人之间经济关系的总和就是温州社会的经济结构。温州人之间政治交往活动的规范化、制度化构成了温州社会的政治结构，温州社会的政治结构的主要内容就是温州人之间的政治关系，包括温州市各级党委、人大、政府、政协、中国人民解放军驻温部队、警察、法院、监狱等实体要素和温州的地方性规章、办法、规定、决定等规程要素。温州人之间文化交往活动的规范化、制度化构成了温州社会的文化结构，温州社会的文化结构的主要内容就是温州人之间的文化关系。温州社会的文化结构既反映了丰厚的历史积淀，经商传统、风俗传统、宗教传统和艺术传统都是其历史积淀的具体表现，又反映了当代温州经济和政治的状况，注入了现代文化的因素，体现了知识化、信息化和国际化的时代特征，现代理念和现代思维必然以这种或那种方式反映在温州社会的文化结构中。

在建设社会主义温州的过程中，温州社会的建设是一个极其重要的方面。建设温州社会，必须全面加强社会管理。整合社会管理资源，创新社会管理方式，加快完善党委领导、政府负责、社会协同、公众参与的社会管理格局。畅通和规范群众诉求表达、利益协调、权益保障渠道，有效预防并及时化解人民内部矛盾，促进全市各族人民和睦共处，促进社会公平正义。加快推进城乡基本公共服务均等化，努力为人民群众创造更多公平发展的机会。积极营造公平竞争、合法致富的创业环境，完善自主创业扶持政策，使更多劳动者成为创业者，以促进全民创业带动社会就业，不断缩小社会成员之间收入分配差距。必须加强社会管理体制改革，着力加强社会管理模式创新，加快构筑有利于社会和谐的体制机制。建立与社会转型相适应的社区管理服务体系。引导各类社会组织健康发展，强化社会组织的自我管理，充分发挥其提供服务、表达诉求、规范自律的作用。切实加强党对社会建设的领导，把和谐社会建设摆在重要位置，妥善协调各方面利益关系，正确处理社会各方面矛盾，最广泛、最充分地调动一切积极因素，努力营造安定团结的社会局面。

温州社会是社会主义温州的物质文明、精神文明、政治文明和生态文明协调发展的社会，是温州人与温州自然和谐相处的社会，是生产发展、生活富裕、生态良好的社会，是民主法治、公平正义的社会。温州人创造了中国特色温州特点的社会，是中国特色社会主义在温州的生动实践，温州实践不断提出新的社会课题，以解决温州社会发展进程中的理论问题和实际问题。温州社会的理念是围绕温州实践发展的需要而形成的，并根据温州实践需要的演变而发展，满足了温州实践的需要，温州社会就会持续快速健康发展，无视温州实践发展的需要，温州社会就会遇到挫折。温州社会正由质量温州、品牌温州走向信用温州，温州人努力发展"活力温州"，提升"实力温州"，构建"和谐温州"，建设一个共同富裕、民本和谐、充满活力、诚信友爱、公平正义、民主法治、安定团结的温州社会，促进自身与社会的和谐共生共融。创造温州社会，是发展温州经济的必然要求，是提升温州文明的必然要求，是推进温州现代化的必然要求，温州社会的基本目标是实现温州现代化和温州人的共同富裕。要实现温州社会的基本目标，最关键的因素是温州人的现代化和全面发展，温州现代化的根本动力来自温州人的生命力、创造力和发展力，温州人是温州现代化事业的真正建设者和创造者。

三 社会与温州社会的分化与统一

温州实践是社会与温州社会分化与统一的基础，温州实践从社会中划分出了温州社会，温州人建造了一个属于自己的社会。温州实践不仅使社会关系在一定范围和程度上发生变化，同时还把温州人的主观因素注入社会之网中，使社会的某些方面、要素、环节按照温州人的方式和要求发生改变，纳入自己活动范围，引起了社会本身不发生的变化，而只有温州实践才发生的变化。温州实践虽然不能改变社会规律，但温州人可以认识和利用社会规律，把温州人的内在尺度运用到社会中，按温州人特有的方式打开社会之网的缺口，从而创造温州社会。温州社会不是脱离社会而凭空创造的，而是在社会的基础上建立起来的。

温州社会形成于温州实践活动中，停止了温州实践也就不存在温州社会，只有在温州实践中，温州社会和社会才有分化与统一。温州社会不是社会自动分化的产物，也不是其他人实践的结果，温州实践所引起的社会的变化是温州人本质力量的重要体现，温州人在怎样的程度上改变社会，温州人的本质力量就在怎样的程度上得到确证和展现。正是从这个意义上说，温州社会形成于温州实践过程中。温州实践不断在社会与温州社会之间发生着物质、能量和信息的交换，温州社会以社会的物质、能量和信息为基础，社会制约着温州社会，温州人总是通过温州实践不断扩大温州社会，在考虑其他地区其他人的利益的前提下使社会向着有利于自身的方向发生变化，从而形成温州人与温州社会和谐共生共融的关系，使社会与温州社会统一起来，温州社会的形成不仅不会破坏人与社会的和谐，而且是人与社会和谐的典型代表。

温州人在变革社会关系的温州实践过程中，社会的特征、要素和环节不断转变为温州社会的特征、要素和环节，这是一个不断扩大的过程，温州人立足现实，继承过去，开创未来，不断移动自己的时空坐标，让变革社会关系的温州实践结果一代一代地继承下去，在继承实践结果的基础上创造新的成果，在新的成果上开创未来。对于特定的温州人来说，社会的所有特征、要素和环节并不是都能转化为温州社会的特征、要素和环节，只有纳入温州人活动领域的那部分社会特征、要素和环节，才能转化为温州社会的特征、要素和环节。每一代温州人都在前人积累的成果基础上进行实践活动，又不断创造着新的社会要素和环节，使社会要素和环节的积累越来越多，越来越丰富。后一代温州人变革社会关系的活动不但受到前一代温州人变革社会关系活动的限制，而且总是把前一代温州人变革社会关系的结果转化为自身从事变革社会关系活动的能力，过去变革社会关系实践的结果在现实的实践中得到了继承，未来的实践也在现实的实践中得到确立。温州人立足现实变革社会关系的实践，不断提高自身的实践能力和水平，勇于面对现实，以实际问题为中心，不断继承变革社会关系实践的过去和开创变革社会关系实践的未来。温州人对温州社会的认识是永无止境的，温州人在温州实践中不断扩大社会与温州社会接触的范围，对社会的认识不断深化和拓展，认识社会和改造社会的能力不断提高。温州实践从根本上制约着社会与温州社会接触的广度和深度，温州人改造社会的同时，也创造着温州社会，温州社会不断使社会发生变化，丰富社会的内涵，社会与温州社会之间相互作用、相互影响、相互制约，这种运动贯穿于温州实践过程中。

温州人在温州实践中，不仅认识自然和自然规律，而且认识社会和社会规律，根据自己的目的和意志改造自然和改造社会，利用自然规律和社会规律改变自然的现存状况和改变社会关系的某些方面、现象、环节，创造出一个适合于温州人生存与发展的自然和社会，即温州自然和温州社会。温州社会并不是脱离温州自然而独立自存的实体，也不是超然于温州自然而绝对孤立自存的社会，温州社会从属于自然和社会，是在自然和社会的基础上形成的。温州人必须不断通过温州实践展现自己的本质力量，把自己的本质力量对象化，形成了丰富多彩的对象社会，创造一个中国特色温州特点的社会，即温州社会，唯有温州实践，才能正确解释社会和温州社会的分化和统一。

第三节　环境与温州环境

温州人在温州实践中认识环境、改造环境、创造环境，环境也创造温州人，外部环境的某些因素渗透于温州人的周围环境之中，对温州人的生存环境和发展环境产生了极大影响，形成了温州环境，温州环境与温州人的生存与发展密切相关。

一　环境

环境是指与人类活动相联系的各种自然条件、社会条件、人文条件的总和，如气候、土壤、社会关系、人文精神等，它是人类生存和发展的前提条件。人类总是处在一定的环境之中，脱离一定的环境，人类就不可能存在。自然环境是自然界的一部分，它为人类的存在和发展提供自然条件；社会环境是社会的一部分，它为人类的生存和发展提供社会条件；人文环境是人文的一部分，它为人类的生存和发展提供人文条件。人类通过实践，从自然界中获取物质、能量和信息，从社会中获得地位、财富，从人文精神中获得动力和支撑。自然环境的好坏、优劣可以加速或延缓社会的发展，但不能决定社会形态的更替；社会环境的改善可以促进自然人化，但不能消灭自然的客观实在性；人文环境的优化能够促进人的生存和发展，但不能决定人的本质。人类实践在越来越大的范围和程度上改造自然环境，使自然环境成为人化环境，使人化环境成为社会环境的因素，使社会环境成为人文环境的因素，进而塑造人文精神。自然界的发展、社会的发展和人的发展是相互促进、相互影响的，环境的生产、物质资料的生产和人自身的生产构成了社会存在和发展的基本因素。

人类总是与环境交织在一起，人类与环境之间存在着这样或那样的联系，相互影响、相互作用，人类不能孤立地存在于环境之外，世界是普遍联系的统一整体。人类实践活动要以环境承载力为限，达到人与环境的和谐，人类发展必须遵循生态规律，保持生态平衡，破坏生态环境最终会危及人类自身的生存与发展。环境就其与人的实践的关系来说，可分为自在环境和人化环境或人工环境，自在环境是在人类产生之前的环境或尚未纳入人类实践活动领域的环境，人工环境是人类实践活动的产物，不管是自在环境还是人工环境，都是不以人的意志为转移的。环境从内容上可以分为自然环境和社会环境，从地理范围上可分为国际环境和国内环境，从性质上可分为经济环境、政治环境和文化环境。

为了人类共同的家园，必须保护环境。加强能源资源节约，全面推进国民经济各领域、生产生活各环节的能源资源节约，努力建设资源节约型社会和环境友好型社会。促进单位生产总值能耗进一步下降。大力推进新能源开发利用，积极发展水能、风能、太阳能、生物质能等可再生能源。切实加强水资源节约利用，大力发展循环经济。以提高资源利用效率为目标，推进生产流通消费各环节循环经济发展。大力发展工业循环经济。加快构筑废物循环利用的企业链、产业链、价值链，推动形成企业小循环、园区中循环、产业大循环系统。鼓励服务行业开展绿色改造，促进服务业循环经济发展，加强资源的综合利用和再生利用。着力提升环境质量，开展生态文明建设，全面加强环境污染综合治理。加大主要污染物减排力度，完善总量减排指标、监测、考核体系，确保主要污染物减排指标顺利完成。全面推进水环境污染防治，加强对大江流域、平原河网、近岸海域及其他重点水功能区的环境治理和生态修复，强化重要饮用水源保护区的环境安全保障，积极开展大气污染防治。

二 温州环境

温州实践从环境中划分出了温州环境，温州环境是纳入温州人活动领域的环境，是与温州人活动相联系的各种自然条件、社会条件和人文条件的总和。温州人不断改善自身的生存环境和发展环境，温州环境致力于温州人和环境的和谐。温州环境的生成和发展，离不开一定的环境，温州环境是在一定环境的基础上建立起来的。温州人创造的温州环境包括温州的地理环境、生态环境、社会环境、人文环境等，这些环境因素渗透于整个温州世界之中，对温州世界的运行方式和运行机制产生了极大影响，进而逐渐形成了独特的区域环境。温州实践是环境与温州环境分化与统一的基础，它不仅使环境在一定范围和程度上发生变化，而且把温州人的目的和意志注入环境之中，使环境深深打上温州人活动的烙印，温州环境不断扩大和延伸。

温州环境是温州世界的重要组成部分，温州世界是一个由众多要素构成的系统，温州环境与外部环境发生着这样或那样的联系，物质、能量和信息在温州环境和外部环境之间不断交换。外部环境是不断发生变化的，这些变化必然会对温州环境内部的组成要素、运行形式和活动特点产生不同程度的影响，内外环境之间有时是平衡的，有时是不平衡的。同时，温州环境内部的各个要素也是不断发生变化的，这必然会引起温州世界内部其他要素的连锁反应，从而对温州世界的运行机制、活动形式和要素组合产生一定的影响。由此可见，温州世界作为由诸要素组成的运行系统，要及时根据内外环境的变化，适时进行个别要素、多个要素甚至全部要素的调整，避免被变化了的外部环境所淘汰或被变化了的内部要素所不容。

温州地处中国东南沿海，三面环山，一面靠海，"七山一水二分田"。历史上，温州远离封建政权中心，较少受到封建正统文化的影响，手工业和商业比较发达，在相对和平的环境中积淀了丰厚的人文精神，形成了永嘉学派。永嘉学派的"以利和义""农商皆本"思想经过历代温州人的实践，强化了温州这一区域的人文环境，温州的人文环境影响着一代代温州人。改革开放前，温州人的生存环境和发展环境相当恶劣，温州的交通条件极差，只有"一条水路"，基础设施薄弱，人多地少，资源匮乏，国家投资少，国有经济比重很低，较发达的城市经济远离温州城市，而温州城市经济又远离温州农村。温州农村的人均耕地面积很小，难以持续支撑温州农民的家庭生活，生存问题成为温州农民的首要问题，温州农民深知在这种环境下走农业发展之路是不现实的，必须走非农发展道路。20 世纪 50 年代温州是对台前线，60 年代是"文化大革命"火线，70 年代是建设短线，80 年代是姓"资"姓

"社"争论热线，90 年代是温州现象。温州人迫切需要闯出一条路来，为了闯出这条属于自己的路，温州人敢为人先、吃苦耐劳、创业创新，把党的改革开放政策和温州的具体实际结合起来，坚持走中国特色温州特点的发展道路，以家庭工业加专业市场的方式发展经济，确立民营经济在温州经济中的主体地位，民营化和市场化并举，形成了"零资源现象""零技术现象""零资产现象"。温州市委、市政府积极改善温州的社会环境，建设硬环境，发展软环境，大力弘扬温州人精神，在全社会营造尊重个性、平等竞争、鼓励创新、宽容失败的人文环境；把党的领导、温州人当家作主和依法治市有机统一起来，营造全民创业、全民创新、全民富裕的氛围，形成了环境出竞争力、环境出生产力的基本理念。为了优化温州环境，温州市委、市政府制定了一系列符合中国特色温州特点的政策文件，推进效能革命，实行社会监督，兴办公共事业，提供公共服务，搞好基础设施，优化了温州宏观环境，规范了温州微观经济行为。温州环境有力地促进了温州质量立市、品牌立市、信誉立市建设和温州农村经济、商品经济、民营经济的发展和社会进步，为提升温州的竞争力和富民强市战略目标提供了支撑。温州成为"中国鞋都""中国服装名城""中国电器城""中国塑料城"，温州着力创造一流的环境，努力成为创业创新的热土和人居的福地，倡导亲民、富民和安商、乐商，追求共兴、共生、共赢、共融。

温州人积极建设生态城市，保护环境，善待环境，尊重环境，遵循生态规律，建设"绿色温州"。绿色温州建设是指在温州的经济建设和城市发展过程中，始终坚持可持续发展战略，依靠科技进步，遵循生态规律和经济发展规律，强化环境意识，有效保护和合理利用自然资源，把温州建设成为一个具有良性循环的绿色生态系统、发达的绿色产业、天人合一的绿色文化和一流的生活环境的现代化大都市。[①] 绿色温州的内容主要包括绿色生态、绿色生活、绿色文化、绿色发展等四个方面，其中，绿色生态是基础，

---

① 徐和昆等：《绿色温州建设研究》，中国农业科学技术出版社，2004，第 8、158 页。

绿色生活是中心，绿色文化是灵魂，绿色发展是保障，绿色生态、绿色生活、绿色文化、绿色发展四者之间相互影响、相互促进，缺一不可。建设绿色温州，必须倡导共生共融共赢的生态理念，文明健康低碳的绿色生活，全面、协调、可持续的发展观，温州人和温州环境和谐的绿色文化；构建大温州生态建设体系，建设资源节约型、环境友好型社会，加快建设温州生态村、生态街、生态园、生态城，促进温州人、温州自然、温州社会、温州环境的和谐相处；要按照科学发展观的要求，把温州建成一个可持续发展的现代化城市，为群众创造一个优美和谐的生产生活环境，以建设生态市为主线，以改善环境质量为目标，大力发展循环经济，积极倡导生态文明，深入开展环境污染整治，着力解决危害人民群众生命健康和安全的突出环境问题，城乡环境质量持续改善，环境监管能力进一步提高，城市基础设施逐步完善。根据这样的目标定位，进一步强化饮用水源地保护、温瑞塘河和鳌江等平原河网水污染控制，瓯江、飞云江水质保护，重污染行业、重点监管区污染控制，城市污水处理厂等环境基础设施建设，农村环境保护等方面的措施，创造良好的生态环境。

三　环境和温州环境的分化和统一

温州实践是环境与温州环境分化与统一的基础，温州实践从环境中划分出了温州环境。温州实践不仅使环境的物质、能量和信息转变为温州环境的物质、能量和信息，同时还把温州人的主观因素注入环境中，使环境的一部分要素按照温州人的要求发生改变，纳入自己活动范围，引起了环境本身不发生的变化，而只有温州实践才发生的变化。温州实践把温州人的内在尺度运用到环境之中，按温州人特有的方式改造环境，从而创造温州环境，温州环境不是脱离一定的环境而凭空创造的，而是在一定环境的基础上建立起来的。

温州环境不是环境自动分化的产物，也不是其他人实践的结果，而是温州人在温州实践中创造的结果，温州实践所引起的环境的变化是温州人本质力量的重要体现，温州人在怎样的程度上改造环境，温州人的本质力量就在怎样的程度上得到确证和展现，也正是从这个意义上说，温州环境以环境的物质、能量和信息为基础，环境制约着温州环境，温州人总是通过温州实践不断改善温州环境，在考虑其他地区其他人的利益的前提下使环境向着有利于自身的方向发生变化，从而形成温州人与温州环境和谐相处的关系，使环境与温州环境统一起来，温州环境的形成不仅不会破坏人与环境的和谐，而且是人与环境和谐的典型代表。

温州人在改造环境的温州实践过程中，不断提高认识环境和改造环境的能力，面对现实，以解决突出的环境问题为中心，努力实现自身和温州环境的和谐。不仅温州环境只有通过温州实践才能被创造出来，而且环境的物质、能量和信息只有通过温州实践才能转化为温州环境的物质、能量和信息，改造环境，创造温州环境是温州实践的重要内容。温州环境并不是脱离环境而独立自存的实体，而是从属于环境，是在一定环境的基础上形成的。温州人必须不断通过温州实践认识环境和改造环境，把自己的本质力量对象化，形成了对象环境，创造出一个符合中国特色温州特点的环境。

第四节　人与温州人

温州人与其他人究竟有什么不一样？温州人究竟在想些什么、做些什么，温州人是一个解不开的谜吗？答案是否定的，马克思主义哲学关于人的本质学说、温州实践、温州传统文化可以正确解开温州人的谜底。

一　人

人是社会的主体，个人是社会的基本主体，个人的出生、成长、发展，是在一定的社会关系和传统文化的作用下实现的过程。社会是人创造的社会，历史是人创造的历史，马克思指出："全部人类历史的第一个前提无疑是有生命的个人的存在。因此，第一个需要确认的事实是这些个人的肉体组织以及由此产生的个人对其他自然的

关系。"① 人既是自然存在物，又是社会存在物，是自然属性和社会
属性的统一，自然属性是人之为人的自然前提，但人的本质不在于
自然属性，而在于社会属性。马克思指出："人是一个特殊的个体，
并且正是他的特殊性使他成为一个个体，成为一个现实的、单个的
社会存在物。"② 人在认识活动和实践活动中相互之间发生的关系构
成的系统组成人类社会，这里的人是具体的、现实的个人，这些个
人是有生命、有灵魂的从事认识活动和实践活动的个人主体。个体
之间存在差异，每个人都有自己的个性，但个人不是孤立自存的实
体，而是通过交往活动处于一定的社会联系和社会关系之中。人总
是处在一定的社会关系之中进行认识自然和改造自然的活动，"只有
在这些社会联系和社会关系的范围内，才会有他们对自然界的影
响。"③ 人类通过劳动从自然界中获取物质、能量和信息维持自身的
生存和发展，劳动使社会关系和人自身不断得到生存和再生产，使
社会和人能够继续存在和发展下去。

具体的个人作为特殊的单一的整体具有一系列属性：存在形
态与心理、生理组织的完整性，与环境相互作用的持久性以及活
动的积极性、能动性和自主性等，这是一种在社会生活中从事实
践活动的现实的个人。马克思认为，正像人的本质规定和活动是
多种多样的一样，人的现实性也是多种多样的，因而，可以从不
同的角度考察人的现实性。现实的个人是在现实的社会关系中从
事实践活动的人，个人所从事的实践活动，不仅在普遍的意义上
是人区别于动物的最本质的活动，而且在特殊的意义上是某人区
别于他人的最根本的基础，因而成为人之共性和个性具体的现实
根据。由于人的实践活动始终要在一定的社会关系中进行，所以
特定社会关系的现实性就成为个人的现实性的重要内容。个人是
处于社会关系中的存在物，从个人的社会关系的实际状况，可以
看出其生存的条件、文明的程度和人与人之间在发展上的差异。④

---

① 《马克思恩格斯选集》第 1 卷，人民出版社，1995，第 67 页。
② 《马克思恩格斯全集》第 42 卷，人民出版社，1979，第 123 页。
③ 《马克思恩格斯选集》第 1 卷，人民出版社，1995，第 344 页。
④ 李秀林等主编《辩证唯物主义和历史唯物主义原理》（第 5 版），中国人民大
学出版社，2004，第 128、129 页。

现实的个人也是在一定的时间和空间中存在的人，个人必须善于利用时间，知道自己所处时代的过去、现在和未来，了解自然和社会时间的现实意义，了解自身时间的现实意义，抓住机遇，发展自己。个人必须善于建立自己的生存空间和发展空间，了解自然和社会空间的现实意义，不断扩大自己的生存空间和发展空间。只有不断提高驾驭时空坐标的能力，才能在激烈的竞争环境中立于不败之地，才能实现个人的全面而自由的发展。

人、自然、社会、环境、意识之间存在着相互作用、相互影响的关系。因此，必须要从人、自然、社会、环境、意识之间的关系来理解现实的个人。自然的物质和能量、社会的生产力和生产关系、环境的承载能力、意识的能动作用诸方面的实际状况和个人之间的关系，都规定着现实的个人，直接或间接地规定了人的自然属性和社会属性。

现实的个人是在一定的集团、社会乃至整个人类主体中存在的人，个人总是属于某个家庭，在一定的单位（团体、企业集团）从事工作，生长在一定的国家或地区，生活在一定的社会里，个人组成人类。个人通过一定的团体、群体、集团、社会和其他团体、群体、集团、社会或其他人进行交往，他们彼此之间开展交流和合作，相互影响、相互作用，促进了生产发展和社会进步。因此，需要从个人、集团、社会、人类之间的关系来考察现实的个人，个人和集团、社会、人类的实际状况，个人在集团、社会、人类中的关系，决定着个人的地位和作用，制约着个人的影响力，特别是个人的经济关系起支配作用，这些都是人的现实性的重要内容。最后，人本身的体力、智力、情感、气质和性格等，是人的现实性的内容之一，也是造成个体差异的原因之一。现实的个人既知道自己的"现有"，又知道自己的"应有"，通过实践从"现有"水平达到"应有"水平，无数现实的个人的"现有"水平和"应有"水平构成现实的社会的"现有"水平和"应有"水平，现实的个人是现实的社会得以存在的前提，也只有在现实的社会中，才能保证现实的个人的生存和发展。

二　温州人

对外界来说，温州人是一个传奇式的群体，是世界上最具有竞争力的群体之一，外界对温州人的评价是神奇、精明、观念新、富得快、机巧灵敏、吃苦耐劳，可以用"奇、富、活"三个字来形容。温州人之奇，就在于温州人百折不挠、勇于创新，闯出了一条又好又快又新的发展路子；温州人之富，就在于温州人吃苦耐劳、敢为人先，创造了丰厚的物质财富和精神财富；温州人之活，就在于温州人善于经商、走向世界，开拓了国内和国际市场，让小商品占领了大市场。

温州人被誉为东方犹太人、中国犹太人，犹太人是世界上最善于经商、最善于创造财富的人，在当代中国也出现了这样的犹太人，那就是温州人。具有很强的致富欲望和责任感。温州人被看作是最有世界眼光、最有商业智慧、最有胆识、最贴近草根、最能克服困难的一个群体，温州人积累的财富越来越多，承担的责任越来越大。温州人已经不是一个单纯的名称，也不是一个简单的地理上的群体，而是一个闻名中外的专有品牌，是一笔不可估量的无形资产，就像中国的宇航员一样，是一种形象、力量和精神的象征。

改革开放以来，温州人冲在时代的前面，不仅在中国的大部分地方有温州人活动的足迹，而且世界上许多国家和地区也留下了温州人活动的足迹。大量温州人向外拓展，"哪里有温州人，哪里就有市场；哪里有市场，哪里就有温州人"。自立自主、求真务实、敢闯敢拼、创业创新的温州人率先进行民营化和市场化，成为改革开放的先锋和民营经济、市场经济的"播种机"。新闻界、学术界把这条具有中国特色温州特点的发展路子称为温州模式，把这种区域性的人文精神称为温州精神或温州人精神。

温州人在温州实践中推动经济持续快速健康发展，推进以改善民生为重点的社会建设，提升温州文明，构建和谐温州，正是温州实践促进了温州人的发展，温州人驾驭温州世界的能力不断提高。温州人身上蕴涵着一种令世人称道的精神，即温州人精神。"一种反映时代特征，具有中国特色和温州本地特点的社区人的群体精神逐渐生成，它是处于创业创新时期的温州人的共同理想、信念追求、价值取向、行为态度等因素的组合，是通过社会实践的融汇、培养、凝聚而形成的一种观念和意识。"① 张德江指出："我们经常讲中国人的精神，我以为浙江人的精神集中体现了中国人的精神，而温州人的精神又集中体现浙江人的精神。浙江人特别是温州人这种自力更生、艰苦奋斗、埋头苦干、敢闯敢冒、富于创造、永不气馁、不达目的誓不罢休的精神是人民创造的，蕴藏在人民群众之中。"② 温州人精神对外代表着形象、力量、品牌，对内代表着向心力、生命力、创造力，是构建和谐温州和促进温州人全面而自由发展的不可估量的财富。江泽民指出："全世界都知道温州人会做生意，温州人具有冒险精神，具有吃苦耐劳精神。"③ 温州人是建设现代化温州的最大优势，温州人的优势集中体现在温州人精神之中，温州人精神是民族精神和时代精神在温州的生动体现。温州人精神是不断发展的，要不断赋予其新的内涵，体现时代特征，增加文化含量，增强现代化气息，把时代性、规律性和创造性有机统一起来，坚持以人为本，追求温州人的自由、幸福和尊严，追求温州人生存的意义、价值理想和对人类的终极关怀。

温州人的生命力在于敢为人先，"具有开放性格的温州模式，孕育着敢为人先、自强不息、明礼诚信、共生共荣的温州人精神，一种既有地方特色，又有时代精神的现代商业文明，温州已粗具雏形。"④ 温州人总是率先一步，快人一招，敢于走别人没有走过的新路，善于做别人没有做过的新事，勇于开拓别人没有开拓的新市场，不断进行创造性的创业创新实践。敢为人先是温州人最突出的本性，是温州人精神风貌的真实写照，使温州人创造了众多"全国第一"，创造了温州经验、温州现象和温州奇迹。"敢为人先，至少有三方面的内涵：一是敢于冒险，二是善于变通，三是勇于创新。历史上的温州人注重变通，现

---

① 祝宝江主编《温州人精神简明读本》，浙江大学出版社，2009，第2页。

② 《温州在改革中闯出了路》，《温州瞭望》1998年第11期。

③ 《总书记笑听温州事》，《温州日报》2000年3月16日。

④ 《人民日报》2002年6月23日。

代企业家敢于冒险，过去、现在和未来都要求温州人勇于开拓、不断创新。"① 把温州建设成创新型城市，推进温州的科学发展，保持温州经济社会又好又快又新发展，构建和谐温州，促进每个温州人的全面而自由的发展，实现温州人民的共同富裕，需要温州人继续敢为人先、创业创新，不断在理论上和实践上进行不懈探索，形成可持续、相协调、制度化的敢为人先、创业创新机制。

温州人在长期的历史实践中，形成了独特的思维方式，即实践—认识—实践，新的实践—新的认识—新的实践，如此无限地进行下去，实践始终是起点和终点。当认识和实践发生矛盾时，先服从实践，坚持实践优先的原则，实践决定认识，在实践基础上形成的理性认识又指导新的实践，新的实践不断深化和拓展认识。在温州人看来，凡事不能从教条出发，要从实际出发；凡事不能因循守旧，要敢闯敢冒；凡事不能唯书、唯上，要唯实、唯试。温州人在改革开放中担当着试验的角色，对改革开放出现的新情况、新问题、新事物，温州人都想试试看，试不成功也是一个经验，试成功就坚持下去。著名经济学家钟朋荣在《走向城市·序》中指出："温州人干某件事情，既不看伟人讲了没有，也不看别人做过没有，只是看实践中需要不需要做，实践中能不能做得通，只要实践中需要的而且又能够做得通的，他们就会千方百计地去做。"温州人凭着这种实践精神成功地"无中生有""小题大做""以弱变强"，创造了温州经验、温州现象、温州奇迹，创造了温州自然、温州社会、温州环境，同时，也创造了温州人自己。

温州人是一种战略资源，成为其他地区其他人争先开发的"稀有资源"。在温州人越来越受到世人称道的情况下，温州人绝不能停留在旧我之中，要不断超越自我、发展自我，提高自身素质和能力，持续、长期立于不败之地；要促进内外温州人互动，培育世界温州人的运行机制，搭建温州人沟通交流平台，整合温州人的资源，维系、涵养、拓展温州人的社会关系；要以现代文

---

① 祝宝江主编《温州人精神简明读本》，浙江大学出版社，第12页。

化、现代文明、现代意识引领温州人的全面发展，树立世界眼光和战略思维，进一步弘扬和发展温州人精神；要按照政府服务、企业发展、社会参与的思路促进温州人的全面发展。政府是促进温州人全面发展的"有形的手"，企业是促进温州人全面发展的"基地"，社会是促进温州人全面发展的"舞台"，借助政府、企业和社会的力量使温州人的资源品质和时代内涵不断得到升华；要追求价值理想、人生意义，追求人类的终极关怀，建构温州人自己的哲学。哲学是时代精神的精华和文明的活的灵魂，温州人要实现全面而自由的发展，终究是不能没有自己的哲学的。温州哲学是温州人自己的哲学，是马克思主义哲学和永嘉学派哲学思想相融合的产物，是温州人认识温州世界和改造温州世界最锐利的武器，温州人把温州哲学当作自己的精神武器，同样的，温州哲学也把温州人当作自己的物质武器。

三 人和温州人的分化和统一

温州人为什么会成为全球最具有竞争力的群体之一？温州人和其他人有什么不一样？温州人想的和做的和其他人想的和做的有什么不同？马克思主义哲学关于人的本质的学说、温州实践、温州传统文化可以正确解答这些问题。马克思主义哲学认为，人的本质在其现实性上是一切社会关系的总和，社会关系使人和人区别开来，个体的存在即发生、发展、变化，是在社会关系及其传统的作用下实现的过程，实践是某人区别于他人的最根本的基础。温州人和其他人的区别，就在于温州人和其他人的社会关系不同，传统文化不同、实践形式不同。温州人的出生、成长、发展，是在温州人的社会关系和温州传统文化的作用下实现的过程，而这一过程始终发生在温州实践之中。温州实践是温州人区别于他人的基础，或者说，温州实践是人和温州人分化和统一的基础。

国内学者从温州实践、温州传统文化、温州人的社会关系等方面对温州人和其他人的区别问题进行了广泛研究，取得了丰硕成果，为"人和温州人的分化和统一"问题的研究提供了重要借鉴和有益启示。

　　著名社会学家费孝通先生指出，温州实践再次告诉我们：市场经济并不都是捡来的、搬来的，也有中国土生土长的，它开始时可能有点四不像，但毕竟是草根经济，有很强的生命力。它既汲取传统的营养，又逢社会变革为它提供适宜的土壤和气候，一旦生长起来，就会有芳草越天涯的情景。温州人精神就是不甘心落后，敢为天下先，冲破旧框架，闯出新路子。温州人从家庭作坊、摆摊叫卖、沿街推销、设店开厂到股份合作、企业集团、资产经营、网络贸易，看到了中国的市场经济从初期的萌芽到和国际经济接轨全过程的演示，并且觉得可以从中捉摸中国市场经济发展过程中的一些内在逻辑和规律。

　　杨宏建在《温州人想的和你不一样：温州人为什么会成为富人》[①] 一书中阐释温州人与众不同的思维方式和经商哲学，分析了温州人区别于他人的六个因素，即温州人的"眼光"和你不一样、温州人的"胆识"和你不一样、温州人的"人脉"和你不一样、温州人的"创意"和你不一样、温州人的"手段"和你不一样、温州人的"品质"和你不一样。温州人的"眼光""胆识""创意""手段"是在长期的实践中融汇、培养、凝结而成的，温州人的"品质"是在温州传统文化的熏陶下逐渐形成的，温州人的"人脉"就是温州人的社会关系。也就是说，温州人的"眼光""胆识""创意""手段""品质""人脉"和其他人不一样，就是温州实践、温州传统文化和温州人的社会关系和其他人不一样。

　　郭海东和张文彦在《温州人财富真相》[②] 一书中分析了温州人创造财富奇迹的原因，即温州人有着与众不同的素质和能力，温州人的素质和能力与其他人不一样。温州人有"白天当老板，晚上睡地板"的吃苦耐劳精神，温州人有"有机会就抓住机会，没有机会就创造机会"的市场眼光，温州人有"一有土壤就发芽，一有阳光就灿烂"的生存能力，温州人有"每一寸土地都有铜板在跳动"的敏锐嗅觉，温州人有"哪里有差异，哪里就有市场，

① 杨宏建：《温州人想的和你不一样：温州人为什么会成为富人》，时事出版社，2007。

② 郭海东、张文彦：《温州人财富真相》，新世界出版社，2009。

哪里落后，哪里就有市场"的信念。在温州实践中，温州人处理社会关系的能力不断得到提高，温州的文化传统不断得到强化，温州人用自己实实在在的创业精神、经商手法、财富观念书写了温州历史的绚丽篇章。

方立明等在《互动管理与区域发展：温州模式研究的几个问题》① 一书中从温州人的个性、价值观和温州人精神三个方面阐释了温州究竟是怎样的一群人。在长期的温州实践中，在特定的历史环境、文化背景下，温州人形成了独特的个性、价值观和人文精神。温州人的个性集中体现在自主意识强、敢于冒险、不怕苦怕累、善于创新、特别亲和，温州人的这些个性为温州世界带来了生机和活力；温州人的价值观主要包括义利观、业绩观、责任观、创业观、财富观和发展观，温州人的价值观不仅为温州人精神奠定了思想基础，而且为温州人的全面发展提供了支撑；温州人精神集中表现为"敢为人先，特别能创业"的精神，温州人精神是温州历史、文化的深厚积淀和温州现实的集中体现。

张苗荧在《文化、企业制度与交易成本——温州模式研究的新视角》② 一书中从海洋文化、社会资本和社会关系网络三个方面研究了温州人。温州的海洋文化是温州人和海洋相互作用、相互影响中产生的物质文化、精神文化、制度文化的总和，它孕育了温州人的冒险精神、拼搏精神、敢为人先精神、开放开拓精神，铸造了温州人四海为家、闯荡世界的个性；社会资本是嵌入社会结构中的资源，这种资源是在规范化、制度化的社会关系中生成的，包括经济关系、政治关系和文化关系等资源，社会资本是温州人必不可少的社会生产要素；社会关系网络是个人与个人、个人与团体、团体与团体等之间的关系构成的复杂系统，温州人通过自己的社会关系网络，逐渐形成了温州社会的认同感和信用体系，使物质、能量和信息能够在跨区域的温州人之间快速传递，实现了资源共享，从而降低了交易成本，确保了温州经济在国家

①　方立明等：《互动管理与区域发展：温州模式研究的几个问题》，三联书店，2010。

②　张苗荧：《文化、企业制度与交易成本——温州模式研究的新视角》，浙江大学出版社，2008。

投资极少和几乎没有外资的情况下迅速发展起来。

陈安金和王宇在《永嘉学派和温州区域文化崛起研究》① 一书中分析了永嘉学派的崇实思想、重商思想、创新变通思想对温州人的影响。永嘉学派的崇实思想集中体现为"讲实事、究实理、求实效、谋实功",它不做空洞的玄学讨论,不发迂阔的议论,这种崇实思想映射在当代温州人的身上就是埋头苦干、发展经济和改善民生,而不太关注外界的看法和评论;永嘉学派的重商思想反对传统的重农抑商政策,主张"农商并重、通商惠工",给工商业一定的自由发展机会,重利而取之有道,这种重商思想孕育了温州人的商品经济意识,善于发现商机、抓住商机、创造商机;永嘉学派创新变通思想的发展过程是一个超越传统儒学的学术创新过程,集中体现在"通世变"之中,要根据客观世界的变化发展,不断改变自己的路径选择,顺势应时、与时俱进,从而求得"真功""实效"。这种创新变通思想影响着历代温州人,经过历代温州人的历史实践,形成了当代温州人特有的精明、机巧灵敏、敢于冒尖、勇于进取、善于探索的品质和自强不息、标新立异、敢为人先的个性。温州人勇于去闯荡、去探索、去冒险、去开拓、吃苦耐劳、永不言败的精神创造了改革开放 30 多年来的温州经验、温州现象、温州奇迹。

李凤伟在《向温商学习》② 一书中分析了温州人的商业哲学、温州人的人脉以及永嘉学派对温州人的影响。温州人的商业哲学是"微利是图","唯利是图"不可取,"微利是图"是生财之道,能积少成多,温州人靠"微利是图"积累财富;温州人的人脉是一种潜在的财富,温州人善用他人的社会关系,用活现在的社会资本,巧用未来的社会资源,借助人脉成功攀上了巅峰,人脉是金,却贵胜黄金,因为黄金有价,人脉无价,温州人的人脉是一种潜在的无形资产;永嘉学派是温州文化的根源,温州文化最大的特点是"商",正是这种思想使温州人脑子里充满着"无利不起早""平安二字值千金""半生冒险为万贵"等朴素的价值观和务

① 陈安金、王宇:《永嘉学派和温州区域文化崛起研究》,人民出版社,2008。
② 李凤伟:《向温商学习》,武汉大学出版社,2006。

实创新、敢为人先的创业精神。

叶正积在《温州人凭什么赢》①一书中阐释了温州人之赢就赢在理念、赢在作为、赢在人文。温州人的理念是温州最大的软实力，温州人认为，发展的道路是多种多样的，要理性看待发展过程中出现的新现象、新情况、新事物，坚持改善民生和以人为本，积极创新体制机制，温州人在不与人争论中推动温州发展；温州人积极作为，不断前行，开拓国内市场和国际市场，冲击发展中的束缚，发挥商会、行业协会在市场经济中的作用，推动民营企业走在改革前沿，彰显产业集聚特色，力挺金融业支撑民营经济发展；温州人的人文精神丰厚，为温州经济社会发展提供了思想保证、精神动力和智力支持，温州人敢闯天下，搏击改革大潮，改善民营经济的发展环境，加强民营企业党建工作，建设信用体系，发展企业文化，铸造民营企业体魄，促进经济社会又好又快又新发展。

祝宝江等人在《温州人精神简明读本》②一书中分析了创业创新实践和叶适事功学说对温州人精神的影响。创业创新实践铸造了温州人精神，温州人在创业创新实践中推动经济不断发展和社会不断进步，又在创业创新实践中，锻炼提高着自身的各项素质和创业创新能力，推进了人自身的文明建设，逐步形成了独具特色的人文精神品格，温州人身上蕴涵着一种令人折服的精神素质；叶适事功学说是温州传统文化发展的一个顶峰，它与当代温州人的精神特质也必然有着千丝万缕的联系，在某种意义上说，叶适事功学说决定了当代温州人精神的基本内涵。所谓温州人的精神特质（温州人精神）就是改革开放以来温州人在为发展经济社会、谋求富裕生活的艰苦创业中形成的一种独特的精神品质，这种品质可以从党政部门和普通个人两方面进行概括。从党政部门而言，温州各级党委、政府"敢于实践不争论""敢于突破不守旧"的观念与叶适"善为国者，务实不务虚"的治国理念是一致的；尊重群众的首创精神、充分发挥群众的积极性、主动性、创造性的民

① 叶正积：《温州人凭什么赢》，华艺出版社，2008。
② 祝宝江主编《温州人精神简明读本》，浙江大学出版社，2009。

本思想和叶适的"命令之设，所以为民、非为君也"的以民为本思想是一致的。从普通个人而言，在叶适为代表的重商、重事功、义利并举的传统文化熏陶下，温州人形成了自主、负重的品格和敢闯敢冒、敢为人先的精神特质，温州人勇于实践、敢于突破、善于改革，走出了一条又好又快的新路。

温州实践是温州人区别于他人的最根本的基础。历代温州人的生存实践、创业实践和经商实践，逐渐培育了温州人区别于他人的生存和发展发方式。只要能生存、能发展，温州人天南地北无所不往、无孔不入，"别人不愿干的温州人愿意干，别人不想干和干不了的温州人能干、敢干、善干"。正是这种顽强的生存实践，培育了温州人为生存而抗争，为生存而创业，为生存而创富的生存方式，这种生存方式有别于他人的生存方式。为求富裕，温州人"恋土不守乡"，走南闯北，四海为家，建立无孔不入的温州关系网，不断开拓生存与发展空间，温州人在不断扩大的创业实践中创造财富，温州人用自己的时间创造自己的空间，时间是温州人生存与发展的空间，温州人存在于自己的时间和空间之中，孕育了自己有别于他人的生存和发展方式。温州人在商业实践中形成了有别于其他人的独特的商业生存与发展方式，温州人以商为荣、以商为业、以商带工，无商不快、无商不活、无商不强，温州人的经商实践遵循以小成大、以弱变强、面向市场、参与世界的经商法则，把经商"血统"渗透在自己的骨子和血液里，使温州人勇于经商、敢于经商、善于经商。温州人把经商看作是财富来源的"天经地义"的实践活动，商业文化和商业氛围异常浓厚，温州人强烈的经商冲动和永无止境的经商实践，使温州人完成了生存与发展上的超越。正是温州人的经商实践培育了温州人为利和义而"全民"经商、"全民"创业、"全民"富裕的生存与发展方式，温州人的经商实践是温州人主要的生存与发展方式。

温州传统文化是温州人意识和其他人意识相区别的重要因素。温州人在生存与发展过程中，受到温州区域文化的影响和熏陶，特别是受永嘉学派思想和温州人精神的影响和熏陶，永嘉学派与当时的心学、理学形成三足鼎立之势，主张义利并举和农商并重，反对空谈义理。永嘉学派思想自然而然地渗透于温州人的行为方式、生活方式和情感方式之中，具有强大的惯性作用，经过了温州人的历史实践，丰富了温州区域文化的内涵，构成了温州人意识中不可缺少的遗传因子。除了温州人之外，其他人较少受到这种文化的熏陶，使温州人的意识和其他人的意识初步区别开来。温州人精神是温州人在温州实践活动中形成的，是温州人优秀思想文化的结晶，敢为人先、特别能创业是温州人精神的集中体现，温州人精神鼓舞着每一个温州人，影响着每一个温州人，并渗透到温州人的骨子和血液里，温州人精神构成了温州人意识的集中体现，使温州人意识和其他人的意识进一步区别开来。而温州人意识又是在温州实践中生成、演化和发展的，正是在温州实践中，温州人意识到了自己的存在，形成了自我意识，温州实践就成为有温州人的自我意识的活动，进而使温州人意识和其他人的意识完全区分开来。

温州人的社会关系网，即温州人的本质，是温州人和其他人相区别的内在根据。每一个有生命的温州人的存在构成了全部温州人历史的前提，每个温州人生命的诞生最初纯粹只是一个自然现象，是有生命的人的一部分，直接的是自然存在物，具有人的自然属性，和其他婴儿一样处于血缘的、自然的联系之中。随着温州人的成长，温州人由家庭为主的自然联系逐步进入社会关系领域，参与社会生活，尤其是进入温州社会关系领域，参与温州社会生活。在社会教育和社会生活中，温州人学习和掌握了必要的社会程序，具备了必要的素质和能力，享有权利和承担义务，认识到自己的作用和意义，使自己真正成为社会中一个成熟的群体，为温州实践作了必要的准备。温州人的本质不是温州自然的联系网，而是温州人的社会关系网。温州人在改造温州自然的实践过程中，温州人相互交流、合作，并结成了一定的社会关系，这种社会关系就是温州人的社会关系网，有个人之间的关系、群体之间的关系、个人和群体之间的关系等。这种多方面的温州人社会关系网反过来又制约着温州人的活动，温州人就是在多方面的温州人的社会关系中获得了多方面的现实的规定性。温州人的本质即温州人的本质属性是温州人的社会关系网或温州人的社会关系的总和，这是温州人和其他人相区别的内在根据，温州人的社会关系网把温州人和其他人区分开来，使温州人成为一个特定社会关系网中的群体，处于不同社会关系中的人具有不同的规定性。在温州实践中，温州人总是处在温州人的社会关系网中，是温州人社会关系的生产者和再生产者，同时，又生产和再生产了温州人自身，使温州人代代繁衍下去，从而继续生产和再生产温州人的社会关系。离开温州人的特定社会关系网，就无从了解温州人的本质。

第五节　意识与温州人意识

温州人在温州实践和特定的历史环境中，在温州传统文化的熏陶下，逐渐形成了自己特有的意识，即温州人意识。温州传统文化是温州人意识的遗传基因，温州人精神是温州人意识的集中体现，温州人的商业观念是温州人意识的核心内容，温州实践是温州人意识区别于他人意识的基础，或者说，温州实践是意识和温州人意识分化和统一的基础。

一　意识

意识是物质世界长期发展的产物，是物质世界在人脑中的主观映象，意识具有能动作用，意识不仅反映客观世界和改造客观世界，而且创造客观世界，意识是人脑的机能，人脑是意识的器官。

从意识的起源来看，意识的产生是自然历史过程和社会历史过程的统一。在人的意识产生过程中，有三个关键环节，"其一，由一切物质所具有的反应特性到低等生物的刺激感应性；其二，由低等生物的刺激感应到高等动物的感觉和心理；其三，由高等动物的感觉和心理到人的意识的产生"[1]。一切物质所具有的反应特性到低等生物的刺激感应性，再到高等动物的感觉和心理，这

---

[1]　李秀林等主编《辩证唯物主义和历史唯物主义原理》（第5版），中国人民大学出版社，2004，第49页。

个过程是一个自然历史过程，为人的意识的产生准备了条件和自然前提。高等动物的感觉和心理到人的意识的产生，这个过程是一个社会历史过程，劳动在高等动物的感觉和心理到人的意识的产生过程中具有决定意义，是意识产生的社会基础，人在劳动中形成了抽象思维，能够认识事物的本质和规律。因此，马克思指出："思想、观念、意识的生产最初是直接与人们的物质活动，与人们的物质交往，与现实生活的语言交织在一起的。"① 社会交往的深入迫切需要语言的产生，在劳动中，语言逐渐产生和发展起来，意识和劳动、语言是交织在一起的。"意识一开始就是社会的产物，而且只要人们存在着，它就仍然是这种产物。"② 意识随着劳动和社会、语言的发展而发展，离开了劳动、社会和语言，意识就不可能产生。

从意识的本质上看，意识是物质世界在人脑的反映。意识的本质体现了主体和客体、主观和客观的关系，意识反映物质世界的主体是人，客体是物质世界；意识反映物质世界的形式是主观的，内容是客观的。意识的形式包括感觉、知觉、表象和概念、判断、推理等认识形式，同时，每个人的意识都是不一样的，个体意识之间存在差异，有一些人能够发现电磁感应现象，有一些人能够发明汽车，还有一些人能够制造飞机，等等，这充分体现了意识的个体差异性和创造性。意识的内容是客观的，主要体现在意识反映的对象即物质世界是客观的，意识产生的根源是客观的，意识的任何创造活动都不是凭空进行的，"观念的东西不外是移入人的头脑并在人的头脑中改造过的物质的东西而已"③。不管是正确的意识还是虚幻、歪曲的意识，归根结底都可以在客观世界找到自己的原型。

从意识的功能上看，意识具有能动作用。意识的能动作用主要表现在目的性、计划性、模仿性和创造性上。目的是人类活动的向导，人类是在一定目的的指引下进行活动的，为了达到某个

---

① 《马克思恩格斯选集》第 1 卷，人民出版社，1995，第 72 页。
② 《马克思恩格斯选集》第 1 卷，人民出版社，1995，第 81 页。
③ 《马克思恩格斯选集》第 2 卷，人民出版社，1995，第 112 页。

目标，会采用一定的方法从事这个活动；计划是人类活动的参照，人是在参照一定的计划进行活动的，好的计划能使某项活动合乎条理、逻辑、规律，能够达到预期效果；模仿是人类的重要能力，人们总是存在着相互模仿现象，一些人善于模仿他人的成果，一些人善于模仿他人的能力，一些人善于模仿他人的素质，模仿能力强的人可以形成一个属于自己的时间和空间；创造是人类最伟大的智慧，人能够通过实践活动创造自然、社会，创造人类世界。

从意识的类型来看，意识的类型是多种多样的。从意识的明显程度上，可以把意识分为无意识和显意识；从意识的内容上，可以把意识分为知识、情感和意志；从意识的继起性上，可以把意识分为传统意识、现实意识和未来意识；从意识的指向上，可以把意识分为对象意识和自我意识；从意识的主体上，可以把意识分为个人意识、群体意识、社会意识、人类意识。

二　温州人意识

温州人意识是温州世界长期发展的产物，是温州世界在温州人脑海中的主观映象，温州人意识不仅反映温州世界，而且创造温州世界。温州人意识的形成、演化、发展，是在温州实践、温州世界、温州传统文化作用下实现的过程，温州实践是意识和温州人意识分化和统一的基础，温州世界是温州人意识的反映对象，温州传统文化是温州人意识的遗传基因。温州人意识是温州人在温州实践中形成的观念、观点、概念、理想、信念、情感、意志、心理、思维的总和，是温州人的无意识和显意识的统一，是温州人的传统意识、现实意识和未来意识的统一，是温州人的知识、情感和意志的统一，是温州人的对象意识和自我意识的统一，是温州人的个人意识、群体意识、社会意识、人类意识的统一。温州人的商业观念是温州人意识的核心内容，温州人精神是温州人意识的集中体现，温州模式是温州人意识的创造成果。

温州世界是温州人意识的反映对象。温州人意识是温州世界在温州人脑海中的反映，不管温州人意识表现为理性意识还是非理性意识,不管温州人意识反映形式的主观色彩多么浓厚,归根结底都有自己的客观"原型",温州人意识的反映对象是温州世界。温州世界是由温州自然、温州社会、温州环境和温州人等要素组成的开放系统,温州世界和外部世界之间不断发生着物质、信息和能量的交换,与外部世界处于相互影响、相互作用之中。温州人意识是由温州人的感性反映形式和理性反映形式组成的完整的体系,温州人的感性反映形式包括温州人的感觉、知觉、表象等形式,具体形象是这种反映形式的基本特点,例如,儿童的动作反映和感知反映等都属于感性反映;温州人意识的理性反映形式包括温州人的概念、判断、推理等形式,抽象概括是这种反映形式的基本特点,例如,成人的符号反映、文字反映等都属于理性反映形式。温州人意识是因人而异的,具有主观性,每个温州人的意识之间存在着差异,对温州改革发展进程中出现的新问题、新情况,每个温州人的反映都是不一样的。温州人意识不仅反映温州世界,更重要的是创造温州世界,反映和创造是密不可分的,创造温州世界必须以正确反映温州世界为基础,如果离开对温州世界的正确反映,温州人意识就失去了客观基础;如果离开对温州世界的创造,温州人意识就失去了应有的作用和意义,创造温州世界是一种高级的、特殊的反映。温州人在创造温州世界之前,就在自己的头脑中把温州世界对温州人来说"应当如此"的蓝图创造出来,这种蓝图是一种超前性、创造性的反映,温州人用这种蓝图指导温州实践,然后又通过温州实践把它转化为温州世界。这就是温州人意识具有的创造温州世界的功能,

温州人的商业观念是温州人意识的核心内容。温州人的商业观念是处于温州实践过程中的温州人的商业理想、信念、价值、心理、思维、知识、情感和意志等因素组合而成的动态的商业观念和意识体系。它既反映了经济全球化的时代特征和求和平、谋发展、促合作的时代主题,又反映了中国处于并将长期处于社会主义初级阶段的基本国情和温州资源匮乏、人多地少、商业文化浓厚、商业活动频繁的基本市情。温州人的商业观念随着温州人的商业实践的发展而发展,商业实践是温州人商业观念的动力之

源，温州人的商业实践决定温州人的商业观念，温州人的商业观念又指导着温州人的商业实践，温州人的商业实践、商业观念、新的商业实践、新的商业观念，如此无限地进行下去，以至无穷，这就是温州人的商业观念发展的总趋势和规律。

温州人在商业实践中形成了自己的商业哲学，践行"微利是图"的商业哲学。"温州人的商业哲学是：'唯利是图'不可取，'微利是图'却能积少成多，是生财之道，挣钱之本，生意场上的事情，看大而未必大，看小而未必小。温州人既挣大钱，也绝不嫌弃小钱，甚至有时候是按角、分和厘来计算的，温州人就靠这一分一厘的集腋成裘，完成了资本的原始积累，为自己的第二次、第三次创业奠定了雄厚的资金基础。"① 温州人遵循以小成大、以弱变强、面向市场、参与世界的经商法则，把经商"血统"渗透到自己的骨子和血液里，使温州人勇于经商、敢于经商、善于经商。

温州人在商业实践中形成了自己的经营哲学，践行"新木桶理论"的经营哲学。"温州人的经营哲学是'新木桶理论'，一改传统的'加板'思维方式，企业不再圈于自身内部来修补和加长木板，而是拿出自己最长的那块木板和其他企业的长木板进行拼装，形成一只容积更大的木桶。"② 温州人不仅在企业的层面，而且在自己的一切商业活动领域都践行"新木桶理论"，从事商业活动的温州人之间、温州人和他人之间之间也不断进行"拼装"，实现了强强联合，取长补短、优势互补，创造出了一个新的"木桶"。温州人善于借力赢利、各用所长，从而能够更加合理、有效地配置资源，实现共生共赢。温州人不断选择自己的合作伙伴，变竞争为合作，进行新的更高形式的"利益结义"、战略协作、战略重组，开创创业创新共生的发展局面，形成合作共赢共融的经营理论。

温州人的商业实践是温州人商业观念的动力之源。温州人以

---

① 李凤伟：《向温商学习——犹太式中国人的做人与经商法则》，武汉大学出版社，2006，第48页。

② 祝宝江主编《温州人精神简明读本》，浙江大学出版社，2009，第15页。

商为荣、以商为业、以商带工，无商不快、无商不活、无商不强，把经商看作是财富来源的"天经地义"的实践活动，商业文化和商业氛围异常浓厚。温州人亲商、重商、安商、乐商，追求商业上的共兴、共生、共赢、共融，强烈的经商冲动和永无止境的经商实践，使温州人完成了商业观念上的超越。正是温州人的经商实践孕育了温州人为利和义而"全民"经商、"全民"创业、"全民"富裕的商业观念，经商是温州人主要的生存与发展方式，即主要的存在方式，商业观念也自然而然地成为温州人意识的核心内容。温州人善于捕捉商机、创造商机，勇于在没有人的地方寻找水草，在边缘经济的夹缝里杀出一条血路，畅游于无竞争的"蓝海"，"在温州可能没有真正意义上运用蓝海战略的企业家，但温州不乏已经具备蓝海战略思维的企业家。"马津龙教授这样评价温州企业家的"蓝海"基因。

温州人树立了至上的信誉观、公平的竞争观和开放的人才观。诚信是立商之本，是商业活动中最高的技巧，温州人形象地把诚信比作自己的心脏，心脏停止跳动，生命就不复存在，从质量温州、品牌温州到信用温州的跨越式发展，温州人不断超越自己的信誉观念；竞争是活商之源，是商业活动中最普遍的现象，温州人既讲竞争又讲公平，温州人立足与自己竞争，创造的市场就会更富含金量，更富魅力，立足与时代竞争，温州人生存和发展的时空坐标就会不断向前、向上移动；人才是强商之基，是商业竞争的实质，温州人既培育自己的商业能手，又广纳商业人才，树立了人力资源是第一资源的理念，拥有了一大批从事商业活动的人才，使温州人取得了"先行一步"的优势。温州人精神是温州人意识的集中体现。温州模式是温州人意识的创造成果。

三 意识和温州人意识的分化和统一

温州实践是意识和温州人意识分化和统一的基础，温州传统文化是温州人意识的遗传基因，是意识和温州人意识相区分的历史因素，温州人精神是意识和温州人意识相区分的重要因素。

　　温州传统文化是意识和温州人意识分化的历史因素。温州人意识和意识的分化有其独特的文化基因，这种文化基因沉淀在温州人意识里，培育着温州人意识的创造功能，温州人不断冲破思想束缚，创造新业绩，这种文化基因就是温州传统文化。历史上，温州人杰地灵，南戏即出自温州，是中国戏曲最早的成熟形式之一。永嘉学派在温州形成，永嘉学派是温州传统文化的代表，叶适是永嘉学派的集大成者，永嘉学派与当时的心学、理学形成三足鼎立之势，有别于正统儒家学派，主张"义利并举"和"农商并重"，反对空谈义理，斥"厚本轻末"，赞"通商惠工"。永嘉学派孕育着温州人浓厚的创新意识，永嘉学派思想的发展过程本身就是一个超越传统儒学的学术创新过程，为了求得"真功""实效"，必须要做到"通世变"。这种善于适应变化、主动求变求新的传统文化渗透在温州人意识里，培育着温州人特有的创新意识、探索意识、进取意识、冒险意识和标新立异意识。温州传统文化自然而然地渗透于温州人的行为方式、生活方式和情感方式之中，具有强大的惯性作用，经过历代温州人的历史实践，丰富了温州这一地区的文化内涵，构成了温州人意识中不可缺少的遗传因子。除了温州人之外，其他人较少受到温州传统文化的熏陶和影响，较少受到温州传统文化在意识领域的渗透，这样，温州传统文化使温州人的意识和其他人的意识初步区分开来。温州人精神是意识和温州人意识分化的重要因素。温州人精神鼓舞着每一个温州人，影响着每一个温州人，并渗透到温州人的行为方式、生活方式和情感方式之中，温州人的积极性、主动性和创造性被充分发挥出来，使温州在没有国家的大投入和外资较少的情况下发展起来，温州人创造了温州速度、温州奇迹、温州经验和温州现象。温州人是温州世界联系和发展的最大优势，而温州人的优势就在于温州人精神，其他人在行为方式、生活方式和情感方式等方面都较少受到温州人精神的鼓舞、影响，也较少受到温州人精神的渗透，这样，温州人精神就进一步使温州人意识和其他人的意识区分开来。

　　温州人的思维方式是意识和温州人意识分化的主要因素。如前所述，在长期的历史实践中，温州人形成了独特的思维方式，即实践—认识—实践，新的实践—新的认识—新的实践，如此无限地进行下去，实践始终是起点和终点。当认识和实践发生矛盾时，先服从实践，坚持实践优先的原则，实践决定认识，在实践基础上形成的认识又指导新的实践，新的实践不断深化和拓展认识。在温州人看来，只有实践才是发展的根本途径。一些地方之所以发展不起来，很大程度上不是政策、环境、资金等原因，恰恰是缺乏温州人那种思维方式；一些人之所以富裕不起来，与等、靠、要的思想有关，很大程度上取决于他们唯上、唯书、不唯实、不唯试的思维方式，恰恰缺乏温州人那种思维方式。同样的地方，一些人发展不起来，一些人能发展起来了，温州实践有力地证明了温州人的思维方式具有独特的优势，温州人就是这样做的，这几乎可以算得上来自温州人的思维方式上的呐喊，温州人的思维方式使意识和温州人意识完全区分开来。

温州实践是意识和温州人意识分化和统一的基础。温州人意识是在温州实践中生成、演化和发展的，正是在温州实践中，温州人意识到了自己的存在，形成了自我意识，温州实践就成为有温州人的自我意识的活动，是意识和温州人意识分化的基础。温州实践是温州人的存在方式，温州人的存在决定了温州人意识，温州人意识在任何时候都只能是被意识到了的温州人的存在，而温州人的存在就是温州人的现实生活的过程。温州人意识随着温州人的生活条件、社会关系、社会存在的改变而改变，温州人的存在方式即温州实践生成了温州人的观念、观点和概念，一句话，生成了温州人意识，不是温州人意识决定温州实践，相反，是温州实践决定温州人意识，其他人的实践生成其他人的意识。温州人敢干、能干、善干的生存实践生成了温州人为生存而抗争，为生存而创业，为生存而创富的生存意识，这种生存意识有别于他人的生存意识。温州人开拓、自主、全面的发展实践生成了温州人为发展而走南闯北，为发展而四海为家，为发展而无孔不入的发展意识，不断向前、向上移动自己的时空坐标，这种发展意识有别于其他人的发展意识。温州人亲商、乐商、富商的商业实践生成了温州人以商为荣、以商为业、以商致富的商业观念和无商不快、无商不活、无商不强的商业理念。

第六节　温州人世界的系统联系

温州人通过实践认识世界和改造世界，从世界中划分出温州人世界，创造了一个属于温州人自己的世界，温州人世界是由温州自然、温州社会、温州环境、温州人等要素构成的开放的系统。

一　温州人世界和外部世界之间的关系

温州人世界是由温州自然、温州社会、温州环境、温州人等众多要素构成的开放系统，与外部世界发生着这样或那样的物质、能量、信息交换的平衡或不平衡的关系。世界是不断变化的，这些变化必然会对温州世界的运行系统的内部结构、内部层次和活动内容、活动形式、活动特点、活动要素产生不同程度的影响。温州也是开放的世界，温州世界的外部环境具有日益开放的性质，经济全球化势不可当，知识化、国际化趋势日益增强，国际竞争日益激烈，这些情况和现象必然会对温州世界内部的一个要素、多个要素甚至全部要素产生极大的影响。温州世界是不能离开世界舞台而独立自存的，必须迅速对世界的变化作出反应，离开世界，无视世界的新变化，不对世界的变化作出正确反应，温州世界就会失去生机和活力，就会走向衰落。温州的"引进来、走出去"和"以民引外、民外合璧"等发展战略有力地证明了这一点。

温州的"走出去、引进来"发展战略是社会主义温州的发展道路之一。温州人多地少，资源匮乏，国家投入少，国有经济和集体经济薄弱，温州人就是在这种情况下把"走出去、引进来"有机结合起来，走向全国、走向世界，拓展生存和发展空间。温州人开拓了国内市场和国际市场。这些"走出去"的温州人，不但在当地创造经济辉煌，也为温州引进了国内外大量资金、技术、先进管理知识、先进文化和文明，为温州发展提供了信息、资源和宝贵经验，推动了温州的发展。温州人把温州经济与全国经济乃至全球经济紧密联系在一起，这是一个独特的经济现象。温州"走出去、引进来"战略有力地促进了温州经济和世界经济的发展，推动了温州自然、温州社会、温州环境和温州人的互动发展。

温州的"以民引外、民外合璧"发展战略也是社会主义温州的发展道路之一。温州市实施了"以民引外、民外合璧"发展战略，坚定不移地推进招商引资"一号工程"，着力营造良好的发展环境。温州民营经济是社会主义温州发展的主要推动力量，温州民营企业是温州民营经济的细胞，以民引外主要是温州民营企业的以民引外，民外合璧主要是温州民营企业的民外合璧，这是温州招商引资的最大特色。温州市实施"以民引外、民外合璧"发展战略的基点在于通过创造良好的发展环境，获取外资带来的技术、管理、制度、理念和国际影响力，以突破温州自身的发展瓶颈，加快产业结构优化升级，提升温州竞争力，提高自主创新能力，实现温州跨越式发展和持久繁荣。

温州人世界是不断变化的，这些变化必然也会对外部世界的一个环节和要素、多个环节和要素甚至局部和整体产生这样或那样、或多或少的影响，温州世界和外部世界是相互作用、相互影响的。外部世界同样也会对温州世界的变化作出相应的反应。国内外的"温州热""温州人热""温州模式热"有力地证明了这一点，国内外来温州"取经"的人络绎不绝，温州的经验、温州人的创造和温州模式的创新无疑鼓舞了所有的"取经者"。张仁寿在《向温州学习什么》[①]一文中指出，温州经验最具有普遍意义的是温州人的创造，最值得别人学习的，正是温州人的精神。

温州人世界和外部世界既相互联系又相互区别，温州人实践是世界和温州人世界分化和统一的基础。温州人通过实践从世界中划分出了温州人世界，创造了一个属于温州人自己的世界，温州人世界以世界的物质、能量和信息为自身存在和发展的基础，不断把世界的物质、能量和信息转变为温州世界的物质、能量和信息，使温州世界不断扩大和延伸。但是，温州世界又有不同于世界的活动特点、内部要素和运行机制，温州人世界是由众多要素构成的统一整体。

---

① 张仁寿：《向温州学习什么》，《浙江日报》2000年1月11日。

二　温州人世界内部诸要素之间的关系

温州人高举实践旗帜，发扬实践精神，形成了温州哲学的实践观，即温州实践。温州实践内在地包含着温州人与温州自然的关系、温州人与温州社会的关系、温州人与温州环境的关系、温州人与温州人的关系以及温州人与温州人意识的关系等。为了全面理解温州世界内部诸要素之间的关系，必须正确理解温州人、温州自然、温州社会、温州环境、温州人意识之间的关系，主要是分析温州人与温州自然、温州人与温州社会、温州人与温州环境、温州人与温州人以及温州人与温州人意识之间的区别和联系。

我们比较全面、具体、深刻地阐述了温州世界内部的要素——温州自然、温州社会、温州环境、温州人以及温州人意识的内涵和作用，分析了它们之间的相互区别，随着温州实践的发展和人们的认识水平的提高，还会不断充实温州世界新的内涵及其新的要素。

作为上述温州人世界的众多要素，它们不是一个截然分割的部分，而是一个有机联系的整体。温州自然、温州社会、温州环境、温州人、温州人意识之间相互联系、相互作用、相互影响，共同存在于温州世界的时空之中，在时空中共同存在和共同发展。同时，在温州世界的具体运行中，这些要素又是相互渗透，糅合在一起，你中有我，我中有你。既要把温州世界的要素逐一阐明它们的内涵、特点和作用，但绝不能把它们的划分孤立化；又要把它们联系成为一个有机的整体，达到了分析和综合的有机统一。当然，在温州世界内部诸要素中，每个要素的地位又是不同的，在温州世界中，温州人是最大的优势和最活跃的因素，温州自然是基础，温州社会是舞台，温州环境是保障，温州人意识是最美丽的花朵。

马克思主义哲学揭示了自然界、人类社会和思维的一般规律，为我们指明了社会发展的趋势和方向，我们既要立足现实，又要追求崇高的社会理想，理想正是通过现实的努力来实现的。促进温州的科学发展和温州人的全面发展，必须从理论上进行深刻的阐述，形成系统的表述语言，而温州世界的理论建构就是基于此进行的。温州发展规律揭示得越深刻，就越能反映温州世界的真实面目，就越能为探索区域发展规律提供借鉴，就越能证明社会发展一般规律的正确。

三 温州人世界的系统特点

系统论是全面揭示对象的系统存在、系统关系及其规律的观点和方法，系统论的创立，使人们对事物存在状态的认识由"实物中心论"进入"系统中心论"，揭示了世界普遍联系的具体性和深刻性。温州世界以系统的形式描绘出一幅联系的清晰图画，不仅能够说明温州世界各个要素内的过程之间的联系，而且总的说来也能够说明各个要素之间的联系。作为一个由诸多要素构成的开放系统，温州世界把温州产生的事物、温州发展的过程、温州出现的现象看作系统的存在，通过对相关的温州自然、温州社会、温州环境、温州人的研究，深入认识世界。

用系统论来考察和研究温州人世界具有一系列特点。

第一，开放性特点。温州人世界不是封闭系统，而是开放系统，与外部环境之间不断进行物质、能量、信息的交换，温州世界和外部世界相互作用、相互影响。外部环境的变化影响着温州世界内部要素之间的相关性，而温州世界的整个系统依赖于要素的存在，也依赖于要素和要素之间的相关性。相反，温州世界的某个要素或某些要素的变化，必然会引起这个系统内部其他要素的连锁反应，并对温州世界的整个系统产生影响，温州世界也必然会发生变化，从而对外部世界产生影响，外部世界也会对温州世界的变化作出一定的反应。由此可见，温州世界是一个开放的系统，如果不及时根据内外条件的变化进行局部调整或全局调整，那么，温州世界就会被变化了的外部环境所淘汰或被变化了的内部要素所不容。

第二，相关性特点。正是在温州人世界诸多要素之间的相关性产生了有机的统一体——温州人世界，温州人世界依赖于诸多要素之间的相关性。按照系统的观点，温州人世界与外部世界处于相关性之中，温州世界内部诸多要素也处于相关性之中，正是这种相关性使温州世界形成了"关系质"，从而温州世界表现出了系统的特点。对自然与温州自然、社会与温州社会、环境与温州环境、人与温州人等相关性的研究，能够深入认识世界，科学系统论和方法论为温州人改造世界，创造温州世界提供了理论依据和实践范式。

第三，整体性特点。温州人世界是由众多要素构成的整体，按照系统的观点，温州人世界内部要素与要素之间的相关性形成了温州人世界的整体性。针对外部世界的变化，温州人世界作为一个整体作出反应往往会比要素"单枪匹马"作出反应的效果好得多、强得多，温州人之间的抱团、协作、合作有力地证明了这一点。同时，温州世界作为一个整体的功能大于各个部分之和，具有其每个要素单独存在时不具有的功能和性质，这种温州世界整体才具有的规定性可以称为温州世界的"系统质"，体现了温州世界的整体性的系统特点。

第四，有序性特点。温州人世界有其自身的结构，这个结构呈现出一定的层次性，温州人世界的整个系统是由温州自然子系统、温州社会子系统、温州环境子系统和温州人子系统等构成的，而各个子系统又是由一定数量的更多层次的子系统构成的，如此无限地进行下去，下一个子系统是上一个子系统或系统的要素。温州世界的层次不同的要素在这种等级式的结构中保持其特定的位置，各有一定的顺序和规则，即呈现出有序性的特点。温州世界必须在与外部环境的不断"耗散"过程中才能保持自己的"序"，才能不断从无序向有序、从低级有序向高级有序演化发展。

第五，模型化特点。既可以用系统论考察和研究温州人世界，也可以用系统方法、数学模型、人工智能和逻辑学分析温州世界，把温州人世界分解为各种模型，为人们认识温州人世界提供各种具体的模型，为人们从事创造温州人世界的实践提供各种模型可能的解和最优解。

用系统论来分析、考察和研究温州人世界，就要按照温州人世界本身的系统特点把温州人世界看作是一个由诸要素相互联系构成的整体。开放性、相关性、整体性、有序性和模型化是温州世界作为一个系统存在的特点。科学系统论和方法论应用在温州世界中能够带来极大的社会效果，能够深化我们对世界的认识，为改造世界，创造温州人世界提供理论依据。

第五章　温州人真理观

真理是一个认识论概念，为了有效地进行改造世界和创造温州人世界的实践活动，温州人必须要求自己的认识永远地、无止境地接近温州人世界，又要尽量充分而准确地反映温州人世界，达到主观和客观相符合，这样，就提出了温州人的认识的真理性问题。温州人把马克思主义的真理观和永嘉学派思想有机融合起来，创造性地提出了温州哲学的真理观，即温州人真理。温州人真理是温州人的永恒追求，温州人不断排除生存和发展过程中的谬误，获得自己的真理，用温州人真理指导温州实践，又在温州人实践中检验温州人真理、发展温州人真理。

第一节　业绩是温州人的硬真理

邓小平是马克思主义哲学史上用生产力和生产业绩看待真理的第一人，他把生产力、生产业绩和马克思主义哲学的真理观有机融合起来，创造性地形成了"脱离生产力和业绩就是脱离马克思主义的真理轨道"的思想。温州人把邓小平"脱离生产力和业绩就是脱离马克思主义的真理轨道"思想和永嘉学派"功利"思想有机融合起来，提出了业绩是温州人的硬真理的思想。

一　把生产力归结于生产业绩

邓小平强调，马克思主义是打不倒的，世界上赞成马克思主义的人会越来越多，因为马克思主义是科学。我们坚信马克思主义的普遍真理，但马克思主义的普遍真理必须与中国人民的具体实践相结合，只有与中国人民的具体实践相结合的马克思主义，

才是我们所需要的马克思主义。要真正干出几个实绩，来取信于
民，让人民满意，人民是看实际结果的[1]，离开实绩和实践谈真
理，没有意义，"真理总是具体的，抽象的真理是不存在的"[2]。一
切以时间、地点、条件为转移。要扎根中国特色社会主义的具体
实践来认识、继承和发展马克思主义哲学的真理观，墨守成规的
观点只能导致落后，甚至失败。真理是主观和客观的符合，是人
们对客观世界及其规律的正确反映，是绝对真理与相对真理的统
一，在中国的现实条件下，发展生产力，搞四个现代化就是坚持
马克思主义的真理。"讲社会主义，首先就要使生产力发展，这是
主要的。只有这样，才能表明社会主义的优越性。社会主义经济
政策对不对，归根到底要看生产力是否发展，人民收入是否增加。
这是压倒一切的标准。"[3] 生产力的发展是社会发展的最终决定力
量，生产力的标准是判断社会进步与否的根本标准；实现共产主
义，最根本的一条也是不断发展生产力，要有高度发达的生产力
才行，"马克思主义最注重发展生产力"[4]，它的基本原则就是要发
展生产力。列宁指出："只有把社会关系归结于生产关系，把生产
关系归结于生产力的水平，才能有可靠的根据把社会形态的发展
看作自然历史过程。"[5] 邓小平的高明之处，就在于把社会关系归
结于生产关系，把生产关系归结于生产力，把生产力归结于生产
业绩，即生产获得了什么样的效果，不但生产力要发展，而且生
产力的发展必须要有效果。"发展生产力要讲究经济效果"[6]，邓小
平强调，看一个经济部门的党委善不善于领导，领导得好不好，
应该主要看这个经济部门实行了先进的管理方法没有，技术革新
进行得怎么样，劳动生产率提高了多少，利润增长了多少，劳动
者的个人收入和集体福利增加了多少，各条战线上的各级党委的

① 《邓小平文选》第 3 卷，人民出版社，1993，第 298 页。
② 李秀林等主编《辩证唯物主义与历史唯物主义原理》（第 5 版），中国人民大
　　学出版社，2004，第 298 页。
③ 《邓小平文选》第 2 卷，人民出版社，1994，第 314 页。
④ 《邓小平文选》第 3 卷，人民出版社，1993，第 63 页。
⑤ 《列宁选集》第 1 卷，人民出版社，1995，第 8~9 页。
⑥ 《邓小平文选》第 2 卷，人民出版社，1994，第 312 页。

领导，也都要用类似这样的标准来衡量，离开了这个标准就会脱
离党和人民群众的最大利益，就是脱离物质文明。同样的，发展
生产力也要讲求社会效果，邓小平指出："思想文化教育卫生部
门，都要以社会效益为一切活动的唯一准则……企业也要以社会
效益为最高准则。"① 生产力脱离社会效果，就是脱离精神文明。
要把物质文明和精神文明统一起来，坚持"两手抓，两手都要
硬"，把追求生产力的物质效果和精神效果结合起来。邓小平把生
产力、业绩和马克思主义哲学的真理观融合起来，脱离生产力和
业绩就是脱离历史唯物主义，就是脱离马克思主义哲学的真理轨
道。在中国特色社会主义条件下，各项工作都要以生产力为根本
依据，以业绩为根本准绳，有利于发展生产力，有业绩的就坚持；
阻碍生产力的发展，没有业绩的就赶快改。一句话，"不管白猫黑
猫，抓住老鼠就是好猫"，创造性地形成了"有业绩即真理"的思
想，这就是邓小平的真理观。邓小平冲破了马克思主义哲学内部
各个内容条块之间的不可逾越的鸿沟，促进了各个内容条块之间
的相互碰撞、相互融合，产生了新的思想和观点，实现了马克思
主义哲学真理观的中国化、时代化和大众化，赋予了当代中国马
克思主义鲜明的实践特色、民族特色、时代特色，这是中国特色
社会主义哲学事业兴旺发达的不竭动力。

在邓小平看来，真理就在于它所能产生的实际业绩。"个人的
思维是否具有客观的真理性，这不是一个理论的问题，而是一个
实践的问题。人应该在实践中证明自己思维的真理性。"② "为了正
确理解我们的概念，我们必须看它们的结果。"③ 如果行动没有实
际业绩，就没有意义，就不具有真理性，反之，它就是有意义的，
就具有真理性。"真观念是我们所能类化，能使之生效，能确定，
能核实的，而假的观念就不能，这就是掌握真观念时对我们所产
生的实际差别。"④ 显然，"有业绩即真理"是以结果与业绩的关
系为坐标的，能否在工作和事业的激烈竞争中取得胜利，关键在

---

① 《邓小平文选》第 3 卷，人民出版社，1993，第 145 页。
② 《马克思恩格斯选集》第 1 卷，人民出版社，1995，第 58 页。
③ 张汝伦：《现代西方哲学十五讲》，北京大学出版社，2003，第 107 页。
④ 张汝伦：《现代西方哲学十五讲》，北京大学出版社，2003，第 114 页。

结果。实践的结果有业绩就证明了主观认识和客观实际是符合的，实践的动机和结果就是统一的，思想正确反映了客观世界及其规律；实践的结果没有产生业绩就证明了主观认识违背了客观实际。实践的结果能否取得实际业绩，即实践的效果便成了检验真理的根本标准，在改革开放和社会主义现代化建设中，"有业绩即真理"的观念深入人心，与人民大众产生了强烈的共鸣，是中国老百姓喜闻乐见的。"有业绩即真理"的哲学思想具有强大的生命力，促进了中国生产力的解放和发展，人民生活水平不断提高，增强了中国的综合国力，人民大众创造了一个又一个奇迹。实践证明，"有业绩即真理"是符合人民群众生存与发展状况的正确真理观，是马克思主义哲学真理观在当代中国的运用和发展。

二 把追求功利转变为追求业绩

永嘉学派，被人们称为事功之学或功利之学，永嘉学派的代表人物在他们的著作中大胆批评了"重义轻利"和"厚本抑末"的传统观念，提倡"义利合一"和"以义和利"，"抑末厚本非正论也"。在人多地少的温州，"扶持商贾"是获取利益的有效途径，人们纷纷从事商业活动，商业文化异常浓厚，因此，永嘉学派主张"工商皆本"，士、农、工、商"四民交致其用，而后治化兴"。永嘉学派以立功为切入点，以立德为前而贯彻其中，以立言为载体而播之于后，着力追求公利、民利和去害之利。

温州人在强烈的致富欲望驱使下，逐利而行，走遍千山万水，"走出去"的温州人抓住机遇，加快发展自己，把市场这只"看不见的手"转化为有温州人意识参与的调节机制。现如今有100多万温州人在全国和世界各地创业发展，1994年在北京"浙江村"的温州人就有20万，他们在北京开拓了市场，创造了财富。在新疆、西藏和云南等边远地区，温州人的足迹也无所不在，他们创办了许多温州街。温州人为促进民族团结、边疆稳定和祖国繁荣作出了贡献。

一位网友曾这样说：温州人不是一般地想发财致富，而是不屈不挠地想尽一切方法使自己发财致富，因为这也是温州社会衡量个人成就的主要标准。温州人正是凭借强烈的想要致富的欲望，把致富作为个人的人生目标，敢为人先，实事求是的温州人为了实现这个目标而身体力行地去做各种各样的事情。如今，温州人已经被看作是国人中最有全球视野、最有商业头脑、最贴近草根、最能克服民族劣根性、最能代表资本逐利趋势的一群人。温州人的财富越积越多，温州人已成为新一代的创富群体。

温州人把追求功利转变为追求业绩，以业绩决定个人成就，那些业绩优秀的温州人就能得到社会的认可，而那些业绩不佳的温州人则不断地被淘汰。温州人认为，要想成功，就要创造出业绩，没有业绩，就是失败。业绩对温州人的生存与发展具有决定性的意义。在激烈的市场竞争中，业绩证明了个人生存与发展的价值，成功的温州人都有一个共同的特质，竭尽所能，创造出最出色、最完美的业绩。创造了业绩，就是真理，温州人的行动没有取得实际业绩，也就不具有真理性了。没有业绩，个人就会被淘汰，就不能生存和发展。温州人靠什么生存与发展？业绩。业绩可以为个人带来财富，如果温州人不想办法创造业绩，提高业绩，那么，唯一的结果就是被淘汰，这是硬道理。业绩是每个温州人成功的硬指标，是每个温州人生存与发展的根本。市场越来越成熟，市场的竞争也越来越白热化，要想在市场中立于不败之地，就必须创造业绩。

温州真理是温州硬真理和温州软真理的统一，获得了业绩就证明了主观认识和客观实际是符合的，思想正确反映了客观世界及其规律；没有产生业绩就证明了主观认识违背了客观实际。"有业绩即真理"思想投射在当代温州人身上，即业绩是温州硬真理。温州人认为，爱国爱乡不能停留在口头上，必须为国家和家乡创造业绩，家乡的每一个人的业绩之和就是这个家乡的业绩，国家的每一个人的业绩之和就是这个国家的业绩，每个人的业绩支撑着家乡、国家的正常运转，只有每个人创造了业绩，家乡、国家才能始终保持又好又快发展，要切实为家乡、国家创造业绩，创造社会业绩。同时，也创造个人业绩，把个人业绩和社会业绩统一起来，从而实现个人发展和社会发展的统一。成功永远属于那些对自己、家乡和国家充满热爱之情、富有奋斗精神、勇于承担责任的人，属于创造业绩的人。温州人在激烈的市场竞争中避免被淘汰的唯一办法就是创造业绩。有了业绩，个人才能生存与发展，社会才能发展进步，没有业绩回报社会，没有为社会创造业绩，温州人的社会价值就得不到体现。所以，每个温州人都有业绩观念，社会需要的是能够创造业绩的人。

三　社会业绩和个人业绩

人是社会的人，人的本质力量的对象化在社会生活中的业绩，即为人的业绩。必须在人和社会的关系中去考察人的业绩问题，这是人的社会关系的一个重要方面。人的业绩可以分为社会业绩和个人业绩，社会业绩是人对社会创造的业绩，个人业绩是个人对自己而言创造的业绩。社会业绩和个人业绩有区别，但也应该把二者统一起来。

社会业绩是人对社会创造的业绩，是人对社会的积极的和肯定的创造成果，一个人对社会创造的业绩越多，他的社会认可度就越高，就越会得到社会的尊重，对社会没有创造任何业绩的人，也就是没有社会业绩的人，就会被社会所淘汰。人是依赖社会而生存和发展又对社会发生作用的社会存在物，因此，所谓人的业绩首要的是社会业绩。社会业绩在于他或她为社会创造了物质成果或精神成果，人的这种创造社会业绩的能力来自人的社会本质，直接体现了人的本质力量，人所创造的社会业绩是他或她创造个人业绩的确证。

社会业绩又可以分为潜在的社会业绩和现实的社会业绩。潜在的社会业绩就是他或她至少具有创造社会业绩的可能性，潜在的社会业绩不等于现实的社会业绩，但是没有潜在的社会业绩，就不会有现实的社会业绩。每个人都是人类延续的链条上的一个环节，在这些个人身上保持着人类的基因，蕴涵着人类的未来。现实的社会业绩就是他或她所创造的满足社会需要的价值物，从这个意义上来说，一个人创造的物质成果或精神成果越多，他或她的社会业绩就越多，价值物的多少标志着社会业绩的多少。

社会业绩的创造有赖于人的能力的发挥程度，每个人的能力有大有小，社会业绩的大小取决于人的能力发挥的程度。根据人的能力的发挥程度来判断社会业绩，每个人都可以不为个体条件所限来创造最多的社会业绩。有的人能力大，但是不愿为社会多付出甚至什么都不付出，那他或她的能力就不会充分地发挥出来，显然，创造的社会业绩就相对较少甚至没有社会业绩。有的人能力虽小，但是愿意为社会作贡献，全心全意为人民服务，他或她的能力就会被充分发挥出来，创造的社会业绩相对就多。

运用社会的尺度来评价人的业绩，即判断人对社会创造的业绩，就是要看人的实践活动及其结果创造了什么样的社会业绩，为社会创造了多少潜在的社会业绩或现实的社会业绩，是否满足了社会需要以及在何种程度上满足了社会需要。许多社会的成功人士，都为社会创造了卓越的社会业绩，人应该在创造社会业绩中充分发挥自己的能力，使自己的本质力量对象化，创造出尽可能多的社会业绩。

个人业绩是个人对自己而言创造的业绩，有了个人业绩，才能实现个人发展，每个人都要通过自己的劳动创造出物质成果或精神成果，从而满足个人生活的需要。一个人越是通过自己的劳动来创造美好的生活，他或她的个人业绩就越多，反之则越少。通过创造个人业绩来满足自己的需要，是人满足自己需要的特殊方式，这种特殊方式显示了人的活动对于人自身的意义。

个人业绩的最高表现，是个人的自我实现和全面发展，当个人创造了社会业绩时，社会也要尊重个人的生存与发展，促进个人潜能的充分发挥，并使个人能够在各方面得到全面发展。人是超越性、现实性和理想性的存在。从现实性到理想性，再从理想性到现实性，不断超越自我，是人通过认识和实践的发展来实现的。

社会业绩和个人业绩是人的业绩的两个方面，它们是统一的。人的业绩的创造是一个实践过程，实践活动在本质上是社会的活动，是在社会关系中进行的。在创造个人业绩的过程中，看起来只是个人的东西，实际上与社会有关，因而，具有社会的性质。个人业绩的创造具有社会意义，人不应该也不可能把自己完全封闭在个人业绩的自我创造中。个人总是在社会中生活，进行社会实践活动，都能创造一定的社会业绩和个人业绩，社会业绩和个人业绩在本质上是统一的，二者不可分割地联系在一起。人只有在社会中，并且只有通过社会才能创造出社会业绩和个人业绩，为社会服务，为人类造福。个人只有在推动社会发展的过程中，才能实现个人发展。

四　社会业绩是检验温州人真理的硬标准

马克思指出："人的思维是否具有客观的真理性，这不是一个理论的问题，而是一个实践的问题。人们应该在实践中证明自己思维的真理性，即自己思维的现实性和力量，自己思维的此岸性。关于思维——离开实践的思维——的现实性或非现实性的争论，是一个纯粹经院哲学的问题。"[①] 马克思的这一著名论断告诉温州人，只有在实践中才能检验自己认识的真理性。温州实践是检验温州真理的根本标准，那么，温州真理就不存在其他的检验标准了吗？除了温州实践这个根本标准之外，还存在非根本的检验标准吗？我们认为，社会业绩是检验温州真理的硬标准，社会责任是检验温州真理的软标准，因为社会业绩的创造和社会责任的承担同样是一个社会实践的问题。

社会业绩是检验温州人真理的硬标准，是证明人的能力的尺度，而考核人的能力的标准是业绩。一个人是否优秀，关键要看他或她所创造的结果，要的是好的结果，而好的结果要靠他或她的努力来实现。他或她在实践中创造了社会业绩，满足了社会需要，获得了社会认可，就证明了他或她的认识与客观实际是相符合或相一致的。社会业绩的多少取决于认识的真理性的多少，而他或她的认识是否为真理以及这种真理性的多少，取决于该认识是否与其所反映的实际相符合或相一致以及这种符合或一致所达到的程度。

人的本质在于一切社会关系的总和，人总是处于一定的社会关系之中从事创造业绩的活动，不管是创造社会业绩还是创造个人业绩，都是一个实践过程，实践活动在本质上是社会的活动，是在一定的社会关系中进行的，个人业绩的创造不是离开社会之

---

① 《马克思恩格斯选集》第 1 卷，人民出版社，1995，第 55 页。

外进行的，也必须参与社会实践。因此，检验温州真理的硬标准只能是社会业绩，而不是个人业绩。

社会业绩满足了温州人真理本性的要求，成为检验温州人真理的硬标准。实践具有普遍性的优点和直接现实性的特点，社会业绩的创造是一个实践过程，因此，社会业绩的创造也具有直接现实性的特点，正是这种直接现实性的特点，使社会业绩成为检验温州真理的硬标准。社会业绩的直接现实性体现在两个方面：一方面，社会业绩的创造是客观的物质活动，它本身是现实的对象化活动；另一方面，社会业绩的创造活动把理想变为现实，把可能性变为现实性，直接为现实的社会和现实的个人提供物质成果和精神成果，从而直接检验出理论与客观现实相符合以及符合的程度。正如毛泽东所说，"实际的情形是这样的，只有在社会实践过程中（物质生产过程中，阶级斗争过程中，科学实验过程中），人们达到了思想中所预想的结果时，人们的认识才被证实了"①。

在温州人实践过程中，温州人达到了思想中所预想的结果，具有结果意识，结果决定一切，创造了社会业绩，满足了社会需要，确立了社会地位，积累了丰厚的物质财富和精神财富，温州人的认识被证实了，温州模式被认可了。温州人坚持社会业绩是检验温州真理的硬标准，不搞争论，让社会业绩来说话，以事实为依据，结果决定一切，温州人成功了。温州人追求结果，以结果为导向，它所传达的理念，能够使温州人的思维模式发生巨大转变，业绩很出色，很完美。温州人一心想要成功，正是这种结果心态促使温州人积极想办法获得成功，一个优秀的温州人，会始终关注结果，并想尽一切办法去获得结果。

第二节　责任是温州人的软真理

永嘉学派义利并举的思想影响着每一代温州人，温州人在追求功利的同时，也讲求仁义，在创造业绩的同时，也承担责任，

① 《毛泽东选集》第 1 卷，人民出版社，1991，第 284 页。

在温州人眼里，义和利是不可分割的，同样，业绩和责任也是不可分割的。

一 把仁义归结于责任

叶适是永嘉学派的集大成者，他反对传统"重义轻利""贵义贱利""以义抑利"的思想，主张"以义和利"，以功利来统一仁义。天下熙熙，皆为利来，天下攘攘，皆为利往，求利之心，人皆有之。在叶适看来，利和义并不矛盾，利是义的基础。功利是仁义的外化，主张结合功利讲仁义。叶适指出："崇义以养利，隆礼以致力"①，义是养利的手段。

永嘉学派对义利关系的解释为温州人解决市场经济运行中的问题开辟了一个新境界，对市场经济条件下温州人的思想解放具有巨大作用。在市场经济条件下，也涉及如何看待义利关系的问题。温州人正确地处理了义和利的关系，落实到行动中，就有了对物质利益的强烈追求，讲求社会仁义，体现在当代温州人身上，就是追求业绩，承担责任，因而也迸发出与其他人不同的创造财富和承担责任的动力。温州实践也证明了温州人的义利观是契合市场经济发展的。改革开放以来，温州人创造了很多个"全国第一"，创造了业绩，承担了责任，积累了财富。

温州人把仁义归结于责任，讲求仁义就是要承担责任，丧失责任，也就丧失了仁义，推卸责任是不仁义的。责任是人的生存之本，如果你丧失了对社会公众的基本责任，社会公众就会毫不留情地抛弃你，你的业绩也不复存在，责任和业绩是密切相关的。一个人，如果想证明自己的能力，创造出色的业绩，就应该在心中树立责任感，因为承担责任是一个人自我实现的必由之路。

在现代汉语中，责任有两层含义，第一层含义是分内应该做的事，对应于职责和义务；第二层含义是因不履行所附义务而应承担的不利后果。在很大程度上，责任不是一种外在的"必须"，而是现代社会的基本道德诉求和规范。责任既可以是一种个人内心的道德诉求或责任感，即个人责任，又可以是法律责任或社会

---

① 叶适：《水心别集》卷三《士学上》，中华书局，1961。

责任。责任问题逐渐成为人们普遍关心的主题之一，没有责任，社会就很难正常运转，每个人都应当承担一定的责任。

二 社会责任和个人责任

人对社会和自己长远发展的义务就是人的责任，本书所指的责任是指人的责任，人的责任或责任可以分为社会责任和个人责任。社会性是人的本质属性，人总是处于一定的社会关系之中，社会对人总是有一定的期望，那些为社会的长远发展作出贡献的人会得到社会回报，那些损害社会利益的人会受到社会惩罚。必须在人和社会的关系中去考察人的责任问题，这是人的社会关系的一个重要方面。社会责任是指人对社会长远发展的义务，是一种自觉地对社会需要的回应。个人业绩是个人对自己长远发展的义务，一种自觉地对自身需要的回应。社会责任和个人责任相互区别，但应该把二者有机统一起来。

社会责任是人追求有利于社会长远发展的一种义务，它超越了法律所要求的义务，是对社会需要的自觉回应，加入了一种社会道德的要求。社会责任要求人们做对社会有利的事，而不做对社会有害的事。之所以这样做，是因为这些事是应该做的正确的事情或是合乎道德的事。社会责任要求人们明辨是非，要符合道德标准，行为活动要符合道德规范。一个具有社会责任感的人只做正确的事情，只做对社会长远发展有利的事情，只做回应了社会需要的事情，因为他自觉有责任这样做。因此，人们必须要不断回应社会需要，不断关注社会的变化，更好地承担社会责任，为责任社会的建立贡献力量。

人是社会的主体，人的发展和社会进步是同一个过程的两个方面，人只有承担个人责任和社会责任，才能更好地促进社会进步和人本身的发展。社会进步有赖于人的发展，内含着人的发展，并为人的长远发展创造条件，开辟新的可能性。人的发展又不断为社会进步提出更高的要求，以更强的主体能力和主体实践实现社会进步和长远发展，没有人的持续而全面发展，就没有社会的持续而全面发展；同样，没有社会的长远发展，也就没有人的长远发展。

　　个人责任是个人追求有利于自身长远发展的一种义务，是对自身生存与发展需要的自觉回应，加入了一种个人道德的要求。个人必须要为自我实现和全面发展而努力奋斗，让自己活得更有尊严，应该自尊、自爱和自强，懂得爱惜自己，对自己的生命、形象、人格、个性、自由、意志、能力、生活和事业采取积极的态度。一个人只要活着，作为能动的主体就有发挥自己体力和智力的需要，有参加社会实践活动的需要，通过各种活动满足这种需要，实现自己的人生理想。个人只有在不断的创造活动中，在对现实性的不断超越中，在对责任的承担中，才能感受到自己作为人的生命存在的意义，感觉到自己作为人的尊严和幸福。

　　社会责任和个人责任是人的责任的两个方面。社会责任是人对社会的义务，个人责任则是个人对自身的义务。毫无疑问，个人要活得有意义，应当积极承担个人责任，然而，人毕竟是社会的人，人的自我实现和发展离不开人生活于其中的社会。个人责任的承担，归根结底是在自身和社会的关系中体现出来的，个人责任总是与社会责任相联系。

　　个人责任的承担不是纯粹内省式的心理修养过程，而是一个实践过程。实践活动在本质上是社会的活动，是在一定社会关系中进行的活动。人在承担个人责任的现实化过程中，总是与社会责任的承担交织在一起，个人责任并不是孤立存在的，离开一定的社会关系，就不能进行交往，个人的生存与发展需要就不能得到满足和回应，个人责任也就无法承担了。因此，绝对的个人责任是不存在的，现实存在的个人责任总是与社会责任联系在一起。任何个人在社会生活中，参与社会实践，都有一定的个人责任和社会责任，社会责任和个人责任在本质上是统一的，二者不可分割地联系在一起。没有个人责任的承担，也就没有社会责任的承担；反过来说，没有社会责任的承担，也就没有个人责任的承担。离开整个社会的发展，个人的发展就失去了基础和条件。同时，整个社会的发展也离不开个人的发展，社会的发展恰恰是无数个人发展的结果。

　　温州人认为，一个人富裕了之后，要回报社会，奉献社会，为社会多作贡献；当老板不是为了当富翁，也不是为家人聚积财富；我们要超越自我，超越财富，把自我和非我统一起来，把创造业绩和承担责任统一起来。例如，德力西集团董事长在出席中国光彩事业促进会二届二次理事会暨民营企业家社会责任研讨会时强调说：具有社会责任感是一个民营企业家的基本素质，我们除了致力于企业本身的发展外，还需要肩负起社会责任，努力为建设有中国特色的社会主义作出应有的贡献，先富帮后富，实现共同富裕，是企业家神圣不可推卸的责任。在 2004 年召开的全国"两会"上，温州代表们提出了新的"财富观"，追求合法财富，惩罚不合法财富，"君子爱财、取之有道"，如果过分崇拜财富，不能正确驾驭财富，人被财富所异化，那么财富就是"砒霜"。而怎样才能不被财富所异化呢？就是要树立起主动承担社会责任的"财富观"，就是要为社会作贡献的"财富观"，当财富达到一定的程度，就不只是为个人的问题了，而是承担社会责任的问题了。温州人树立并实践这种正确的财富观。在温州人身上体现出了"大我"的特性，温州人要拼命退出"富豪榜"，挤上"纳税榜"。超越"小我"，超越"老板"，确立"大我"，立足社会，胸怀社会，回报社会，这是社会主义特征在当代温州人身上的聚焦体现。

三　社会责任是检验温州人真理的软标准

温州人真理的检验标准，除了温州人实践这个根本标准和社会业绩这个硬标准之外，还存在一个软标准，即社会责任。社会责任的承担是在创造社会业绩的基础上进行的，只有创造了尽可能多的社会业绩，才能承担更多的社会责任。社会责任的承担是一个实践过程，而不是一个心理修养过程。

社会责任是检验温州人真理的软标准，是证明人对义务的认识符合社会实际需要的尺度，而考核这个尺度的标准是社会责任。一个人是否有社会责任感，关键要看他或她所承担的社会责任，要的是回应社会实际需要的结果，而这个结果首先要靠他或她努力创造社会业绩去实现。他或她在实践中创造了社会业绩，满足了社会实际需要，自觉回应了社会反应，承担了有利于社会长远发展的义务，就证明了他或她的认识与社会的客观实际是相符合或相一致的。社会业绩的多少取决于认识的真理性的多少，同样，社会责任承担的多少也取决于认识的真理性的多少，一个人的认识越是符合社会实际的需要，承担的社会责任就会越多，就会自觉回应有利于社会长远发展的义务。而他或她的认识是否为真理以及这种真理性的多少，取决于该认识是否与其所反映的社会客观实际相符合或相一致以及这种符合或一致所达到的程度。

人是一个社会存在物，人总是处于一定的社会关系之中，与他人进行交往并相互交换其活动。不管是承担社会责任还是承担个人责任，都是一个实践过程，实践活动在本质上是社会的活动，是在一定的社会关系中进行的，个人责任的承担不是离开社会之外进行的实践活动，而是处于社会之中参与实践的活动。个人责任的承担，归根结底是在自身和社会的关系中体现出来的，个人责任总是与社会责任相联系。因此，检验温州真理的软标准只能是社会责任，而不是个人责任。

社会责任也满足了温州人真理本性的要求，成为检验温州人真理的软标准。社会责任的承担也是一个实践过程，实践具有直接现实性的特点。因此，社会责任的承担也具有直接现实性的特点，社会责任的直接现实性体现在两个方面，一方面，社会责任的承担是一种实践活动，而实践具有直接现实性的特点，社会责任的承担也自然具有直接现实性的特点，承担了社会责任，就直接回应了社会现实的需要。另一方面，社会责任的活动把人对社会义务的认识变为现实，把社会道德要求的可能性变为现实性，直接满足现实的社会和现实的个人的物质需要和精神需要，从而直接检验出人对社会义务的认识与社会的客观现实相符合以及符合的程度。

随着温州人的社会财富的积累和社会业绩的增多，温州人积极主动承担自己的社会责任。温州人的大义之举举不胜举，例如，1989年徐永龙设立了中国青少年发展基金会，实施以救助贫困地区失学少年为主旨的希望工程，揭开了希望工程行动的序幕；林圣雄助教兴学，捐建圣雄希望小学，等等。温州人致富思源，富而思进，以实际行动回应了社会需要，承担了社会责任。温州人在创造社会业绩的同时，勇于承担社会责任，把是否承担社会责任提高到了真理的高度。温州人坚持社会业绩是检验温州真理的硬标准，坚持社会责任是检验温州真理的软标准，做到软硬兼施，把"软"和"硬"统一于温州实践中。

第三节　业绩和责任的关系

业绩和责任各有不同的规定和特性，但在本质上是统一的，业绩和责任通过人的自觉活动实现统一。业绩和责任的统一，主要是社会业绩和社会责任的统一、个人业绩和个人责任的统一。创造业绩和承担责任是温州实践活动的基本内容。

一　社会业绩和社会责任的统一

温州人在温州实践中，从事着丰富多样的历史活动，总的来说是以创造业绩和承担责任为主题的。在温州人的行动和观念中，内含着两个基本内容，即创造业绩和承担责任。业绩和责任在温州人的实践和认识的发展中，不仅相互区别，而且相互统一，而二者的统一，首先是社会业绩和社会责任的统一。

社会业绩和社会责任相互补充。社会业绩的创造和社会责任的承担都形成于温州人改造社会、创造温州社会的实践活动中，是温州人生存和发展不可或缺的内容。社会业绩和社会责任的各自规定和要求之间具有内在的联系，并通过相互补充、相互结合构成完整的温州人活动的内涵。只包含创造社会业绩或只包含承担社会责任一方面的活动是片面的，甚至是不可能的。脱离了社会业绩的社会责任就失去了物质基础，脱离了社会责任的社会业绩是没有社会意义的。

社会业绩和社会责任相互贯通。社会业绩是社会责任的基础，没有创造社会业绩也就无力去承担社会责任，同样，不承担社会责任，社会业绩就不可能长久地创造下去，社会责任的承担可以进一步推动社会业绩的创造，从而获得持久的创造动力。社会责任引导着社会业绩的创造，使社会业绩的创造符合社会实际需要，社会业绩的创造为社会责任的承担提供了保障。

社会业绩和社会责任都是温州人活动的基本内容，温州人需要而且能够通过一定的调节机制来解决社会业绩和社会责任的对立，使它们达到一定程度的统一。当社会业绩和社会责任发生冲突时，温州人就调节自己的活动，进行重大的选择，或者总结经验教训，使自己的认识更加理性，根据理性认识调整自己的生存与发展需要，科学规划，或者根据社会需要寻找新的可能性，创造新的条件，为最终达到社会业绩和社会责任的统一而努力。一般来说，这种调节总是要使个人需要服从社会需要，使眼前服从长远，使局部服从全局。就温州人整体发展而言，创造社会业绩和承担社会责任与温州人的根本利益是一致的。社会业绩和社会责任在总体上的统一性，在温州人的实践活动中实现并体现出来。

二 个人业绩和个人责任的统一

个人业绩和个人责任的统一是业绩和责任关系的重要内容。创造个人业绩是温州人的一个目标，承担个人责任是温州人的一种境界。这个目标和这种境界是相统一的，没有这种统一，温州人就不可能在现实世界中立足，实践活动就不可能成功。

个人责任本身并不是个人业绩，但个人责任同"有业绩即真理"相联系时，也会具有业绩的含义。个人责任是温州人所追求的一种境界，具有为创造个人业绩提供指导的价值，因而个人责任也被温州人视为最高的个人业绩之一。创造个人业绩，承担个人责任，二者缺一不可。

在温州实践中，温州人总是不断地创造个人业绩，不断地承担个人责任，个人业绩和个人责任之间的相互贯通，为二者的相互促进提供了可能性。个人业绩被创造到进一步增多的发展，是朝着更理解个人的生存与发展需要和个人本身的意义的方向前进的，这表明个人业绩的发展趋向于个人责任。温州人对自身生存与发展需要正确认识，就会承担新的个人责任。反过来说，温州人对个人责任的承担，也势必会为个人业绩的创造提供新的可能性。

温州人对个人业绩的追求和个人责任的承担，既是具体个人的人生目标，又是温州社会永无止境的历史过程。这一目标和过程的实现，依赖于温州人实践和认识的不断深化和拓展，也依赖于温州人对自己的本质、需要和能力的自我认识、自我创造、自我发展。

三 温州人实践是检验温州人真理的根本标准

温州人真理的检验标准是温州人实践、社会业绩和社会责任，温州人实践是检验温州人真理的根本标准，社会业绩是检验温州人真理的硬标准，社会责任是检验温州人真理的软标准。在三个检验标准中，只有温州人实践是根本的标准，社会业绩和社会责任是非根本的标准，温州人真理的检验标准是根本标准和非根本标准的统一，二者缺一不可，共同构成了温州人真理的检验标准体系。

温州人实践包括三个基本要素，即实践者、实践手段和实践对象。实践着的个人具有一定的实践能力，只要一个人的一个行动是有意义的，产生了实际业绩，那么这个行动的个人就是有能力的。因此，除了死人之外，人人有能力，人人都能行动，不忽视一个小行动；这个我不会，但请让我试一试，我相信我能行，这种信念成为温州人行动的先导，成为一种行动的规则和行动的习惯，它本身就包含使人行动的因素。实践手段是个人在实践过程中用来影响实践对象的物质工具、方法、技术、管理，是实践者与实践对象的中介，是实践者克服实践过程中的困难的能力的尺度。实践对象是个人在实践中所指向的物质资料和精神资料，实践者只有与实践对象相结合才能产生实际业绩，才能实现个人发展。

温州人认为，温州人实践的真理性在于它所能产生的实际业绩，我们的实践会有什么样的可以设想的实际业绩，这样我们关于这些业绩产生的全部过程就是我们实践的全部过程，"为了正确理解我们的观念，我们必须看它们的结果"[1]。"真观念是我们所能类化，能使之生效，能确定，能核实的，而假的观念就不能，这就是掌握真观念时对我们所产生的实际差别。"[2] 如果实践没有实

---

① 张汝伦：《现代西方哲学十五讲》，北京大学出版社，2003，第107页。
② 张汝伦：《现代西方哲学十五讲》，北京大学出版社，2003，第114页。

际业绩，那么实践就没有意义，就不具有真理性，反之，它就是有意义的，就具有真理性。显然，温州真理是以温州实践与实际业绩的关系为坐标的，温州实践是业绩产生的前提，能否在工作和事业的激烈竞争中取得胜利，关键在实践。温州实践是温州人实现自己想法的活动，是温州人生存与发展的主要方式。只要实践有业绩就有效，虽然想法正确，但是实践没有产生实际业绩也是无效的，因而，温州实践便成了检验温州真理的根本标准。

温州人真理是温州人主体认识中与客体实际相符合、相一致的内容，是温州人对客观事物及其规律的正确反映。要判断温州人的主观认识和客观实际是否符合以及符合的程度，只在主观范围内是根本无法解决问题的。同时，客观世界也不会对主观认识和客观实际进行比较，客观世界也不能成为检验温州真理的标准。温州实践就能够把温州人的主观认识和客观实际结合起来，温州实践作为温州人解决温州问题的对象化活动，作为主体和客体、主观和客观相互作用的过程和结果，使温州人的主观认识和客观实际具有可比性和可检验性，因为温州实践具有普遍性的优点和直接现实性的特点。

温州人实践是检验温州真理的根本标准，最终一定能够检验温州人的认识的真理性，这是温州实践标准的确定性，肯定温州实践标准的客观性、根本性和最终性，就必须承认温州实践标准的确定性。但是，温州实践是一个永无止境的过程，具体的温州人实践总有一定的局限性，温州人总是在一定的历史条件下进行温州人实践活动的，从这个意义上说，温州实践标准又是不确定的。否认温州实践标准的确定性，就会陷入不可知论；同样，否认温州实践的不确定性，就会导致思想僵化，阻碍温州人的认识的深化和拓展，阻碍温州真理的发展。温州实践标准是确定性和不确定性的统一。

温州实践是不断发展的，温州真理也是不断发展的。温州人在生存与发展的实践中使主观认识符合客观实际，历史的发展使温州实践最终可以确定无疑地检验温州真理。

第六章　温州人价值观

温州人认识世界的目的最终在于创造温州人世界，而温州人之所以要创造温州人世界，又是为了满足温州人自身的需要，温州人世界可以为温州人提供物质、能量和信息。这样，温州人在追求温州人真理的基础上提出了价值问题。温州人价值是指引温州人从事实践活动的动力因素和内在尺度。在追求和坚持温州人真理的同时，温州人也按照自己的需要和尺度去认识世界和改造世界，并且创造温州人世界，使温州人世界适合于温州人的生存与发展。

第一节　温州人价值的含义和特征

温州人价值的特性表现或反映温州人的主体性的内容，由于这种主体的尺度在温州实践中的作用，使得温州人价值始终以温州人为中心，它依赖于温州人的主动性、超越性和创造性。

一　温州人价值的含义

温州人价值是表示温州人事物和温州人之间特定的关系，即温州人事物以其属性满足温州人的需要和温州人的需要被温州人事物满足的效用关系，是指温州人事物对温州人的需要而言的某种有用性。温州人价值涉及两个方面，一方面是温州人的需要和要求，另一方面是温州人事物的某种属性、性质和结构，它是在温州人实践中发生的，既离不开温州人的需要，又离不开温州人事物的特性，既有主体性特征又有客体性特征。如果一种温州人事物能够满足温州人某种需要，那么它对于温州人就具有肯定的积极的意义，就被温州人认为是有用的、有意义的，即有价值的；如果一种温州人事物不能满足温州人某种需要或妨碍温州人满足某种需要，那么它对于温州人就具有否定的、消极的意义，就被温州人认为是无用的或是有害的，也就是无价值或负价值。某种温州事物的有用性越大，价值也就越大，反之，价值就越小。温州人只有正确认识自己的需要和温州事物的客观状况，以人类社会进步和发展作为最高尺度，才能更好地创造温州价值。

温州人所处的自然环境、社会环境和文化环境，决定了温州人的价值观念。温州人处于大致相同的自然环境、社会环境和文化环境之中，形成了基本相同的价值观念，温州社会存在一些共同认可的普遍的价值标准，从而存在普遍一致的或大部分一致的行为定式，或是社会行为模式，彰显了温州人独特的价值观念、价值标准和价值行为。

温州人价值是在温州人个体的实践中发生和发展的，是通过温州人个体的社会化形成起来的。家庭、学校、工作环境等因素对温州人个体价值观念的形成起着关键性作用，其他社会环境也有重要的影响。每个温州人的价值观念都有一个形成过程，是随着知识的增长和生活经验的积累而逐步确立起来的。价值观念一旦确立，便具有相对的稳定性，形成一定的价值取向和行为定式，并产生一定的价值行为，是不易改变的。但就社会而言，由于温州人自身的生产、再生产和环境的变化，社会的价值观念又是不断变化发展的。传统价值观念会不断地受到现代价值观念的影响，这种价值冲突的结果，总的趋势是传统的价值观念逐步让位于现代的价值观念。价值观念的变化是社会变革的前提，又是社会变革的必然结果，温州人的价值选择必须要符合社会发展趋向，把尊重客观规律和正确发挥主观能动性结合起来，从而作出合理的、正确的价值选择。

二　温州人价值的特征

为了更好地理解温州价值的含义，我们还需要进一步明确温州人价值的特征。温州人价值具有客体性、主体性和相对性的特征，满足温州人需要的价值首先取决于温州人事物的属性，而温州人事物是否具有某种属性不是主观的，而是客观的。温州人不仅能认识温州事物是什么、怎么样和为什么，而且还知道应该做什么、选择什么，发现温州人事物对自己的意义，设计自己的行动计划，确定并实现奋斗目标。温州人在创造价值过程中，使自己的需要不断得到满足，温州事物的范围不断扩大，实现了生存与发展上的超越。

温州人价值具有客体性。温州人事物是客观存在的，独立于温州人意识，是不以温州人意志为转移的。一种温州人事物有利还是有害，能否满足温州人的需要，首先取决于这种温州人事物的结构、成分、性质、属性，而温州人事物是否具有某种结构、成分、性质、属性完全是客观的，温州事物的属性是温州价值的客观基础，是它的客体性的一个方面。温州人价值的客体性还表现在温州人的需要总是受到温州实践和历史条件的制约，温州人的需要是多方面、多层次的，随着温州人实践的发展和社会进步，它会朝着越来越丰富和高级的方向发展，新的需要不断取代旧的需要。温州人正确认识自己的需要状况，使自己的需要和社会发展状况相适应，不断改造温州事物，从而实现其对自身的价值。温州人要创造价值，就必须把自己的积极性和主动性调动起来，把创造性和超越性体现出来。改革开放以来，温州人的主体性得到了充分体现，不断超越了温州事物的限制，在创业创新实践中创造了巨大的物质财富和精神财富，温州人的创造性和超越性是温州价值主体性特征的另一个方面。

温州人价值具有主体性特征。温州人价值的主体性是指温州人价值本身的特点直接和温州人的特点相联系，表现或反映温州人的主体性的内容，由于这种主体的尺度在温州实践中的作用，使温州价值始终以温州人为中心，它依赖于温州人的积极性、主动性、超越性和创造性。在温州价值的主客体关系中，不是温州人趋近温州事物，而是温州事物趋近温州人。温州事物是否对温州人有价值，以温州人的需要为基准，当然，这种需要是与一定的社会发展状况相符合的需要，温州人是温州价值关系的中心。温州人的需要以及这种需要的层次、结构和程度，是温州事物是否有价值以及价值大小的内在尺度。

温州人价值具有相对性。温州人价值是表现温州事物和温州人之间特定的关系，一方面，在一定的社会历史条件下，温州人对温州事物的认识是有限的、相对的，因而温州人对某种温州事物的价值大小的认识也是有限和相对的，使温州事物对温州人的价值表现出相对性。另一方面，温州人的需要是具体的、现实的，也是有限的，温州人对温州事物的选择、判断和利用受到一定条件的制约，并不是无限的，而是有限的，从而使温州事物对温州人表现出相对性。此外，每个温州人的需要又是有差异的，对温州事物的认识也带有一定的主观成分，随着认识能力和实践能力的提高，温州人创造的价值会越来越大，因此，温州价值也是变化发展的，温州人创造个人价值的同时也创造社会价值，既为自己创造价值，也为社会实现价值，温州价值不仅是自身的目的和价值，也是社会的目的和价值。温州实践的社会历史性是温州价值具有相对性的根本原因，温州人总是在一定的社会历史条件下进行实践活动的，温州实践是具体的历史的，随着温州实践的发展，温州人会不断发现温州事物的价值的更多的方面，使自己以新的更全面的方式占有它，从而满足温州人日益增长的需要，由此构成了温州价值的历史发展。

温州人价值主要由一些基本的价值信念、信仰和理想构成，它的确立有利于彰显马克思主义价值观的温州特色，有利于温州人坚定理想信念，有利于温州人建立道德规范，有利于提高温州人的综合素质和竞争力。温州人为了改变贫困落后的生活状况，追求美好生活，特别能吃苦，特别能创业，确立了"实践有出路"的基本信念，勇于实践，敢于实践，坚定走中国特色社会主义道路，树立中国特色社会主义共同理想，自觉为构建社会主义和谐社会贡献力量，努力创造社会业绩，积极承担社会责任。随着质量温州、品牌温州和信用温州建设的推进，温州人比较自觉地做到重信用、守信用，树立了良好的社会和个人信誉，温州人深深懂得市场经济是信用经济。同时，市场经济又是法制经济，树立了法律信仰，遵守法律法规和市场经济规则，自觉维护市场秩序。

第二节　温州人价值的取向

温州人价值的取向是指温州人基于自己的价值观在解决温州问题时所持的基本价值立场、价值态度以及所表现出来的基本价值倾向。温州人价值的取向决定、支配着温州人的价值选择，温州人在温州实践中不断推进温州价值取向的合理化，共生共荣和民本和谐是温州价值的取向。

一　共生共荣

共生又叫互利共生，是指人们之间所形成的紧密互利关系，在共生关系中，一方为另一方提供有利于生存与发展的帮助，同时也获得对方的帮助。共荣又叫互利共赢，是指人们之间所形成的紧密互惠关系，在共荣关系中，双方形成了利益共同体。温州人就是处于共生共荣关系之中。

费孝通参照《三国演义》中的"桃园结义"，把温州人的共生共荣说成"经济结义"。温州人对共生共荣这个概念有自己的理解，2002 年 6 月 23 日，时任温州市市长钱兴中在《人民日报》上撰文指出，共生共荣就是双赢重诚信，温州人做生意，不是你吃掉我，我吃掉你，而是你好，我也好，共生且共荣。共生共荣的价值取向贯穿于温州人的生存与发展全过程，谋求"创新共生，合作双赢"，注重优势互补，互利共赢，改变了非赢即输的观念，共同追求更大利益。

祝宝江等在《温州人精神简明读本》①一书中论述了温州人的"共生共荣"关系。温州人做生意，讲的是"生意大家做，你好我也好"，总不能算来算去，算到人家不跟你做生意，温州人懂得"我有利，客无利，则客不存；我利大，客利小，则客不久；客我利相当，则客可久存，我可久存"的经商之道。温州人讲人情，重视社会资本，注重商会、行业协会的建设，以信任、诚信构建

---

① 祝宝江主编《温州人精神简明读本》，浙江大学出版社，2009，第 15 页。

更多的企业联盟，为学习和创新而结成网络，注重产业集群的形成，现在则更加注重创新集群的建构。温州人的经营哲学是"新木桶理论"，一改传统的"加板"思维方式，企业不再圈于自身内部来修补和加长木板，而是拿出自己最长的那块木板和其他企业的长木板进行拼装，形成一只容积更大的木桶。为了完成特定的市场目标，若干企业通过合作，结成新木桶，优势互补，各用彼长，借力赢利，更加合理、有效地进行资源配置，以实现共赢。

历史上，温州人善于协作，具有"合指为拳"的共生共荣意识。温州文化发展史上，往往不是单个的文化名家，而是一群善于协作和创造的知识群体，永嘉学派就是一个典型的例子。温州由于受台风等自然灾害和战争的影响，温州人在精神上非常不安，渴望建立一种新的社会联系，各种民间自发的结社应运而生。宋代的温州，有各种书会、诗社和文学社，温州人结集会社、集群运作。

集群运作是共生共荣的重要内容，是温州文化的一大特点，也是温州人的行为特点之一。集群运作，聚力做强，共生且共荣，这种文化因素影响着温州经济社会的发展，随着温州经济社会的发展，共生共荣的文化不断生成和发展。温州人靠吃苦、集群来克服温州自身的"小""弱"，懂得共生共荣的道理，总是力求合作双赢，结果做到了以小变大、以弱变强。

共生共荣是温州价值的取向之一。温州改革发展的一个突出特点就是全民参与，温州人非常重视协作共赢，这种共生共荣的精神已经是一种文化的优势。创业时期，温州人凭借这种优势，走南闯北，建立温州人的社会关系网，积累了社会资本。共生共荣关系是温州人的文化优势，这种关系带动了村、乡、县经济发展和温州人的群体致富，无论是温州华侨群体的形成、温州十大专业市场的兴起，还是遍布世界各地的温州商会，这些抱团群居和互利共赢的做法，都是与共生共荣的价值取向密切相关。温州人在创业创新实践中的团队精神，以一带十、以十带百的协作精神，是温州人获得成功的重要支撑。

共生共荣是优势，它通过团队协作关系、乡土亲缘关系、互惠互利关系、长期共存关系、患难与共关系和共赢关系等，相互关联。共生共荣在长期的创业创新实践中，能够顺应社会变革和利益关系的调整，使温州人的社会网络和群体内部合成一个有机整体，在群体内部分工协作中，温州人的经济网络和社会网络相互促进，螺旋式上升。

在党的改革开放政策指引下，温州人率先发展家庭工业、专业市场和个体私营经济，进行非公有制经济共同发展的实践；率先进行市场取向改革，率先开展以股份合作制为重点的企业制度建设，走出了一条具有鲜明区域特色的发展路子，从而在传统瓯越文化因子中注入了与时俱进的现代品格，形成了温州人独特的价值取向。这种区域文化特质具体表现为，温州人闯荡世界，风雨无阻，并且不管走到哪里，都能很快融入当地社会，站稳脚跟，获得发展，而很少有气候、水土、文化、宗教甚至种族等方面的不适。在这种"走出去，站得稳"的精神的背后，在这种较强的适应能力的背后，实质上包含了温州人一种相当朴素的价值取向，那就是："我好你也好，不是我吃掉你，也不是你吃掉我，你发展我也发展，我想获利那么就要先考虑你能否从中获利，这就是共生共荣。"实际上，包藏在共生共荣里面的，是温州人特有的宽容、理解、谦让甚至付出，是一种豁达开敞、谋求合作、积极向上的价值取向。随着温州经济社会的又好又快发展、城市文明的不断提升，温州正在走向科学发展和持久繁荣，随着"质量立市、品牌兴业"活动的扎实开展，以民引外、民外合璧的持续推进，富强民主文明和谐的社会主义温州导向战略的具体实施，尤其是以现代科技改造传统产业、以信息化带动工业化的"数字温州"的全面启动，迅速崛起的温州具备了与世界接轨的各种条件。温州人开始以陌生或熟稔的手势果敢地伸向世界，并以自己特有的精明和睿智步入世界经济一体化的大潮。也就是，当世界全方位地向温州人走来，当一个民族要整体地走向世界，立于世界民族之林时，温州人需要的恰恰就是共生共荣这种精神品格和价值取向，它们无疑也是区域文化继承、创新并且走向现代主流文明不可缺少的精神资源。

温州人明白，地球是一个由大气圈、水圈、岩石圈和生物圈所共同组成的维持着总体平衡的生态系统。系统中如果某一成分低于其临界值后，它的数量就会发生不可遏止的减少甚至消亡，从而导致整个生态系统的全面退化。因为在自然界中，万物总是普遍联系的。这个生态学原理也同样可以用来解释人类社会，即某一国家或地区的某一种危机一旦达到一定的程度，就会引起全球的动荡和不安。费孝通指出：在全球性的大社会中要使人能安其所，遂其生，就不仅是个共存的秩序而且也是个共荣的秩序。也就是说，不仅是个生态的秩序而且也是个心态的秩序。德国哲学家胡塞尔指出：每一个这样的共同体都有一个不同的具体世界。自然的多样性，物种的多样性，但也包括而且首先是文化和生活方式的多样性，属于"人类的共同遗产"，只有它才能为人类个体生活提供丰富性，也只有它才能恢复我们与自然、与社会共生共荣的与生俱来的"人性"。

二　民本和谐

民本是相对于官本而言的，它的基本思想主要表现为重民、贵民、安民等。

民本的基本价值理念主要表现为重民贵民。"敬天保民""民惟邦本""民贵君轻""立君为民"等古训都体现了民本思想。永嘉学派的集大成者叶适指出："国本者，民欤？重民力欤？厚民生欤？惜民财欤？本于民而后为国欤？昔之言国本者，盖若是矣。"① 这种重民力、厚民生和惜民财，都体现了温州人以民为本的基本价值取向。温州模式是温州人民创造的模式，或者说是温州人民自己的模式，温州经济是民本经济，民本经济就是以民为本，民有、民营、民享、民办的经济，总之核心在"民"。高尚全分析了民本经济的四大特征："经济形式以民营经济为主，投资以民间资本或社会资本为主，社区事业以民办为主，政府管理以营造和维护良好的环境为主。"② 和谐是对立关系之间在一定条件下的统一关系，是不同事物之间相辅相成、互助合作、互利互惠、互促互补、共同发展的关系。民本和谐也是温州价值的

---

① 《水心别集》卷二《国本上》。
② 《中华工商时报》2002 年 3 月 13 日。

取向之一。

民本和谐体现了以人为本的科学发展观和构建和谐社会的目标追求。只有坚持以人为本的理念，才能达到和谐社会的理想状态，温州各级党委、政府自觉强化以人为本的执政理念，充分尊重温州人民的首创精神，坚持"有所为，有所不为"，对温州人民的创造不争论、不压抑，做到面对议论不争论、面对问题不护短、面对改革不动摇，以"三个有利于"的标准为温州经济社会的发展营造了良好的环境。同时，民本理念也是永嘉学派的重要内容，在这一永嘉学派的影响下，温州人历来具有较强的自主意识。温州经济是民本经济，也就是老百姓的经济。实践证明，温州的发展史就是一部尊重民意、集中民智、依靠民力、创造民富的奋斗历史。在新的历史时期，温州各级党委、政府非常重视"构建和谐温州"，不断推进温州人与自然、社会、环境之间的和谐发展。和谐内含包容、开放、协作、融合之意，这对于温州来说，更具有特殊的意义。温州开展全国文明城市创建、"和馨关爱"行动、破解欠发达地区发展难题，打造"平安温州"，等等，这些都是温州推动经济社会、人与自然、人与人之间和谐发展而作出的努力和追求的目标。

胡锦涛同志在十六届六中全会的报告中指出：构建社会主义和谐社会，必须坚持以人为本，始终把最广大人民的根本利益作为党和国家一切工作的出发点和落脚点，实现好、维护好、发展好最广大人民的根本利益。在温州人看来，就是要坚持民本和谐的价值取向。坚持以民为本，积极构建和谐社会。民安，则国安；民富，则国富；民和，则国和。人民群众是历史的创造者，是物质财富和精神财富的创造者，是推动社会进步的决定性力量，离开了人民群众的支持和参与，一切都是无源之水、无本之木。温州人懂得"水能载舟，亦能覆舟"的古训，明白"百姓与之则兴，百姓非之则危，百姓背之则亡"的道理，必须以依靠群众、一切为了群众的价值取向从事创业创新活动。建设和谐社会，首先要顺应民意，多做顺民心、谋民利、造民福的事，从人民群众最现实的事情做起，最关心的事情做起，最直接的需求和利益的事情抓起，切实做到急群众之所急、想群众之所想，人民群众的心才会向着你。只有这样，才能民心相向，群众赞扬，百姓拥护，社会和谐。

坚持体察民情、关注民生，这是构建和谐社会的必然要求。关心广大人民群众的疾苦，全心全意为广大人民群众排忧解难，维护好广大人民群众的根本利益。要及时解决好群众反映强烈的热点、难点问题，要真正做到民有怨恨情绪得到觉察，民有"热点难点"得到关注，民有冷暖安危得到重视，民有困难疾苦得到解决。把发展的成果惠及广大群众，努力实现城乡之间协调，社会各阶层之间团结，促进社会和谐。维护人民群众的根本利益，是构建和谐社会的本质要求。"利之所在，天下趋之"。要实现人与人及人与社会的和谐，必须切实维护人的各种权益和各种利益关系。维护广大人民的根本利益，关键是要维护并实现社会公平正义。加快经济发展、实现人民富裕，是建设和谐社会的物质基础。管仲说过：凡治国必先富民。要有富民之策、富民之路、富民之举，实现人民富裕，才能减少问题和矛盾，促进和谐社会建设。

近几年，温州通过"惠"字当头抓民生促和谐，大力推进以改善民生为重点的社会建设，破解城市"安居难""行路难"和城郊环境卫生"脏乱差"等群众反映强烈的问题，"五个一"民生工程，"一房三路""三沿两侧"整治等取得明显成效；针对300万新温州人开展了"和馨行动"，推进新老温州人更好地融合；加快完善城乡社会保险、社会救助、社会福利、慈善事业相衔接的社会保障体系……一个个民生问题的解决让温州人民得了实惠，温暖了民心，提高了社会和谐度，推动着温州的"第三次跨越"。群众之需在哪里，和谐社会构建的突破口就选哪里。人民群众对社会和谐度与生活质量的要求正不断提高，温州市委、市政府提出的"三个温州"战略任务，就是以构筑和谐温州作为最高任务，就是要让温州人共享改革发展的成果。发展活力温州，就是抓住民营经济这个活力之基，强化改革创新这个活力之本，激活温州人这个活力之源。使温州成为一个充满市场力量，领跑民营经济发展的城市；成为一个充满发展激情，敢为人先、特别能创业的城市。提升实力温州，就是以民本实力为根本，发挥现有优势，挖掘发展潜力，提升自身特色，使温州成为一个产业结构优、经济规模大、城市功能强、社会进步快、可持续发展后劲足的现代化城市。构建和谐温州，就是以"平安温州"建设为核心内容，使温州成为一个充满活力、诚信友爱、公平正义、民主法治、安定有序、人与自然和谐相处的现代化城市，

温州是我国社会主义市场经济的发祥地之一，是世界最具经济活力的城市之一，是民营经济发达的城市，同时也是各类问题交织的地方。温州正进入转型期。坚持用科学发展观统揽全局，紧紧扭住经济建设这个中心，提出"发展活力温州、提升实力温州、构建和谐温州"的战略任务。温州发展的战略目标是建设"一港三城"：建设东南沿海大商港、国际性轻工城、最具活力的开放城和滨海山水文化名城；战略方针是"四个坚持"：坚持富民与强市相统一、活力与实力相协调、先富与共富相统筹、"金杯"与口碑相一致。战略重点是"破解三大难题、打好三场硬仗"：破解"产业'低小散'、招商引资、欠发达地区发展"三大难题，打好"基础设施建设、创建文明城市、维护社会稳定"三场硬仗。温州的科学发展能力不断增强，温州社会和谐度不断提高，温州文明不断提升，这些成绩的取得与共生共荣和民本和谐的价值取向密切相关。

第三节　温州人的价值观

温州价值囊括了温州人的价值信念、信仰和理想，温州人的价值观是温州价值的理论体系，是温州人对温州事物的意义的根本看法和总体评价。温州人的价值观是一个长期形成的、相对完整的体系，它的内容极其丰富。

一　以爱国爱乡为基础

爱国是指个人或集体对"祖国"的一种积极和支持的态度，这里的"祖国"可以是一个区域或者城市。爱国是中华民族的优

良传统，在儒家传统文化里强调"舍生取义"。在社会主义制度下，爱国的内涵与以往有了质的变化，我国实行人民民主专政的国体，国家属于人民，人民是国家的主人。这样，公民爱国，实际上就是爱自己，捍卫自己的根本利益。爱国主义是一个国家和民族的灵魂，是维系国家和民族的纽带，是国家和民族赖以生存和发展的内在动力和凝聚力。爱国主义是中国人民的一面旗帜，是全国各族人民共同的精神支柱。爱国主义，是社会主义核心价值体系建设和精神文明建设的重要内容。邓小平指出："建设社会主义的精神文明，最根本的是要使广大人民有共产主义的理想，有道德，有文化，守纪律。国际主义、爱国主义都属于精神文明的范畴。"① 爱国爱乡是温州人价值观的重要内容，温州人也实践着自己爱国爱乡的价值目标，其中，周建云就是一个例子。周建云说："爱国爱乡爱中华是我义不容辞的重要责任。"

温州籍华侨是爱国爱乡的温州人中的一个重要群体。温州现有华侨华人、港澳同胞约50万人，分布在世界112个国家和地区，另有归侨侨眷约42万人。温州华侨华人和港澳同胞具有分布集中、新华侨多、影响力大、爱国爱乡、抱团发展等特点。温州籍侨胞主要聚集在西欧和美国，其中，法国12万人、意大利10万人、荷兰3.5万人、西班牙3万人、美国11万人、新加坡1.5万人、港澳地区2万人，其他国家和地区约7万人。温州侨史可追溯到北宋真宗咸平元年（998），但绝大多数是改革开放后远赴海外，并在当地取得永久居留权或所在国国籍的新华侨华人，而且年纪轻，大部分是中青年及其子女。另据统计，海外温州籍专业人士约8000人，主要从事数理、电脑、建筑、太空、金融、医学及文化领域。由于华侨多、年纪轻，在国内都有亲友且大多是直系亲属，因此，他们与国内交往十分密切，有爱国爱乡情结，热心为祖国建设和家乡的公益事业作贡献。温州侨资企业1800多家，全市外贸出口总额的80%直接或间接来自华侨和侨资企业。

温州现有海外侨团304个，历史可追溯到1923年诞生的第一个温籍侨团新加坡温州会馆。温籍海外侨团是海外温州人社会的

---

① 《邓小平文选》第3卷，人民出版社，1993，第28页。

支柱和核心，根植于瓯越文化，孕育于住在国特定的生存环境，伴随着华侨华人社会发展和时代的变迁而不断成长、壮大。温州侨联组织紧紧围绕"内外温州人互动"这一战略，继续支持温州人走出去的同时，引导海外侨胞回乡创办总部经济；切实加强侨联的组织建设，发挥侨联基层组织在联系海外侨胞方面的作用；发挥侨联组织人才荟萃、联系广泛的特点，助推温州经济社会又好又快发展。温州人热爱祖国，努力为国家繁荣贡献力量，温州人热爱家乡，共同建设美好的家乡，温州人已经把爱国爱乡融入了自己的骨子和血液里。

二 以发展经济为重点

邓小平强调，发展是硬道理，发展是解决中国所有问题的关键，要用发展的办法解决前进中的问题。以经济建设为中心，是党的基本路线的基石，只有坚持以经济建设为中心，解放和发展生产力，不断增强综合国力，提高人民生活水平，才能为实现富强民主文明和谐的社会主义现代化国家打下坚实的物质基础，才能更好地解决前进中的矛盾和问题，实现全面建设小康社会的宏伟目标。

以发展经济为重点，是温州人价值观的主题内容。温州人坚持以发展经济为重点，聚精会神搞建设，一心一意谋发展。满足人民群众日益增长的物质文化需求。虽然经济发展不是发展的全部，但它是发展的重点。发展的问题，首先是一个改变落后、赶上先进的问题。温州人在坚持以发展经济为重点的基础上更加注重统筹兼顾，更加注重解决好社会发展中的薄弱环节，有效地促进各种社会矛盾的解决，使温州经济社会又好又快发展。温州人坚持用发展的办法解决前进中的问题。实践证明：大发展、小困难；小发展，大困难；不发展，最困难。发展是硬道理，是解决所有问题的关键因素，是解决前进中问题的出路所在。发展，虽然也会出现这样那样的问题，但只有发展，才能为各种问题的解决创造更好的条件，才能使很多复杂的问题逐步从根本上得到解决。温州人按照科学发展观的要求，坚定不移地以发展经济为重点，用发展的办法解决前进中的问题，进而为保持经济社会又好又快发展、促进和谐社会建设提供良好的物质基础。

温州人创造了温州经济和温州人经济发展上的奇迹。温州人把中国特色社会主义理论体系同温州的具体实际相结合,发扬温州人精神,走上了一条具有中国特色温州特点的发展路子,形成了具有鲜明区域特色的经济发展格局。开辟了以家庭工业为基础、以专业市场为依托、以股份合作企业为主体的发展非农产业的道路,逐步形成和发展了"温州模式",使温州经济和温州人经济在全国产生了巨大的影响。有人说,温州人的成功是生活逼出来的、群众闯出来和干出来的、政策放出来的。改革开放30多年来,温州成了中国民营经济发展最迅速和最具经济活力的城市之一。温州从计划经济的束缚中解放出来,率先建立社会主义市场经济体制,放手发展民营经济,推进国民经济和社会事业改革。温州经济和社会发展取得了举世瞩目的成就。目前,温州民营经济已成为温州经济发展的主要推动力量。依靠民营经济的推动,通过社会化分工和专业化协作,温州相继建成了"中国鞋都""中国电器之都""中国汽摩配之都"等28个全国性的生产基地,获得16个中国驰名商标、32个中国名牌产品和82个国家免检产品,品牌总量位居全国同类城市首位。

温州经济是民本经济,民本经济又叫老百姓经济。温州人经济,既包括区域性的温州经济,又包括温州人在全国各地和世界各地创造的经济。温州人是温州的最大优势,温州人擅长经商。温州人的务实与创新精神,独特的地理环境、文化观念和改革开放的政策,造就了"敢为人先,实事求是"的温州人精神,造就了一个人数多、队伍大、分布广、经营范围宽以及素质较高的温商群体。有人说"浙商已成为中国人气最旺的创富商帮。其实,如果讲到浙商,首先要讲温商、讲温州人"。目前,温州人有50多万在世界各地创业,有200多万在全国各地创业,彰显了温州人的活力和实力,极大地拓展了温州人生存和发展的空间,搭建了温州与海内外互动发展的平台,形成了遍布国内外的社会关系网络,也有力地带动了温州本土经济的发展。温州人为社会创造了巨大的财富,活力无限的温州,实力强大的温州,正在走向科学发展和持久繁荣的温州,不仅是本土意义上的温州,也是中国的温州，是世界的温州。温州已成为一种精神文化象征；温州人已成为一种品牌和无形资产。

温州人经济的发展成绩显著，对中国经济和世界经济的发展作出了重要贡献，产生了深刻的影响。温州民营企业积极实施"走出去"战略，仅1998年7月至2000年底，已参与建设了巴西中华商城、俄罗斯中国（温州）商城等3个专业批发市场。另外还建成了10多个国外商城。温州市民营企业出口成绩显著，仅2005年全市新增进出口经营权的企业669家，累计获自营进出口权企业达2659家。新批设立境外机构107家；其中境外商场项目3个，对外投资总额1580万美元。2007年外贸进出口总额122.48亿元，比上年增长23.8%，其中进口总额21.00亿美元，增长15.8%；出口总额101.48亿美元，增长25.6%。大量事实表明，温州的商品大都是通过在世界各地的华侨华人企业打入国际市场，温州人经济是所在国国民经济的组成部分，温州华侨是吸收海外资金的重要群体。在国外，从温州人经营的商场、企业及商品的市场占有率上不难看出，善于经营的温州人不比犹太人差，温州人在海外的影响不比在中国国内的影响小。温州人经济发展经历了许许多多艰难曲折的道路，经受了风风雨雨的考验，取得了辉煌成就，在中国乃至世界产生了积极的影响。温州人不仅把经商的大潮涌向全国乃至全世界，而且把温州经济与全国经济乃至世界经济联系在一起，成为中国发展社会主义市场经济的一个独特的经济现象。温州人经济的发展，不但加快了温州区域经济的发展和建设富强民主文明和谐的社会主义温州的步伐，而且加快了中国经济改革与发展的步伐，为全国经济发展作出了巨大贡献，也为世界经济的发展作出了一定的贡献。

三 以创业创新为动力

创业和创新是相辅相成的，在本质上是一致的。创业是具有企业家精神的个体和有价值的商业的融合，创业普遍存在于各种实践活动中，创业的本质就在于把握机遇，创造性地整合各种要素、资源，因此创业本身就是一种创新的行为、活动和过程。创业能够推动创新，创新促进创业，创新必然要通过创业来实现和转化。温州实践证明，创业和创新是相辅相成的，在创业中创新，在创新中创业，温州经济是创业经济，也是创新经济。

创业创新是温州进步和温州人发展的不竭动力，以创业创新为动力，是温州人价值观的基本内容之一。温州发展源于温州人的创业创新，活力来自温州人的创业创新，温州因创业创新而生机勃勃，温州人因创业创新而生龙活虎。温州人特别能创业，特别能创新，温州人致力于创业创新，又在创业创新实践中锻炼和提高自身能力，创业创新激活了温州经济，升华了温州人精神，促进了温州人的发展。温州的发展道路是温州人民创业创新的路子，温州改革开放的主体是温州人民。发挥温州人民的积极性、主动性和创造性，尊重温州人民的首创精神，是温州发展的根本所在。在温州，人人参与创业，千家万户办企业、千军万马发展个体私营经济，成为我国社会主义市场经济中独特的经济现象。温州人凭着创业创新的胆识和实践，敢闯敢干，敢为人先，实事求是，创造了许多"全国第一"。

温州人的创业创新精神是一笔宝贵的财富。温州市副市长吴敏一说："温州人天生就有一种不靠政府靠自己的意识，正是温州人这种独立的创业精神才不断改变着温州的面貌，创造出温州奇迹。"改革开放初期，当许多人对市场还十分陌生时，对小摊小贩不屑一顾时，具有创业创新精神的温州人就抢占了市场先机。温州人走南闯北，用手中的菜刀、剪刀、皮刀、剃头刀、螺丝刀这五把刀子在全国各地闯出了一条条致富之路。温州人从小本生意做起，渐渐壮大起来，使自己成为艰苦创业、不断创新的典范，创造了巨大的财富。

温州人艰苦创业、勇于创新的例子比比皆是。在温州，有一个很出名的餐饮连锁店，名字叫"阿外楼"酒楼。酒楼的老板十几年前在温州市一家国有饭店旁边摆饭摊，后来经过发展，目前已在温州市拥有5家"阿外楼"连锁店，总资产达数亿元。酒楼老板至今仍保持创业初期的吃苦、勤俭、朴素的作风，每天坚持凌晨三四点钟起床，亲自开货车到市场采购肉菜。人家问他为何当了大老板还这么辛苦，他这样回答："开饭店，肉菜质量最要紧。让别人去采购，我不放心。"在温州，像"阿外楼"老板这样艰苦创业的人比比皆是。温州有句话，温州人白天是老板，但到了晚上就睡地板，这句话是对温州人创业精神的最好描述。温州人能屈能伸，特别能吃苦，这在创业初期最为典型。许多企业家刚开始都是打工仔、推销员、下岗工人，都是几千元上万元起家，他们有一个共同的特点就是创业创新精神特别好。哪个地方没有市场，哪个地方人家最不愿意去，温州人就去哪里，连战场都敢去。正是有了这种创业创新精神，温州人才成就了今天的事业。

从温州秘密、温州制造到温州奇迹的不断产生，从质量温州、品牌温州和信用温州的跨越式发展，从活力温州、实力温州到和谐温州的全面建设，一种既有地方特色，又有时代精神的现代价值体系在温州已粗具雏形。温州人在创业创新中所体现的精神作为一笔宝贵的财富，是值得每个追求财富和美好生活的人所珍视和学习的。温州人正在更好地认识自己，以创业创新为动力，努力建设创业创新文化，构建一个完整的价值观体系。

四　以共同富裕为目标

共同富裕是中国人民崇高的社会理想，是社会主义本质的重要内容，也是社会主义的奋斗目标。我们可以从生产力和生产关系相结合的角度来理解共同富裕的概念。"富裕"反映了社会对财富的拥有，代表了生产力的发展水平；"共同"则反映了社会成员对财富的占有方式，是生产关系性质的集中体现。共同富裕包含着生产力与生产关系两方面的内容。邓小平指出，社会主义的本质，是解放生产力，发展生产力，消灭剥削，消除两极分化，最终达到共同富裕。社会主义的特点不是穷，而是富，但这种富是人民共同富裕。

以共同富裕为目标，是温州人价值观的重要内容。共同富裕思想是邓小平理论的重要内容，温州人坚持邓小平的共同富裕思想，努力缩小贫富差距，时刻不忘实现共同富裕的目标，积极构建和完善温州价值体系。温州人认为，共同富裕的核心是：允许和鼓励一部分地区、一部分人通过诚实劳动和合法经营先富起来，以先富带动后富，最终达到共同富裕。为了正确理解这一思想的内涵，我们必须把握以下两个方面的内容。

首先，必须正确区分共同富裕与同步富裕。中国处于并将长期处于社会主义初级阶段，不同地区、不同部门发展条件存在很大的差别，经济文化发展很不平衡。劳动者的个体差异也很大。在中国的现实条件下，不能实行"同步富裕"，只能是让一部分地区、一部分人先富起来，最终达到共同富裕。共同富裕是普遍富裕，不是同步富裕，绝不能搞平均主义。邓小平指出："我们坚持走社会主义道路，根本目标是实现共同富裕，然而平均发展是不可能的。过去搞平均主义，吃'大锅饭'，实际上是共同落后，共同贫穷，我们就是吃了这个亏。"① 每个人因其能力和素质的不同、对社会贡献的不同，在财富分配上也不同。实际上，只有承认富裕程度上的差别性，才能调动人民群众发展经济的积极性，才能为更高层次的富裕提供基础。没有差别富裕，人民群众的积极性就很难被调动起来，就不会有全体人民高层次的普遍富裕。邓小平正是基于对共同富裕中所蕴涵的差别富裕内涵的揭示，才勾画出先富、后富和共富的战略构想，提出了中国人民走向共同富裕的基本途径。

其次，共同富裕是部分到整体的逐步富裕。部分富裕是手段，通过部分富裕带动整体富裕；整体富裕是目标，最终要达到共同富裕。部分富裕也是条件，如果没有部分富裕，也不会有整体富裕，更不会有共同富裕；整体富裕是在部分富裕的基础上取得的成果。可以说，部分富裕是量变，整体富裕是质变，一部分富起来的人和地区带动和帮助其他人其他地区实现共同富裕。邓小平在谈到共同富裕时、多次强调"逐步"实现共同富裕，这里的"逐步"包括两层含义：一是从社会历史发展纵向看，实现共同富裕是一个客观的物质积累过程，需要分步骤有秩序地进行。二是从某一历史发展阶段的横断面看，允许一部分人、一部分地区通过诚实劳动和合法经营先富起来，然后帮助和带动更多乃至全国各族人民富裕起来。允许和鼓励一部分人先富起来，是实现全国各族人民共同富裕的手段，由此可见，共同富裕的实现是一个动态的、逐步富裕的过程。

---

① 《邓小平文选》第3卷，人民出版社，1993，第155页。

建设社会主义温州，是围绕如何解放和发展生产力，怎样使人民群众尽快走上共同富裕之路这些重大问题展开的。温州人确立以共同富裕为目标的价值取向，对社会主义温州的科学发展和持久繁荣具有重要的指导意义。它指明了我们应该建设什么样的温州，即共同富裕的温州，为我们指明了前进的方向。它指明了我们如何才能建成共同富裕的温州，即通过先富带动后富，最终达到共同富裕。它指明了我们怎样才能先富起来，即通过诚实劳动和合法经营富裕起来。温州人正在努力实现共同富裕，"宁做鸡头，不做凤尾"，说明温州人创业致富的意识很强。这个创业致富意识包括两个方面：一方面在事业发展上，表现为一种创业的领先意识；另一方面，在个人发展上，表现为一种强烈的致富欲望。复旦大学教授、博士生导师吴松弟指出，温州模式没有什么秘密，之所以取得成功，不过是人们将深藏在心底的创业致富的欲望充分释放出来，并成功地弄潮于市场经济罢了。创业在温州已成风气，富裕在温州已成现实，现在的问题是如何更好地走向共同富裕。温州人凡事不坐着空想空谈而是先试试；凡事自己想办法，自己解决；善于通过创业创新走向富裕之路；只要能致富，什么苦都可以吃，温州人不安于现状，总追求进一步的发展。一个人富不算富，一部分人富也不算富，大家富才是真正的富，温州人正在逐步走向共同富裕。

第四节　温州人价值观的作用

温州人的价值观在现实生活中发挥着重要作用，主要表现在凝聚作用、导向作用、塑造作用和扩散作用等方面。

一　凝聚作用

温州人价值观的凝聚作用体现在凝聚力、吸引力和向心力上。为了共同的目标，温州人之间会自觉实现团结协作，形成一种合力，采取一致的行动实现目标。温州价值的凝聚作用主要表现在以下三个方面。

首先，温州人价值观本身对温州人的吸引力。温州人价值观的基本内容是以爱国爱乡为基础、以发展经济为重点、以共同富裕为目标和以创业创新为动力，它符合温州人对客观事物的意义的根本看法，适合温州人的生存与发展，温州人以它为荣，并努力创造这种价值。因而，温州人价值观对温州人的吸引力很大。如果温州人价值观不适合温州人的生存与发展，那么它对温州人的吸引力就会降低，甚至会使其厌倦、反感。因此，必须不断发展温州人的价值观，推进温州价值取向的合理化，形成合理的、正确的价值取向和价值观体系。

其次，温州人价值观具有满足温州人需要的吸引力。温州人价值观满足了每个温州人追求财富、业绩、信念、信仰和理想的需要。毫无疑问，满足人们的物质需要和精神需要，是增强价值观吸引力的最重要条件，如果一种价值观不能满足人们的需要，那么这种价值观就不会有吸引力。

最后，温州人之间的向心力。温州人价值的取向是共生共荣、民本和谐，温州人之间存在一定的共同利益和共同目标，处于共生共荣关系之中，关系和谐，互相关心、爱护和帮助，温州人之间就会相互吸引；如果温州人之间盲目竞争，不讲信用，就会相互排斥。共生共荣、民本和谐的价值取向促进了温州人之间的团结协作、互惠互利和共同发展，温州人形成了强大的向心力。

在共生共荣和民本和谐的价值取向影响下，温州人自觉认同国家利益和集体利益，把个人利益、集体利益和国家利益有机统一起来；温州人敢于创造财富，勇于承担社会责任，把功利和仁义统一起来；温州人追求温州真理，实现人生价值，把真理和价值统一起来。温州人的心更齐了，力更大了，劲更足了，温州经济社会发展获得了强大的精神动力和思想保证。

二 导向作用

温州人价值观是支撑温州人生活的精神力量，它决定着温州人行为的取向，决定着温州人以什么样的心态去创造生活，因而它对于温州人的生活具有导向作用。温州人行为的动机受温州人价值观的支配和制约，温州人价值观对温州人的动机模式也具有重要的导向作用。

温州人价值观指引着温州经济又好又快发展，温州人提出了"质量立市""品牌兴业"，努力打造"质量温州""品牌温州""信用温州"。温州人懂得资金和人才可以引进，但信用不能引进，必须比较自觉地讲信用，守信用，树立至上的信誉观。这种价值观融入温州人的生产生活中，内化为自觉从事温州实践活动的动力，促进了温州经济社会又好又快发展。

在温州人价值观指引下，温州人践行"君子爱财，取之有道"，为了生活所需的利己，是无可非议的，也是一个人最本质的想法。毫不利己、专门利人的人是鲜有的、少见的。但若是一心一意利己，以损害他人利益为代价，那就不可取了。必须要明白利己和利他是不可分割的，明白付出与回报的关系，个人价值与社会价值的关系，等等。现在，温州人倍加珍惜自己的信誉，把义利统一起来，在满足社会需求中追求回报，在承担社会责任中获取财富，绝不见利忘义、利欲熏心，获得了良好的社会声誉，提升了温州文明，升华了温州人的精神品质。

三　塑造作用

温州人注重塑造良好的社会形象和个人形象，把做人和做事有机统一起来，想要做事就先做好人。形象是生产力的观点得到温州人的普遍认同，价值观的正确与否，关系到一个人塑造的形象好不好。温州人价值观是长期形成的文化积淀，其影响是在每个温州人的长期发展中潜移默化给予的，有赖于每个温州人个体价值观的确立。个人形象不好会影响整体温州人的形象，个人形象好也会促进温州人整体形象的提升，个人形象和整体形象相互影响、相互促进。

形象包括人的个性特征、行为风格、言行习惯、思想品德、文化修养、生活方式和价值观念等内容。其中，价值观念是核心内容，价值观念决定着人们以什么样的立场、观点、方法分析问题和解决问题，选择什么样的态度对待生存和发展环境，选择怎样的生活目标和对待人生问题，选择怎样的方式与人交往，采用什么样的手段实现生存与发展。因此，温州人价值观对于塑造温州人良好的形象起着决定作用。

温州人价值观塑造温州人的形象是一个长期的、动态的过程，这是因为，一方面，温州人价值观是不断发展变化的，并不是固定不变的；另一方面，温州人价值观必然会随着温州经济社会的发展而得到不断丰富和完善，它的体系会越来越科学，内涵越来越丰富。事实上，温州人的个人形象和社会形象也是越来越好的，温州人不断根据新的条件塑造更好的形象。

四　扩散作用

温州人因创造了温州模式而驰名中外，国内外兴起了温州热和温州人热，来温州取经的人络绎不绝，取经者都想寻找温州人成功的秘密，为他们所在地的发展提供借鉴和有益启示。温州模式的精髓，其实就是温州人的精神，而温州人的价值观是温州人精神的核心内容。取经者向温州人学习，主要就是学习温州人的价值观。随着国内外取经者的回归故里，温州人的价值观也扩散到了他们所在的国家、地区、城市和乡村。同时，遍布海内外的温州人也把温州人的价值观扩散到了全国乃至世界。

江泽民同志对温州人有过这样的评价：世界的人都知道温州人会做生意，沿海靠山赋予他们这种开放的精神、冒险的精神，最主要的是温州人能吃苦。有名的大虎打火机有限公司老总周大虎当年举家创业，一家人挤在一间无窗无门仅7平方米的小屋，"白天当老板，晚上睡地板"。这是温州人白手起家、艰苦奋斗的创业精神。国家银行不给贷款，他们就创办信用社、基金会，发展民间金融，实行浮动利率，自己给自己找资金；城里的国有商场不卖温州产品，他们就把国有商场的柜台租下来自己卖。这是温州人不等不靠、依靠自己求发展的自主精神。温州人遍布全国甚至世界各地，"有市场的地方就有温州人"——这是温州人不安分、不守旧的开拓精神。王均瑶等从外地回家没有航班，竟然创造性地想出了包飞机，自己开辟了航线；范鸣强偕妻儿到北京旅游，灵感一来，竟在北京天安门城楼旁开了一家"马列书店"。这是温州人敢想、敢做的创新精神。

所有这些温州人精神的核心就是温州人的价值观，温州人的价值观是温州人生存与发展的精神动力和思想保证，是温州人艰苦创业、自主发展、开拓进取、勇于创新的不竭动力。温州之所以成为我国思想最为解放、观念创新最为活跃、经济发展最为迅速的地区之一，正是因为依靠这些"价值观"做"支撑"，走出一条"不唯上，不唯书，只唯实"的路子。温州人眼界高——善于从世界的角度去构思自己的发展定位；温州人办法活——善于借用各方面的力量发展自己；温州人主意正——从不因无谓的争论而丧失大好的发展机遇。

第七章 温州人关系论

温州人把马克思主义哲学的联系观和自身的具体实际结合起来，形成了温州哲学的联系观。温州人成功的重要原因之一就是对"关系"的运作，温州人建立了强大的社会关系网，并利用这种关系网获得生存与发展资源。温州人把社会关系成功地转换成社会资本，社会资本不断地进行生产与再生产，并与其他的资本相互结合，实现了温州区域经济文化崛起，推进了温州跨越式发展和持久繁荣，促进了温州人的全面发展。

第一节 温州人关系的含义和特征

温州人关系是客观存在的，不以人的意志为转移，同时，也是普遍存在的，温州人既作为个体人物存在，又作为普遍联系的人物而存在。

一 温州人关系的含义

马克思主义哲学认为："联系或关系作为哲学范畴，包括一切事物、现象、过程之间以及内部诸要素之间的相互影响、相互作用、相互制约。"[1] 温州关系即温州人的关系，作为温州哲学的范畴，温州关系是指温州人之间的相互影响、相互作用和相互制约。温州人的关系包括个人与个人的关系，个人与群体的关系，个人与社会的关系，也可以分为正式的关系和非正式的关系。正式的

---

[1] 李秀林等主编《辩证唯物主义与历史唯物主义原理》（第 5 版），中国人民大学出版社，2004，第 152 页。

关系是通过一定的规则固定下来的关系；非正式的关系是指没有被一定的规则固定下来的关系。

温州人的关系在整个社会关系体系中是一个系统，这个系统存在于环境中，它与环境之间不断发生物质、能量、信息的交换。不仅系统与环境相互作用，系统内各要素也相互影响、相互作用和相互制约。温州人的关系的成分按对自身的积极作用或消极作用可分为正向因子和负向因子，按作用的显著性可分为显因子和非显因子。正向因子和负向因子、显因子和非显因子在一定条件下可以相互转化。温州人的关系向有利于温州人的方向发展，称为正向演化或繁荣；温州人的关系向不利于温州人的方向发展，称为负向演化或衰退。当温州人的关系负向演化或衰退时，温州人的发展就会面临不确定性或风险。

温州人不断建立自己的个人关系和社会关系，并利用这些关系去全国甚至世界各地寻求生存与发展，提高自己的竞争力和发展力；当温州人富裕起来后，温州人更加认识到个人关系和社会关系的作用和价值，因此更愿意去帮助那些还没有富裕起来的其他温州人，自己也从中获得了更大的发展空间，帮助这些人就是帮助自己，在这样的相互作用过程中，个人关系和社会关系的价值和作用得到进一步的提升和积累，成为温州人"走出去"常用不弃的资源。

二 温州人关系的特征

温州人关系既客观存在又普遍存在，客观性和普遍性是温州人关系的主要特征。每个温州人是和其他的温州人相互联系着的，温州人都可以通过一定的中介联系起来，每个温州人通过中介被纳入一个普遍联系的系统之中。温州关系或温州人的关系都是经过中介，连成一体，通过过渡而联系的。任何一个温州人都是普遍联系中的一个环节，每个温州人都可以成为中介，所不同的只是两个温州人之间的中介联系多些或少些、复杂些或简单些而已。所以，温州人之间的普遍联系只有经过互为中介才能实现，而温州商会和行业协会是特殊意义上的"温州人"，是温州人相互联系的具有温州特色的基本中介。

温州人关系的客观性是指：温州人关系不以人的意志为转移。温州人的关系是温州人实践的产物，反映了客观世界的联系，而不是主观臆造的联系，具有真实性，因而是不以人的意志为转移的，具有客观性。

温州人关系的普遍性是指温州人之间及每个温州人自身的要素、环节的相互联系、相互作用。每个温州人都不是孤立存在的，都与其他的温州人相互联系，构成联系的统一体；每个温州人自身的各个环节和要素也是相互联系和相互作用的，例如，一个人的信念、信仰、理想、个性和价值观之间是相互影响的。

第二节　社会关系的温州特色

在长期的创业创新实践中，由于温州人对社会资本的成功运作和转换，实现了当代温州经济奇迹般的崛起；温州经济的发展反过来又巩固、提高了温州人社会资本的地位，形成了具有温州特色的社会关系网络。

一　温州人的社会资本

温州人的社会资本即温州人的社会关系，是指温州人之间的社会网络、互惠性规范和信任感，在温州实践中可以获得或调用的一种关系资源。一个温州人的社会资本越多，他或她能动用的资源就越多，解决问题的能力就越强；反之，他或她能动用的资源就越少，解决问题的能力就越弱。因此，社会资本对每个温州人的成功都具有重要的意义，他或她总是会想办法获得更多的社会资本，社会资本可以有效地减少风险或不确定性，使他或她成功的可能性大大增加。

温州人的社会资本的主要特征就在于它的可达成性，即社会关系中各节点之间的紧密程度。如果温州人之间能够彼此接触、相互联系，相互交往并互换其活动，社会资本则具有可达成性。社会资本的可达成性是产生关系性内聚力的首要的结构性条件。这种内聚力的结构性条件只靠自身并不足以产生信任，它除了要求温州人必须建构一种持久和相对较强的联结和配置（例如商会、行业协会）以外，还必须具备的条件就是情感。情感是黏合剂，可以增加彼此的信任，维持温州人的各种联络，以防止温州人之间的过度疏远和联系"真空"。温州人之间的互动越频繁，由这样的互动产生的情感就越密切，信任感就越强，关系性凝聚力的水平就越高，从而便会产生自觉维系、涵养和拓展该关系网络的义务性行为。从温州人的社会关系角度来看，温州人在全国甚至世界各地良好的关系网，通过本地温州人和非本地温州人之间相互合作和博弈，最后在关系网络内部达成高度的信任，从而转换成了温州人的社会资本，完成了温州人的社会关系向温州人的社会资本的转换。因此，温州人的社会资本就是温州人的社会关系。

温州人的社会资本降低了社会交易成本，提高了资源配置效率，温州人对社会资本的利用，形成了温州发展所必需的经济、政治、文化之间的互动关系，实现了温州的崛起。从历史文化发展和温州模式的形成入手，温州的主要社会资本有如下几种。①

地域文化与社会关系网。社会关系是温州人获取信息的重要途径，处于该关系中的行动者利用社会关系来获取信息，为行动提供便利，为资本的创造提供了可能。温州人的社会关系网由家庭、家族、亲戚朋友、地域文化特质等构成。温州特有的民俗、民风，积淀了以血亲信任和人格信任为特征的文化心理，温州人趋向于和自己社会关系内的人开展交流与发展。因此，温州人的社会关系网比较稳定，外部人员很难进入该网络，为温州人的生存与发展提供了必需的信息和资源，促进了温州人的发展。

家文化和家族企业。温州模式以家庭和家族为起点，靠家庭和家族的力量完成温州第一次创业。在传统的"家天下"观念的影响下，任何一个人在情感上、经济上都和家族有着千丝万缕的联系。由于家庭成员之间特有的信任，有效地降低了沟通成本，成就了温州的家族制企业。从温州民营企业集群的形成看，正是

---

① 姚锋平：《温州模式的发展及困境分析——基于"社会资本"视角的研究》，《温州大学学报》2007 年第 1 期。

因为这种人文网络的存在，使家族企业不断繁衍并快速集群化。①

同为"温州人"的自然纽带联系。由于地域的关系，温州人之间通常都存在较为紧密的"人情"和"面子"关系，这也使温州人之间能够更频繁地开展合作。温州人注重血缘关系、地缘关系的传统表现在日常交往中，就是平常亲戚朋友之间频繁的人情往来。实际上，从一个长期的过程来看，这种人情往来起到了一种互助合作的作用。并且，由于同一地域的原因，违约将面临很大的风险和损失，因此又自然会严格遵守规则，从而彼此产生信任。所以，温州人之间的交易成本将大大降低，在现实面前，温州人选择了最好的走向市场的方式——与温州人合作。②

社团组织与规范。社团组织的建立可以提高个体行动的一致性，产生更大的社会影响，从而使行动更为有效。温州的社团是民间自发形成的社会组织，同时它是以信任为基础建立起来的一个社会关系网络。在社团中温州人之间彼此信任，蕴涵着比物质资本更大而且更明显的价值。在高度信任的社团组织中，组织创新的可能性更大。除了信任之外，社团组织也存在一定的规范，这些规范对个人和组织的行动起着重要的约束作用。由信任和规范构成的社会资本，对组织目标的实现、社会秩序的维护都提供了有利条件。③

政府与企业、行业协会的利益共同体关系。温州的企业、行业协会在温州经济社会发展中发挥着重要作用，温州市各级政府积极引导企业、行业协会的发展，促进了企业和行业协会等民间组织的快速发展，这些民间组织的发展反过来又推进着温州经济社会的发展，官员政绩的提高。这种政府与企业、行业协会的利益共同体关系，是温州模式形成与发展过程中不容忽视的重要社会资本形式。

民间资本"轮流信用组织"。实际上，温州的民间资本运作过

---

① 夏晓军：《集群理论与温州民营企业集群的形成机理》，《温州职业技术学院学报》2003 年第 1 期。

② 王尚银：《和谐：温州社会变迁历程》，人民日报出版社，2009，第 156～157页。

③ 王尚银：《和谐：温州社会变迁历程》，人民日报出版社，2009，第 157 页。

程中一直存在"做会"的形式，从而使个人能够在创业过程中获得资金支持。这种方式很像帕特南（使民主运转起来）里提到的"轮流信用组织"。①

在关系取向的商业社会，个人拥有的社会关系逐渐演变成了重要的资源，把社会关系转换成社会资本是成就个人成功的基本途径。社会关系网络是温州人的优势，温州人特殊的人脉关系成就了温州人的事业。就像解放思想、实事求是这两大法宝一样，温州人的社会资本也是温州人改革发展的一大法宝之一。

二 温州社会关系的生产与再生产

温州社会关系就是温州人的社会关系，它形成于温州实践活动以及在此基础上进行的交往活动。温州人不是孤立地进行改造自然和改造社会的活动，而是在温州人的社会关系条件下进行。正是温州人之间的交往，即温州人之间的交互作用，形成了温州社会，温州社会是温州人交互活动的产物，温州人的社会关系就是温州人之间的交往关系。

温州社会的生产与再生产包括物质资料的生产与再生产、温州人的生产与再生产、温州人精神的生产与再生产、温州社会关系的生产与再生产等四个方面的内容。温州人创造温州社会，温州社会也创造温州人，温州人通过温州实践实现温州社会关系的生产与再生产。温州社会关系的再生产包括简单再生产与扩大再生产，温州社会关系的简单再生产就是完全延续传统的社会关系；温州社会关系的扩大再生产就是在原有社会关系基础上的量和质的拓展。改革开放以来，温州社会关系和社会面貌发生了显著的变化，是一种扩大的再生产。

温州社会构成了温州人生存与发展的社会基础，在温州社会形成过程中，温州人的社会关系加入整个社会关系的生产与再生产过程，成为重要的生产要素，温州人的社会关系是温州社会得以运行和发展的黏合剂和推动力量。凭借温州社会关系，温州人迅速行动起来，集中人力资本和社会资本，全面向外开拓市场，

---

① 王尚银：《和谐：温州社会变迁历程》，人民日报出版社，2009，第158页。

使物质、能量、信息在温州人之间相互交换，形成了跨区域的温州人的社会网络。温州人的社会网络，不只是为了在温州人之间交换物质、能量、信息，它还是温州文化代码的真正的生产者和传播者，建立了温州人的社会认同，构建了温州社会。温州人个人资源非常有限，难以支撑自身的生存与发展，只有依赖整个温州人的社会网络，才能更好地生存与发展，这种社会网络为温州人的进入、生存和发展提供了支撑，反过来温州人的进入、生存和发展又进一步扩大了这种社会网络。

温州人生产与再生产温州社会关系，不是为了生产而生产，不是为了再生产而再生产，而是为了创造适合自身生存与发展的温州世界。现实的温州人，总是从自己出发，依赖自己的社会关系获得信息和资源，温州人的社会关系就是温州人的现实生活过程的关系。现实生活需要什么样的社会关系，温州人就生产什么样的社会关系，这种社会关系的生产又促进了温州人和温州社会的发展，为再生产更新的社会关系提供了条件。温州人的需要和利益都是在现实的社会关系中形成的，社会关系的生产与再生产提供了满足温州人的需要和利益的现实可能性。

第三节　温州人关系的基本中介

温州人之间的相互联系是通过各种中介实现的。温州商会和行业协会是温州人关系的基本中介。

一　温州商会

温州商会是温州人的伟大创造，是温州人之间相互联系的中介。每个温州人是和其他的温州人相互联系着的，要理解温州人之间是如何联系起来的，就必须理解中介这个概念，中介是指两个事物之间的中间联系，温州人都可以通过一定的中介联系起来，每个温州人通过中介被纳入一个普遍联系的系统之中。温州人都是经过中介，连成一体，通过过渡而联系的。任何一个温州人都是普遍联系中的一个环节，每个温州人都可以成为中介，温州人之间通过中介连成一体，所不同的只是两个温州人之间的中介联系多些或少些、复杂些或简单些而已。所以，温州人之间的普遍联系只有经过互为中介才能实现。温州商会就是这样一个特殊意义上的"温州人"，是温州人相互联系的具有温州特色的基本中介之一。

通过温州商会，温州人互换物质、能量和信息。无论是在影响面上，还是在作用面上，温州商会都令人称道，在温州经济社会发展和温州人的发展中发挥着不可替代的作用。温州人对温州商会的探索，为中国民间组织的快速健康发展提供了重要借鉴。

据《温州市志》记载，温州商会成立于1901年，迄今已有100多年的历史。1949年12月，温州市工商业联合会筹备委员会成立，1955年1月温州市工商联正式成立。1990年9月，市委、市政府批准市工商联增挂"温州市总商会"牌子；1992年3月，市委在市工商联建立了党组；2002年9月，市工商联第九次会员代表大会首次选举非公有制经济代表人士担任会长，揭开了温州商会自主发展历史的序幕。之后，温州商会的管理者基本上由会员大会或理事会选举产生，积极性、主动性和创造性大为提高，促进了温州商会的快速发展，反过来，温州商会的发展又促进了温州经济的发展。

改革开放以来，温州民营企业遍地开花，民营经济迅猛发展，为工商联、总商会工作提供了肥沃土壤。在新的历史时期，市工商联、总商会充分发挥"统战性""经济性""民间性"的特点和优势，实施"两项工程"（非公有制经济人士素质提升工程、工商联组织网络拓展工程），创建"两个品牌"（参政议政的品牌、服务的品牌），搭建"三大平台"（与党委政府部门和社会组织合作的平台、内引外联的平台、上下联动左右互动的平台），积极引导非公有制经济人士健康成长，促进非公有制经济健康发展，不少工作走在全省乃至全国的前列，工作成绩受到全国政协副主席、全国工商联主席黄孟复及中央统战部副部长、全国工商联党组书记全哲洙等领导的高度评价。2008年10月，市工商联被人力资源和社会保障部、全国工商联授予"全国工商联系统先进集体"，近年来多次被评为全省工商联系统先进单位。

　　温州商会的发展是规范社会主义市场经济秩序的必然要求，温州商会适应社会主义市场经济秩序规范化的需要应运而生。温州商会的发展，激活了温州的社会活力，促进了社会公平，增强了互助信任，反映了公众诉求，推进了社会事业建设，有效地化解了社会矛盾，发挥着不可替代的作用。

　　温州商会已经形成了一个网络，是温州人之间沟通交流的纽带，把温州人和温州人经济紧密地联系在一起。温州商会坚持自主、自立、自强和自律的原则，努力做好沟通联络工作，当好温州人之间的纽带和桥梁角色，有效地促进了温州跨越式发展和持久繁荣，为富强、民主、文明、和谐的社会主义温州建设作出了重要贡献。

二　行业协会

　　行业协会是指介于政府、企业之间，商品生产业与经营者之间，并为其服务、咨询、沟通、监督、公正、自律、协调的社会中介组织。温州人成立了各种各样的行业协会，行业协会是温州人之间的桥梁和纽带，是温州人相互联系的基本中介之一。

　　温州行业协会组织结构在全国范围内比较规范，自律规章制度建设情况良好。温州行业协会，是由民营企业家自发自愿组建，以行业自律和自主治理为特征的民间自治组织。据调查，在这些组织内部，90%以上的协会领导者都由民营企业家们通过民主选举的方式产生。除了个别协会有数额不大的政府资助之外，会员企业自愿缴纳的会费、理事单位的自愿捐助和章程规定的服务性收费等方式几乎成为所有协会运作的资金来源。同时，为了保证组织决策的民主性、代表性，行业协会不断完善和健全组织结构和治理机制，并在长期的市场活动中形成了一套基于群体自愿遵守的制度规范和纠纷化解机制。调查显示，75%的行业组织建立了行业自律公约，98.4%的行业组织建立了财务管理制度。

　　在社会主义市场经济条件下，社会竞争日显激烈，竞争的实质是人与人之间的竞争。这样就非常需要一个中介来协调人们之间的关系，并能向政府反映和申诉自己的意见，政府也需要一个中介能将自己的声音传到广大民众中。行业协会正是在这种迫切的要求下应运而生的。考察温州在行业协会方面的情况，其主要特点就是通过行业协会自律来管理，促进温州经济社会又好又快发展。

温州人成立的行业协会根植于广大会员之中，拥有跨区域、跨行业、跨所有制的优势和熟悉行业信息等条件，了解行业发展情况和温州人的需求，具有行业自律优势和协调功能。为政府宏观调控和制定产业政策提供可靠的依据，推进温州产业结构调整和优化升级，在温州经济社会发展过程中发挥着不可替代的作用，作出了显著的贡献。

为了规范行业协会管理，保护行业协会合法权益，发挥行业协会在社会主义市场经济中的作用，促进行业协会健康发展，温州市政府于 1999 年 4 月颁发了《温州市行业协会管理办法》。行业协会以沟通会员与政府联系，密切会员之间关系，维护会员合法权益，维护行业公平竞争，促进行业经济发展为宗旨。行业协会按"自愿入会、自选领导、自聘人员、自理经费"的原则组建，按"自我管理、自我服务、自我协调、自求发展"的方针活动。规定了行业协会的 16 项职能：（1）开展对全行业基础资料的调查、收集和整理工作，参与本行业发展规划的制定，向政府提出有关本行业发展的经济技术政策方面的建议，为企业经营决策服务；（2）对本行业新办企业申报、新产品开发和企业技术改造进行前期咨询调研，提出论证意见，为有关部门审批和登记注册提供依据；（3）建立行业自律性机制，制定行业职业道德准则、行规行约，规范行业自我管理行为，维护行业内公平竞争；（4）参与制定、修订本行业的企业产品标准、技术标准、计量标准、质量标准，组织推进行业标准的实施，开展行检、行评工作；（5）维护会员合法权益，协调会员关系；（6）推荐行业内的高新技术产品、名牌产品，组织行业技术成果的鉴定和推广应用；（7）接受物价主管部门的委托，进行行业内部价格的管理、协调、监督、指导，组织同行议价；（8）进行行业统计调查、收集、发布行业信息；（9）开展咨询服务，提供国内外经济技术信息和市场信息；（10）组织本行业的展销会、展览会、报告会、招商等活动；（11）开展国内、国际的行业经济技术协作和经济技术交流；（12）开展职业教育和培训；（13）发展行业公益事业；
（14）指导、帮助企业改善经营管理；（15）承办政府及有关部门
委托事项；（16）开展行业协会宗旨允许的其他活动。

第四节 温州人本质论

马克思主义哲学关于人的本质学说能够诠释温州人的本质，
它对于我们了解温州人提供了重要的理论依据。

一 温州人的本质

温州人与其他人究竟有什么不一样？温州人究竟在想些什么、
做些什么，温州人是一个解不开的谜吗？答案是否定的，马克思
主义哲学关于人的本质学说可以正确解开温州人的谜底。

马克思指出："人的本质不是单个人所固有的抽象物，在其现
实性上，它是一切社会关系的总和。"① 具体的、现实的人总是处
于一定的社会关系之中，"人不是抽象的蛰居于世界之外的存在
物。人就是人的世界，就是国家，社会"②。同时，具体的、现实
的人又是这种社会关系的生产者和再生产者，人的社会地位是由
人在社会关系中的不同地位决定的，可以说，有什么样的社会关
系就有什么样的社会地位，社会关系真正使人和人区别开来。在
人的诸多社会关系中，人的经济关系居于支配地位，起关键作用，
制约着人的其他社会关系。现实的人存在的根据是人的本质，规
定人的本质的是人的社会关系，社会关系并不是单一的关系，而
是多方面关系的总和，社会关系是不断变化发展的，因而人的本
质也是不断变化发展的，人的本质是人的具体的、历史的社会规
定性的总和。现实的人存在于人的现实关系之中，人的现实关系
就是人与世界的关系，人与世界的关系包括人与自然的关系、人
与社会的关系、人与环境的关系、人与人的关系及人与意识的关

---

① 《马克思恩格斯选集》第 1 卷，人民出版社，1995，第 56 页。
② 《马克思恩格斯选集》第 1 卷，人民出版社，1995，第 1 页。

系等内容。

温州人的本质就在于温州人的社会关系网或温州人的社会关系的总和。温州人的本质是温州人成为自身的内在规定性，是温州人和其他人相区别的内在根据。每一个有生命的温州人的存在构成了全部温州人历史的前提，每个温州人生命的诞生最初纯粹只是一个自然现象，是有生命的人的一部分，直接地是自然存在物，具有人的自然属性，和其他婴儿一样处于血缘的、自然的联系之中。随着温州人的成长，温州人由家庭为主的自然联系逐步进入社会关系领域，参与社会生活，尤其是进入温州社会关系领域，参与温州社会生活。在社会教育和社会生活中，温州人学习和掌握了必要的社会程序，具备了必要的素质和能力，享有权利和承担义务，认识到自己的作用和意义，使自己真正成为社会中一个成熟的群体，为温州实践作了必要的准备。温州人的社会关系网把温州人和其他人区分开来，使温州人成为一个特定社会关系网中的群体，处于不同社会关系中的人具有不同的规定性。在温州实践中，温州人总是处在温州人的社会关系网中，是温州人社会关系的生产者和再生产者，同时，又生产和再生产了温州人自身，使温州人代代繁衍下去，从而继续生产和再生产温州人的社会关系。离开温州人的特定社会关系网，就无从了解温州人的本质。在温州人的社会关系中，经济关系居于支配地位，起主导作用，正是温州人创造了温州经验、温州现象和温州奇迹，尤其是创造了丰厚的物质财富和精神财富，才使温州人成为现代社会最具竞争力的群体之一。

王春光研究了温州人的社会关系网，在《社会学研究》上发表了《流动中的社会网络：温州人在巴黎和北京的行动方式》的文章。温州人之间是怎样紧紧联系在一起呢？为此，王春光分别对北京的"浙江村"和巴黎的"温州城"作了比较调查和研究。王春光指出：温州人外出经商做生意不是改革开放以后才开始的，而是有着相当悠久的历史。费孝通教授在对温州与苏南进行比较分析后看到这一点："温州则是个侨乡。这地方的农民一向到海外去经营小商业，用侨汇补贴家用。解放后，国门封锁，外出受阻，大量人口到全国各地去卖工卖艺度日。"① 即使在割资本主义尾巴最厉害的"文化大革命"时期，温州人仍是雷打不动、一往情深、想尽办法地外出打工经商。在历史上温州人都是在市场信息很不畅通和发达的情况下向外流动和迁移，也不是通过政府有组织地进行的，主要凭借他们的人际关系链，并且不断地将这一链条加以延伸，在国内外形成了一个信息传递、人员动员和援助网络。正如台湾学者廖正宏所说的："以前的迁移者可能提供有关的资讯，以鼓励以后的迁移而产生迁移过程的连锁反应。结构网络的范围很广，它与迁移过程的关系是双方面的：第一，经济与社会网络大大的限制迁移的类型。第二，迁移本身可改变或增强此网络。"②

温州人通过人际关系链流动和迁移出来，又聚集在一起，那么这样的关系链对他们在移入地的生存和发展又起到了什么样的作用呢？又是以怎样的方式延续其作用呢？作者在调查中发现，社会网络是温州人在他乡或别国生存、发展和融入的重要法宝和社会资本，而不是移民融合的障碍。格雷佛斯认为，国际移民"在适应周围环境时，个人会有不同的资源可供使用，其中有他们自身的资源、核心家庭的资源、扩大家庭的资源甚至邻居朋友的资源，或更宽广的社会资源。在依赖族人的策略（kin-reliance strategy）中移民是利用核心家庭以外的亲戚资源以适应环境；依赖同辈的策略（peer-reliance strategy）则运用同辈及相同社会背景的人的资源进行调适；依赖自己的策略（self-reliance strategy）则依靠自己及核心家庭或外界非人情关系（impersonal）的组织资源"③。对许多在北京"浙江村"和巴黎的温州人来说，个人自身的资源相当有限，不足以支撑他们的生存和发展，特别对巴黎的温州人来说，更是如此，他们更多的还是采用前两种策略，即依赖族人和同辈策略，于是就构建起他们的社会网络，或者说这样

① 费孝通：《学术自述与反思》，三联书店，1996，第89页。
② 廖正宏：《人口迁移》，台湾三民书局，1986，第150页。
③ Nancy B. Graves and Theodore D. Graves, "Understanding New Zealand's Mutil-Cultural Workforce," Report to the Polynesian Advisory Committee of the Vocational Training Council of New Zealand, Wellington: Vocational Council, 1977, p. 8.

的网络为他们的进入和生存提供了支撑，反过来他们的生存和发展又进一步扩大了他们的社会网络。他们的社会网络主要由族亲、朋友、乡邻三者编织而成，为他们的流动和迁移、非法存在、就业、融资及情感沟通等活动提供了支助。①

二　世界温州人

世界温州人联谊总会成立于 2003 年 10 月 12 日，是世界温州人大会的常设机构，由温籍港澳台同胞、海外侨胞、海外华人及国内各界知名人士、温州市有关部门、企业界人士自愿组成的具有法人地位的非营利性社会团体。联谊总会作为温州市委、市政府联系海内外团体和温籍知名人士的桥梁和纽带，主要任务是协调联系各方力量，加强本会理事之间及港澳台同胞、海外侨胞、海外华人、海外社团、国内温籍团体、知名人士的联系和交流，加深了解、增进友谊、共同致力于温州的经济社会发展；积极向温籍海内外人士、社团宣传和介绍温州的经济社会发展情况，及时了解和反映本会理事和海内外社团、各界人士的意见、建议和要求；承办有关联谊活动，协助有关部门做好理事及海内外知名温籍人士来温商贸、投资及引智工作，积极为温州经济和社会发展牵线搭桥；协助有关部门维护外来投资者的合法权益，促进温州与世界各地、全国各地的经济贸易、文化交流等活动良性发展。

世界温州人联谊总会下设一办两部，即办公室、国际联络部、国内联络部，共有固定人员编制 4 名，定期出版世界温州人联谊总会会刊，运作"世界温州人网站（www.0086577.cn）"。办公室：负责日常事务、经费使用、协调内部工作，负责与海内外传媒保持密切联系，介绍温州动态，宣传温州精神，宣传温州的有关政策和法规。国际联络部：负责海外社团、海外理事的联络工作，听取意见和建议，帮助解决疑难问题，为海外人士来温发展，搭建世界温州人联谊总会常设机构服务平台。国内联络部：负责与市有关部门的沟通和合作，负责和国内温籍人士为主体的社团、

---

① 王春光：《流动中的社会网络：温州人在巴黎和北京的行动方式》，《社会学研究》2000 年第 3 期。

温籍知名人士的联络工作，为国内温籍企业家、科技人士回温创业提供服务，凝聚人心，共谋温州发展大计。

2003 年 10 月 11 日，温州人迎来了首个以自己"姓氏"命名的节日，来自世界 61 个国家和地区、国内 118 个城市的 1485 位嘉宾齐聚家乡，召开了首届世界温州人大会。"秋阳高照，天地一派明朗。大道旁的绿树映衬现代建筑的色彩，广场上的喷泉溅出心头欢乐的浪花。"这是《人民日报》报道首届世界温州人大会的优美开篇词。

世界温州人大会，是全世界温州人的一大喜事，也是温州历史上盛况空前的大会，显示了温州人热恋故土、爱国爱乡的赤子情怀，体现了全世界温州人增进乡谊、加强合作、造福桑梓的信心和力量。温州人率先提出了"世界温州人"这个概念。首届世界温州人大会的诞生，凝聚着温州民间以及官方的智慧和力量。为更好发挥 200 多万在外温州人对家乡建设的带动作用，作为恳谈会、联谊会的延伸与扩展，规模空前的首届世界温州人大会有了"初步路线图"。 "四海同心，众志成城，携手共进，再创辉煌……"这些大字燃烧温州人的热情，世界温州人为家乡经济建设献计献策，观点碰撞，智慧交融。

2008 年 11 月，第二届世界温州人大会召开。第二届世界温州人大会设立了"民间资本与温州发展""温州发展与高等教育创新""温州文化大市建设恳谈会"等 5 个分论坛以及"科技创新的战略思考"等专题讲座，从这些论坛和讲座的名称看，就很有研讨与争鸣的空间。开展"温州学人讲坛日"活动以及成立"世界温州人研究中心"。"世界温州人研究中心"以温州大学为依托，放眼天下温州人，通过对这个特殊群体的研究，发挥海内外温州人作用，同时有意识地把温州人精神、温州文化提炼出来，宣扬开来。

目前，温州社会发展迎来关键转型期，席卷全球的金融危机也冲击了温州经济，在这样的大背景下，集合一千多个"最聪明的温州头脑"，世界温州人大会势必能为"温州接下来怎么走、怎么走得更快更稳"带来"金点子"。

温州有 200 多万人离开家乡、走南闯北，足迹遍布全国乃至全世界，众多温州人在外创业成为一种独特的现象。温州人"千言万语、千山万水、千辛万苦"的创业精神，使他们开拓市场的足迹遍布全国甚至全球。温州人紧紧抓住中西部经济大开发和城市化进程加快的机遇，充分发挥温州人的优势，凭借机制优势，灵活经营，勇于开拓。世界温州人大会发挥了沟通温州内外和上下的桥梁作用。它立足于在外温州人对温州经济的推动作用，如利用自身优势把温州产品推向国内外市场；把外地资金、技术、人才引入温州；回温州投资等。着力展现了在外温州人的精神风貌。

近年来，广大温籍海外华侨华人和港澳台同胞，充分发扬温州人精神，艰苦创业，勇于创新，作出了巨大贡献。他们在实现自身价值的同时，以温州人特有的品质，敦睦乡谊，爱国爱乡，在海内外树立了良好的温州人形象，提升了温州在海内外的影响力。展示了温州的整体形象，增强了世界温州人的凝聚力和向心力。

在中国的版图里，除了温州，很少有这样一个城市，被神话的同时又非常平民化，被推崇备至又被冷眼置之，被传播世界又低调潜行；在中国的人群里，除了温州人，很少有这样一个群体，受到极大的尊敬又受到相当的排斥，得到很多的荣耀也得到很多的争论，收获广泛的认同也收获不小的质疑。这样一个城市，这样一个人群，几十年来一直被当作标本研究着，而不同的历史时期，他们又具备着不同的标本意义。"2004 CCTV 中国十大最具经济活力城市"组委会给予温州的颁奖词是这样的："这是一个善于分工的城市，也是乐于使用合力的城市；一个喜欢以小见大，更会以小博大的城市；一个懂得无中生有的城市。她在创造价值的同时，也创造着生机勃勃的经济模式。作为中国民营经济的领跑者，她清晰的脚印，让人们感受到民间的力量和市场的力量。"而在 2002 年，温州作为唯一一个中国城市入选联合国工业发展组织评选的"全球 20 座最具活力的城市之一"。

温州人创造温州世界的过程，也是温州人行遍天下的过程。"微笑露一点；嘴巴甜一点；说话轻一点；脾气小一点；度量大一点；脑筋活一点；做事多一点；行动快一点；效率高一点；理由少一点。"这是温州企业森马公司的每日勤勉警句。这是温州人得以行商天下的写照。对此，王志纲有着绝妙的比喻：温州商人的性格就是野草的性格，不去管他，只需一点春风、一点雨水、一片自由的空间，它就会蓬蓬勃勃蔓延开来。的确，温州的特殊地缘与历史人文孕育了温州的商业底蕴，也孕育了温州人的个性。在温州人的人生字典里，"闯"与"出"是天经地义的生存与发展之道。如今，温州人已经被看作是国人中最具全球视野、最具商业头脑、最贴近草根、最能克服民族劣根性、最能代表资本逐利趋势的一群人。温州人的财富越积越多，温州人已成为新一代的创富商帮。谁还记得，温州人为之左突右击所付出的代价？不过，温州人自己很淡然，从不觉得辛苦。这就是温州人。

王志纲一针见血地指出：如果温州不能把自己的命运和自己跳动的脉搏与今天中国正在发生的深刻变化紧紧地联系到一起，也许我们会从偶然中获得成功，但是在必然中会消融。

温州人已经认识到了这种变化，并对温州城市发展有了新的认识。从 2005 年开始，创造了资本神话而自身城市发展迟滞的温州市喊出了招商引资和"招商引智"的口号。其实，温州模式正处于发展中，并不是很成熟，却在短期内已经粗具雏形。首先，是产业链从低端走向高端，继续做大温州的制造业品牌。其次，作为承担中国市场化进程和国际化进程的先行者，温州资本要提升在产业发展上的价值，全面改变资金的炒作属性。此外，温州民间的商业力量与冲动要和温州城市品牌结合起来，做大地方经济规模，令温州不再只输出，也要输入。而这一切，无不需要官方觉醒与民间企业的觉醒相结合。在温州民间资本觉醒的过程中，外来资本的抛砖引玉作用不容小觑。就在温州人行走世界给外地带来"鲇鱼效应"之后，也许温州当地正需要这样的鲇鱼。这鲇鱼可以是浙资，可以是非浙资，甚至可以是世界资本。温州人正敞开胸怀迎纳任何为温州模式发展探路、为温州作贡献的资本。①

---

① 葛云：《世界温州人回归温州》，《中国房地产报》2008 年 11 月 3 日。

厚积薄发，大势所趋，行走天下的世界温州人到了反哺温州之时，这里有温州人的根与魂；创造温州世界的温州人也该吸引自己的儿女为自己做点什么了，有多少人已在期待，新模式下用何种新面孔再次激荡三十年？六十年？几百年？几千年？世界温州人，联合起来！

第八章 温州人问题论

温州人把马克思主义哲学的矛盾观和温州的具体实际相结合，以自己的方式解决前进中的问题，形成了温州哲学的矛盾观。温州人实践是温州人发现温州人问题到解决温州人问题，发现新的温州人问题再到解决新的温州人问题的无限过程。温州人在认真调查研究的基础上，对具体的问题即矛盾进行具体的分析，再对问题进行系统的分析，最后使温州人问题得到解决，解决温州人问题实质上就是解决温州人事物或温州人之间的现实矛盾。

第一节 温州人问题的出现

温州人问题是普遍存在的，但又是通过具体的问题表现出来的，温州人问题是不断地出现的，温州人也是不断地发现它和解决它，从而推动温州人发展。

一 温州人问题的含义

温州人问题是温州哲学的一个重要范畴，温州人问题即温州人事物的矛盾，是指温州人事物或温州人之间的对立统一关系，或者说，是反映温州人事物或温州人之间对立统一关系的哲学范畴。这种关系是温州人事物或温州人本身所固有的对立统一关系，温州人意识能够正确反映它。

温州人生活的世界处处时时都存在各种各样的问题，不存在无问题的情况，但是，问题有一个逐步展开的过程，由萌芽状态走向显在状态，再到转化为新的问题。当某些问题反映到温州人意识中时，温州人才发现它是个问题，并要求设法解决它。

温州人问题是普遍存在的，但是需要通过一个个具体问题表现出来，一个个温州人问题构成了复杂的问题群。每一个问题有自己的本质属性，使自身与其他问题区别开来，同时，每个问题的存在状态是不同的，区分这些不同的状态，就是它们各自包含的特殊矛盾。为此，就必须对具体的温州问题进行具体的分析，区分出根本的温州问题和非根本的温州问题、主要的温州问题和次要的温州问题、温州问题的主要方面和次要方面，把两点论和重点论结合起来，采取正确的方法解决温州问题。

温州的发展过程是问题不断出现又不断被解决的过程。温州人只有不断解决问题，温州才能不断向前发展；出现问题而得不到解决，就会使温州的发展陷于停滞甚至倒退。

温州对"八大王"①的处理问题是一个具有典型意义的例子。

邓小平南方谈话以前，温州姓"资"姓"社"的问题一直困扰着人们的思想，温州以"乱"出名，温州人以治"乱"闻名，而乐清尤甚。温州是中国民营经济最早萌芽的地方，温州人善于闯荡、善于经商，敢为人先，实事求是。温州还是中国最早的包田到户的地方，比安徽小岗村整整早了22年。乐清柳市镇又是温州民营经济的发源地，个体私营经济迅速发展，出现了"八大王"。从中央部委到省委，不断派人到乐清了解工作情况，以"投机倒把罪"查处了"八大王"。当时温州市委办公室主办的刊物《温州工作通讯》，有一份省政法委向中央政法委和省委报送的材料，说乐清存在反革命活动猖狂、走私贩卖活动猖獗、投机诈骗成风等好多问题，这从一个侧面反映出从上到下对乐清的看法。

1981年初，邓小平、李先念先后批示，要求浙江省委彻底解决温州问题。同年8月，浙江省委常委、副省长袁芳烈受命任温州市委书记。袁芳烈首先来到温州最繁华的五马街口，当时他就感觉到自己陷入了"敌占区"，这里完全不是社会主义的那一套。当时中央决定打击经济领域犯罪活动的时候，浙江省就把温州作为

---

① "八大王"是指："线圈大王"郑祥青、"螺丝大王"刘大源、"目录大王"叶建华、"矿灯大王"程步青、"胶木大王"陈银松、"翻砂大王"吴师濂、"电器大王"胡金林和"旧货大王"王迈仟。

重点，温州就把乐清划为重点，乐清就把柳市划为重点。

1982年5月20日，浙江省委派出工作组进驻柳市，工作组指控"八大王"是在搞投机诈骗，理由是：赚钱这么多就是资本主义。最后，在省委工作组的坚持下，"八大王"里被关押的人都受到了不同处理。

"八大王"事件当时轰动全国。对"八大王"的处理，个体私营经济遇到了第一次寒流，大大延缓了它的成长势头，1982年，柳市镇工业产值比1981年下降了53.8%，乐清乃至温州经济受到了较大冲击。

1984年中央发布一号文件后，"八大王"重获自由，"小商品，大市场"的温州模式开始形成，体制外的生命又开始勃发。中央发布的一号文件，提倡农村发展商品生产、搞活流通，文件明确指出：在工作中要注意划清界限，不可把政策允许的经济活动同不正之风混同起来，不可把农民一般性偏离经济政策的行为同经济犯罪混同起来。对经济上的问题，主要采用加强引导和管理的办法解决；对思想上的问题，主要用正面教育的办法解决，都不可简单从事。温州市委认真贯彻中央一号文件，首先解决了"八大王"问题。"八大王"问题不是对几个人的问题，而是代表着对搞活流通、发展商品经济怎样看的问题，甚至代表着对非公有制经济怎么看的问题。温州市先后召开了"两户代表大会"（"两户"指农村专业户和重点户），宣布"两户"靠勤劳致富，完全符合党的政策，他们的创造性劳动受到党和政府的鼓励、支持，他们的合法经营和合法权益受到国家法律的保护。"八大王"也高调平反，柳市个体私营经济又蓬勃地发展起来了，6月，柳市低压电器门市部猛增至1000多家，从业人员逾5万人，温州又迎来了民营经济发展的春天。温州勇于清"左"，坚持务实，敢于创新，结合实际，认真贯彻中央一号文件，让实践来检验，带领人民群众大胆发展商品经济，让党的富民政策在温州大地开花结果。

1992年，邓小平发表的南方谈话，深刻回答了长期束缚人们思想的重大认识问题，是把改革开放和现代化建设推进到新阶段的又一个解放思想、实事求是的宣言书。邓小平对无所不在的意识形态争论给予了断然的"终结"。从此之后，在公开的舆论中，温州姓"资"姓"社"之类的讨论日渐平息。

2008年，"温州改革开放30年十大风云人物"评选结果揭晓，这是一代温州人思想观念的变化，是一个时代的进步在温州人身上的聚集体现。温州人获得的承认接踵而至：十大风云浙商，中国十大工商英才，等等。温州对当时十分敏感的个人雇工办厂、挂户经营等问题依照解放思想、实事求是的原则与方法，以"三个有利于"为标准，进行大胆实践与探索，一切符合"三个有利于"标准的，都给予了保护与引导，得到了温州人民的欢迎，广大专业户、个体户、冒尖户为之欢欣鼓舞，放心地投身于商品经济大潮中，释放出了无限的能量，使温州改革开放走在了全国前列，温州人形成了一股创业、创新、创富的热潮。温州改革开放的历史是一部不断地出现和解决温州问题的历史。

温州模式的形成和发展，在创造了巨大物质财富的同时，体现了温州人的创新能力、务实作风、社会责任和世界眼光，显示出一种新的文明正在逐渐生成，其指向是坚持以人为本、实现科学发展、全面改善民生、推动社会和谐，促进社会公平正义。温州人勇于开拓，不断创新，把时代特征、中国特色和温州特点相结合，坚持经济、政治、文化、社会、生态协调发展，为中国改革开放和社会主义现代化建设提供新鲜经验。

二 温州人问题的属性

温州人问题的属性包括两个方面，即温州人事物之间的对立统一和温州人之间的对立统一，两个方面相互联系，缺一不可。

温州人事物之间的对立属性即斗争性，是指温州人事物之间的相互排斥、相互分离的倾向和趋势。温州人事物之间的统一属性即同一性，是指温州人事物之间的相互依存、相互吸引、相互贯通的倾向和趋势。斗争性和同一性是温州人事物所固有的两种相反相成的基本属性，必须把握同一性和斗争性的辩证关系。

温州人之间的对立属性即竞争性，温州人之间的统一属性就是合作性，竞争和合作是温州人所固有的两种相反相成的基本关系。

温州人在竞争中谋求合作，实现双赢，这不仅意味着温州人竞争观念正在发生质变，克服了"非赢即输"的传统竞争观，开始树立起"双赢"的合作竞争观。温州人开始走向现代市场文化的新境界。当然，树立"双赢"的合作竞争观念，是温州人对市场经济既是竞争经济，也是合作经济或协作经济这一本质进行认识和把握的结果。发展合作型竞争，靠结盟取胜，必须以追求"共生共荣"为目标，在国际分工格局中赢得竞争优势。

在经济全球化时代，合作共赢已成为竞争各方的普遍认识。温州人顺应了这个潮流，主动参与公平的竞争，与此同时更加注重互惠的合作，以开放的、自信的良好心态面对竞争与合作。温州人不仅具备了竞争意识，也具备了合作意识；既保持了独立的个性意识，自强，自立，敢为人先，又保持了集体观念和团队精神。温州人追求共生共荣，努力营造一个融洽和谐的竞争环境，从而更好地发挥自身的智慧和创造力。

温州人之间的竞争中有合作、合作中也有竞争，是适应市场经济发展的必然选择。在市场经济条件下，固然要讲竞争，但更要求合作，竞争和合作是对立统一的关系，双赢、多赢、共赢，已是趋势。在分工越来越细、经济往来越来越密切的全球化时代，想靠一己之力谋求大发展，已经很难实现，建立广泛的合作，实现持续、健康、共赢发展才是最好的选择。实践证明，过去那种仅仅把同行看作是"冤家"，认为有竞争就不能有合作的观点是片面的、有害的，而把竞争与合作结合起来，既竞争又合作，就能克服自身的局限性，把双方的长处最大限度地利用起来，就能实现双赢或多赢。

第二节 温州人问题的分析

温州人要解决所发现的温州人问题，必须分析温州人问题的性质，也就是弄清温州人事物或温州人之间有哪些矛盾、哪些矛盾方面，它们之间有什么关系，以确定所要解决的问题要达到什么结果，从而找出主要的温州人问题，抓住温州人问题的主要方面，为解决温州人问题做好准备。

一 温州人问题的主次

在一个个温州人问题构成的复杂问题群中，各种矛盾力量的发展是不平衡的，它们在温州人事物或温州人的发展中占有不同的地位，起着不同的作用，可以分为主要问题和次要问题。

主要问题是在温州人事物或温州人的发展中处于支配地位和起着决定作用的问题，它的发现与解决，规定和影响着问题群中的其他问题的发现和解决。次要问题是在温州事物或温州人的发展中处于从属地位的问题，它对温州事物或温州人的发展过程不起决定作用。

温州人问题是温州社会发展的源泉，温州社会的基本问题是生产力和生产关系、经济基础和上层建筑的矛盾。温州社会发展过程中面临着许多问题，它们之间相互连接、相互制约，组成一个问题体系。在这个体系中，主要问题规定和制约着其他问题；主要问题解决了，其他次要问题就会迎刃而解。那么，这个主要问题是什么呢？温州人日益增长的物质文化需要同落后的社会生产之间的矛盾是温州的主要问题。

温州人在改革发展中抓住了主要问题，把解决温州的主要问题贯穿于经济社会发展过程始终，用发展的办法解决前进中的问题，把解决主要问题和解决次要问题结合起来，坚持两点论和重点论的统一。始终坚持以科学发展为主题，以加快转变经济发展方式为主线，以推进新型城市化为龙头，以深化改革开放为动力。当前，温州正处在加快推进科学发展的新阶段，温州人清醒认识和正确把握温州所处的发展阶段和面临的新形势新任务，坚持把科学发展观要求与温州实际紧密结合起来，深入研究事关温州全局和长远发展的重大问题，科学制定符合中国特色、切合温州实际的目标任务和战略举措，再创温州科学发展新优势。

随着温州改革开放和社会主义现代化建设事业不断向前推进，特别是进入全面建设小康社会的历史新时期，温州的主要问题也出现了一些新状态，主要表现在以下三个方面。

温州人的物质文化需要的增长不仅有量的扩张，而且更加注重质的提高。例如，在吃的方面，更加注重饮食健康；在穿的方面，更加讲究品牌和个性；在住的方面，更加强调房产升值；在行的方面，旅游越来越普遍；对高质量的精神文化和休闲文化的需求不断增加，等等。温州人对物质文化需要的这种新变化，要求在经济发展中不断提高产品质量，力求做到质量提高和数量增长相统一。

当前温州社会生产的落后主要表现为科技水平总体比较低、产业结构不合理，不能完全适应温州人对物质文化需要结构的变化。社会生产相对落后是构成温州社会主要问题的一个方面。这在很大程度上是由世界新技术革命不断深化所造成的。如果温州不能跟上新技术革命步伐，抢占科技制高点，即使同自己过去相比有很大进步，也不能缩小同世界高科技水平的差距。大力发展科学技术，优化产业结构，真正按照人民群众需要来组织社会生产，不断发展先进生产力和先进文化，是解决温州社会主要问题的关键。

温州城乡经济发展不平衡，温州社会的主要问题在不同区域表现出一些新的差别。温州城乡之间的经济发展差距扩大，温州社会主要问题的区域表现也出现一些新情况。例如，温州市区和县、乡的社会生产、人民生活水平原来就有一定的差别，改革开放以来在某些方面的差距进一步扩大。实践证明，允许和鼓励一部分地区先发展起来，有利于解决温州社会的主要问题。但是要从根本上解决这个主要问题，最终实现温州人民的共同富裕，还有赖于温州城乡协调发展。温州城乡之间只有从本地实际情况出发，加强合作，优势互补，共生共荣，才可能实现协调发展，最终解决温州社会的主要问题。

二 温州人问题的主次方面

无论是温州社会的主要问题，还是某个次要问题，一个问题有对立、统一两个方面，两个问题就有四个方面，三个问题就有六个方面，以此类推。在这些问题群中，一个问题的对立方面和统一方面的力量是不平衡的。有的问题对立方面处于支配的地位，而统一方面处于被支配的地位；有的问题统一方面处于支配的地位，而对立方面处于被支配的地位。在一个问题中处于支配地位的那一方面就是问题的主要方面，处于被支配地位的那一方面就是问题的次要方面。问题的主要方面和次要方面是相互作用、相互影响的，并在一定条件下相互转化的。主要问题的主要方面决定着事物的性质。

温州人善于分析温州人问题的主要方面和次要方面，坚持两点论和重点论的统一。在温州改革开放和社会主义现代化建设中，抓住问题的要害，不断地解决新问题和新情况，用率先发展、创新发展、绿色发展、和谐发展的办法分析和解决温州问题，不回避温州改革发展中的新问题，主动解决温州问题。

温州人坚持率先发展，发扬敢为人先、先行先试的进取精神，进一步解放思想，转变发展观念，创新发展模式，挖掘发展潜力，增强发展后劲，以率先转型促进率先发展，以率先发展实现率先转型，继续当好改革开放的先行者和排头兵；温州人坚持创新发展，不断深化重要领域和关键环节的改革创新，加快构建有利于科学发展的体制机制，把科技进步和创新作为转变经济发展方式的重要支撑，推动发展向主要依靠科技进步、劳动力素质提高、管理创新转变，努力建设智慧型、创新型城市；温州人坚持绿色发展，大力发展低碳经济和循环经济，着力推进节能减排和环境保护，不断强化全社会生态文明理念，加快形成节约能源资源和保护生态环境的产业结构、增长方式和消费模式，促使生产生活从高消耗高排放向绿色低碳宜居转变；温州人坚持和谐发展，以实现基本公共服务均等化为导向，统筹协调经济社会各方面关系，大力推进以改善民生为重点的社会事业发展，着力解决人民群众最关心、最直接、最现实的利益问题，使全面建设小康社会的成果惠及温州人民。

第三节　温州人问题的解决

在发现和分析温州人问题的基础上，就要设法解决它，但是现实总有一些因素影响着温州人对问题的解决。由于温州人问题的性质是不同的，因而需要采用恰当的方法来解决，和解、分解是解决温州人问题的两种基本方式。

一 解决温州人问题的基本方式

从温州人实践的情况来看，解决温州人问题也有两种基本方式：一种是和解，和解是指把相互对立的关系转化为相互统一的关系，具体说来，就是把相互冲突、相互抑制、势不两立、不适应、敌对等关系转化为相互合作、相互促进、相容相吸、相互适应、和平友好、共生共荣等关系，例如，说理、合作、协作等都属于和解；另一种是分解，分解是指将在一定条件下相互统一的关系转化为相互对立的关系，它通过斗争制止对方对自己的侵害或战胜对方，使其不能再危害自己，不能再和自己产生摩擦，例如，打斗、竞争、排斥等都属于分解。

分解是解决温州人问题的绝对方式或最终方式，而和解是解决温州问题的相对方式、理想方式。也就是说，温州人遇到问题，问题的一方首先想到的是通过斗争加以分解，以图消灭、打垮或震慑对方，独占生存与发展资源。但是经过冷静思考之后，这样做不仅消耗自身的资源，而且也失去了对方，没有对方，也就不存在自己了，因而才会试图加以和解，以寻求与对方的合作，化敌为友，共生共荣。但若和解不成，最后还得采用分解的方式来解决问题。运用和解的方式解决问题，需要一定的智慧，缺乏智慧，缺乏战略眼光，是不会善用和解的方式来解决问题。温州人解决温州问题则把和解和分解有机统一起来，但是，温州人更多地运用和解的方式解决温州问题。

和解与分解这两种解决温州人问题的基本方式，各有各的适用范围，恰当地确定二者的适用范围，温州问题解决的效果就好；适用范围不当，温州问题解决就达不到应有的效果。必须根据温州问题的具体情况，正确选择解决温州问题的方式。一般来说，对温州人内部问题，应采用和解的方式，若采用分解的方式解决温州人内部问题，就会破坏温州人之间的团结，不利于维护和保障温州人的长远利益；而对敌我问题，应该采用分解的方式解决，若采用和解方式，就会失去生存与发展的空间。当发现温州问题时，温州人首先会分析它的性质，尽量用和解的方式解决，和解不成的，再用分解的方式解决温州问题。

　　和解和分解在一定条件下可以相互转化。有时开始是运用克己忍让、施以恩惠、谋求合作的态度满足对方要求，但若对方变本加厉，实在忍无可忍时，则会采用分解的方式解决问题，和解就转化成了分解，反之亦然。

　　和解与分解应当配合使用，把二者有机统一起来。对很多温州问题来说，单用一种方式效果并不是很好，两手并用可实现优势互补，效果会更好。温州人大多能有意或无意地把和解与分解两手并用起来，两手并用的效果比单用一种的效果往往要好，在两手并用的同时，温州人会更多地运用和解的方式解决问题。

二　温州人问题解决的影响因素

　　温州人解决温州人问题过程中会遇到一些障碍，这些障碍或多或少都会影响温州人问题解决的效果。一般来说，温州人问题解决的影响因素主要有以下几个方面。

　　相关知识。问题解决的任何一个阶段都涉及与问题相关的知识，没有相应的知识不仅难于发现问题，而且缺乏分析问题的理论基础和依据。知识对温州问题的影响，还涉及在必要时是否能及时忆起已有的相关知识，并恰当地加以综合应用。温州人不断学习自然科学知识和社会科学知识，过去，人们往往用"白天当老板，晚上睡地板"来形容温州人的吃苦精神，现在，越来越多的温州人挤出时间来学习，应该是"白天当老板，晚上看黑板"。

　　技能水平。温州人的技能是影响温州问题解决的重要因素，解决问题依赖于技能的发展，具备良好的技能才能更好地解决问题。温州人在温州实践中提高了创业创新的能力，为解决新问题提供了经验，温州人并不满足于已有的技能水平。提高技能、追求创新如今正成为温州人的新潮流，温州人加快"自我充电"，热衷于参加国内外知名高校的技能培训，进而提高技能水平，这种现象的出现将会给温州民营企业和民营经济的发展带来新的生机和活力。

　　动机。动机在温州问题解决中有积极和消极两方面的影响，恰当的动机，不仅对发现问题有重要的作用，而且对深入分析问题都是重要的内在动力。缺乏动机，就缺乏动力；不正确的动机则会影响问题解决，温州人解决温州问题都是在一定的动机影响下进行的，没有动机参与是不可能的。因此，温州人不断端正自己的动机，为社会创造财富又带来了社会财富的动机是良好的动机，既为财富又为承担社会责任的动机也是好的动机，温州人良好的动机，在积极解决温州问题活动中发挥着不可替代的作用。

问题出现的状态。问题出现在温州人面前时，总是以一定的状态（空间位置、距离、时间的顺序以及结构等），如果问题出现的状态直接为温州人提供了适合于问题解决的线索，就便于找出解决的方向、途径与方法；如果问题出现的状态隐蔽或被干扰，那么就难于找到解决它的线索，就会给温州人解决温州问题增加困难，甚至导向歧途。因此，必须认识问题的各种状态，包括潜在的状态和显在的状态以及转化为新问题的状态等，为正确解决温州问题提供依据。

思维定式。思维定式是指连续解决同类问题所产生的定型化的思维方式。这种思维方式对同类温州问题的解决是有利的；如果出现新的温州问题，思维定式就成为障碍，就会影响温州人解决新的温州问题。

个性。个性是一个人在生理素质的基础上，通过社会生活的实践锻炼和陶冶而逐步形成的比较稳定的心理特征的总和。性格、兴趣、自信感、坚韧性、气质、自我评价等个人特点，均对解决问题的效率产生一定的影响。温州人在温州实践中形成了独特的个性，主要是能自主、肯吃苦、敢冒险、讲合作、善创新。温州人的自主意识特别强，自求发展，自主改革，自担风险；温州人善于冒险，敢为人先；温州人能吃苦，吃苦而不怕苦，愿意干别人不愿意干的事；温州人谋求合作，追求共生共荣，善于抱团行动和集群运作；温州人与时俱进，不断创新，温州人的创新是温州改革发展的动力之源。温州人所有这些个性特征为温州人解决温州问题开辟了独特的道路。

相关知识、技能水平、动机、个性、思维定式和问题出现的状态之间相互影响、相互作用，共同构成温州问题解决的影响因素。在解决不同的温州问题中，这些因素各自的作用是不同的，要根据温州问题的具体情况分析、确定影响因素。温州人在发现温州问题、分析温州问题的基础上，逐步解决一个个温州问题，这是一个无限的过程。温州人在解决温州问题过程中推动温州的发展，温州的发展反过来又会为温州人解决温州问题提供现实的可能性。

第九章　温州人发展论

温州人在推动温州发展中锻炼、提高着自身的素质和能力，推进着自身的全面发展，温州发展中最积极、最活跃的因素正是温州人，温州人是温州发展的最大优势。温州发展依赖于温州人的发展，内含着温州人的发展，并为温州人的全面发展创造条件，开辟新的可能性；温州人的发展又不断为温州发展提出更高的要求，以更强的主体能力和主体实践实现温州发展。没有温州人的持续而全面的发展，就没有温州持续而全面的发展。

第一节　科学发展观在温州的实践

温州人高举中国特色社会主义伟大旗帜，深入贯彻落实科学发展观，坚持走中国特色温州特点的科学发展道路，构建社会主义和谐温州，为把温州建设成为富强民主文明和谐的社会主义现代化城市而努力奋斗。

一　坚持走中国特色温州特点的科学发展道路

温州人高举中国特色社会主义伟大旗帜，坚持以人为本，全面、协调、可持续的科学发展观。科学发展观的第一要义是发展，发展在温州人的观念中是第一重要，在温州实践中是第一要务。发展对于全面建设惠及温州人民的小康社会，推进温州跨越式发展和持久繁荣，促进温州人的全面发展，具有决定性意义。

现阶段，温州正处在加快推进科学发展的新阶段。基于温州改革开放的发展状况，必须正确把握新时期温州发展的阶段特征和面临的新形势新任务，坚持把科学发展观要求与温州实际紧密结合起来，坚定走一条符合中国特色温州特点的科学发展道路，努力再创温州科学发展的新辉煌。

改革开放以来取得的发展成就奠定了温州科学发展的扎实基础。改革开放以来，温州人率先推进各项事业改革，扩大对外开放，走出了一条具有区域特色的发展路子，抢占了社会主义市场经济的先发优势，打造了民营经济的品牌，铸就了敢为人先、实事求是的温州人精神，实现了经济社会发展的历史性跨越，社会面貌发生巨大变化，人民群众生活水平大幅度提高。温州人形成了敢为人先、开放包容、追求卓越、合作共赢的优秀品质，把追求业绩和承担社会责任感统一起来，建立了一条庞大的资本链，形成了遍布世界的温州人经济。

当前，温州人更加自觉地推动经济、政治、文化和社会全面发展，建设社会主义和谐温州，坚持物质文明、政治文明和精神文明协调发展，促进自身的全面发展。坚持以科学发展为主题，以加快转变经济发展方式为主线，以推进新型城市化为龙头，以深化改革开放为动力，统筹陆海、城乡、区域发展，全面推进经济转型、社会转型和政府转型，着力加快经济结构调整和三大产业融合发展，着力推进大都市功能区、中心镇和新农村建设，着力加强生态建设和环境治理，着力推动文化大发展大繁荣，着力加强民生保障和社会建设，切实维护社会和谐稳定，努力把温州建设成为生产、生活、生态相融合的现代化国际性大都市，全面建成惠及全民的小康社会。

推进温州的科学发展，必须把握以下几个方面的问题。

以结构升级和布局优化为重点推进经济转型。立足民营经济和海洋资源优势，坚持增量拓展和存量盘活并举，突出现代服务业和战略性新兴产业发展，改造提升传统优势产业，从规模加工型向创新型经济转型，加快形成消费、投资、出口协调拉动，第一、第二、第三产业协同带动，科技、人才、管理要素主要驱动的经济发展方式。

以城乡统筹和民生改善为重点推进社会转型。立足于温州市山水资源优势和区位优势，有效化解城乡及本外地二元结构矛盾，优化城镇布局，拉开城市框架，提升城市功能，改善人居环境，加快从传统农村社会向现代城市社会转型，以都市化和城乡统筹为经济社会发展提供平台支撑，形成中心城市龙头带动、市镇协调发展、城乡互促共进的新型城市化格局。

以强化公共服务和转变职能为重点推进政府转型。巩固改革的先发优势，培育创新的后发优势，不断健全扩大总量与提高质量、增加投入与完善制度、促进公平与提升效能并举的公共服务机制，致力提供优良高效的公共品和安居乐业的软硬环境，加快打造公共服务型政府，加快建立有利于转变经济发展方式、维护社会和谐稳定、促进经济社会转型的行政管理体制。

推进温州的科学发展，必须坚持四大导向：

坚持率先发展。始终坚持敢为人先、先行先试的进取精神，进一步解放思想，转变发展观念，创新发展模式，挖掘发展潜力，增强发展后劲，以率先转型促进率先发展，以率先发展实现率先转型，继续当好改革开放的先行者和排头兵。

坚持创新发展。不断深化重要领域和关键环节的改革创新，加快构建有利于科学发展的体制机制；把科技进步和创新作为转变经济发展方式的重要支撑，推动发展向主要依靠科技进步、劳动力素质提高、管理创新转变，努力建设智慧型、创新型城市。

坚持绿色发展。大力发展低碳经济和循环经济，着力推进节能减排和环境保护，不断强化全社会生态文明理念，加快形成节约能源资源和保护生态环境的产业结构、增长方式和消费模式，促使生产生活从高消耗高排放向绿色低碳宜居转变。

坚持和谐发展。以实现基本公共服务均等化为导向，统筹协调经济社会各方面关系，大力推进以改善民生为重点的社会事业发展，着力解决人民群众最关心、最直接、最现实的利益问题，使全面建设小康社会的成果惠及全市人民。

二 构建社会主义和谐温州

社会和谐是中国特色社会主义的本质属性，是国家富强、民族振兴、人民幸福的重要保证，反映了建设富强民主文明和谐的社会主义现代化国家的内在要求，体现了全党全国各族人民的共同愿望。构建社会主义和谐温州是构建社会主义和谐社会的重要组成部分，构建社会主义和谐温州是一个不断解决温州问题的持续过程。温州人要始终保持清醒头脑，居安思危，深刻认识温州发展的阶段性特征，科学分析影响温州和谐的问题及其产生的原因，更加积极主动地正视问题、解决问题，最大限度地增加和谐因素，最大限度地减少不和谐因素，构建社会主义和谐温州。

构建社会主义和谐温州的基本要求是，从温州独特的经济格局和人文背景出发，以"平安温州"建设为核心内容，积极构建具有时代特征和温州特色的和谐社会，使温州成为一个充满活力、诚信友爱、公平正义、民主法治、安定有序、人与自然和谐相处的现代化城市。要加快建立顺畅的民意沟通机制、便民利民的服务机制和完善的监督机制，始终与人民群众风雨同舟、和衷共济，促进党群干群和谐。要抓住社会安定、公平正义、民主政治三个着力点，从建立良好的运行机制入手，切实加强社会建设，促进人与社会和谐。要以深化文明城市创建活动和"和馨行动"为载体，倡导新型人际关系，促进人与人和谐。要以生态市建设为载体，全力推进"青山、碧水、蓝天、绿地"工程，努力建设一个"山水共融、生态共享、和谐共生"的新温州，促进人与自然和谐发展。

"平安温州"建设是构建社会主义和谐温州的核心内容。温州人民以经济平安、政治平安、文化平安、社会平安、生态平安的"大"平安为目标，有效推进了平安温州建设，在各个方面取得了丰硕成果。要抓住社会安定、公平正义、民主政治三个着力点，促进温州社会和谐。社会安定就是要健全社会安全机制，加强社会治安防控体系建设，深入开展严打、禁毒等专项整治，提高保障公共安全和处置突发事件的能力，确保人民群众生命财产安全。公平正义就是要健全合理的利益协调机制，建立健全社会保险、社会救助、社会福利和慈善事业相结合的社会保障体系，大力推进欠发达地区跨越式发展，努力协调区域之间、城乡之间以及社会各阶层、各方面的利益关系。民主政治就是要健全矛盾纠纷排查调解机制，深化"化纠纷、解难题、办实事"活动，及时化解各类社会矛盾，积极预防和处置群体性事件，切实解决好事关群众切身利益的突出问题。

　　温州人民围绕"平安温州"建设，大力开展各项整治行动，积极解决影响温州社会和谐的重点难点问题，全面推进"平安温州"创建工作，取得了明显成效。但是，"平安温州"建设面临的考验依然严峻，温州市社情民情相对复杂，影响温州社会和谐的因素依然存在，需要继续推进"平安温州"建设，促进温州社会和谐。进一步增强平安建设责任意识，要清醒地看到温州平安基础还不稳定、不巩固，政府及其部门要进一步增强"平安温州"建设的责任感和紧迫感，把平安创建工作摆在更加突出的位置；进一步推进社会矛盾排查和解。要将推动社会建设作为平安建设的根本，坚持"以人为本、服务为先"的理念，创新社会管理举措。要建立社会稳定风险评估机制，在制定相关政策措施时，科学研判实施效果及带来的社会风险，从源头上预防和减少社会矛盾的发生；进一步提高人民群众安全感。各级政府要切实维护社会政治大局稳定，依法严厉打击敌对势力、邪教组织和非法宗教活动。加大对各类严重犯罪的打击力度，开展打黑除恶专项斗争，扫除村霸、地霸和"保护伞"，继续保持对"两抢一盗"的打击力度；进一步夯实平安建设基层基础。进一步加大硬件设施建设投入，加强视频监控设施的建设和管理，充分发挥其应有效益，落实科技强警各项目标要求。加强流动人口服务和管理工作，尽快落实居住证制度，理顺服务管理体制，健全部门间协调配合机制。

　　温州社会要和谐，首先要发展。温州社会和谐在很大程度上取决于温州经济、政治、文化、社会、温州人的发展水平，取决于发展的协调性。必须坚持用发展的办法解决前进中的问题，大力发展社会生产力，不断为温州社会和谐提供雄厚的物质基础。同时，更加注重解决温州发展不平衡问题，大力推进以改善民生为重点的社会事业建设，推动温州经济社会又好又快发展。公平正义是温州社会和谐的基本条件，制度可以有效地保障公平正义，必须加强制度建设，保障公平正义，保障温州人民在政治、经济、文化、社会等方面的权利。加强对温州经济社会的管理，是构建社会主义和谐温州的必然要求。必须创新社会管理体制机制，整合社会管理资源，提高社会管理水平，健全党委领导、政府负责、社会协同、公众参与的社会管理格局，在服务中实施管理，在管理中体现服务。社会主义和谐温州是一个充满活力的、团结和睦的、最大限度地激发温州人活力的温州。构建社会主义和谐温州，必须充分发挥党在温州改革开放和现代化建设中的领导核心作用。坚持立党为公、执政为民，以党的执政能力建设和先进性建设推动社会主义和谐温州，为构建社会主义和谐温州提供坚强有力的政治保证。

和谐凝聚力量，和谐成就伟业，构建社会主义和谐温州是构建社会主义和谐社会的重要组成部分，是对温州市各级党委政府执政能力的重大考验，也是对温州人民全面、协调和可持续发展能力的重大考验。

第二节　温州经济的发展

温州人打造了民营经济的特色和品牌，民营经济是温州经济体制机制的优势所在，民营经济的发展促进了温州经济结构的变化，温州形成了温州经济和温州人经济相互联系的经济发展格局。

一　温州社会的经济结构

温州人之间经济交往活动的规范化、制度化构成了温州社会的经济结构，它的主要内容就是温州人之间的经济关系。温州人之间的经济关系是以温州人与温州自然之间的现实关系为基础的。温州人解放生产力和发展生产力的实践就体现了温州人与温州自然之间的现实关系，与生产力解放和发展的一定阶段相适应的温州人之间经济关系的总和就是温州社会的经济结构。温州人在解放和发展生产力过程中，实现着自身与温州自然之间的物质、能量、信息的交换，温州人的本质力量不断对象化，温州自然的物质、能量、信息不断同化为温州人的体力和智力。温州人之间的经济关系不是存在于温州人的活动之外，而是根源于温州实践过程，是温州人进行温州实践活动借以实现的形式，同温州人的物质利益息息相关，并决定着温州人的物质利益诉求能否得到满足以及满足的程度。温州人之间的经济关系不是随意选择的，也不能随意改变，它具有客观性，受生产力决定，并反作用于生产力，随着生产力的变化而变化。

当代中国确立了以公有制为主体，多种所有制共同发展的基本经济制度，不仅有公有制的经济关系，也有非公有制的经济关系，公有制的主体地位体现公有资产在社会总资产中占优势，国有经济控制国民经济命脉，在不同的地区可以有差别，当代中国人民经济交往活动的规范化、制度化构成了当代中国社会的经济结构。温州人坚持以中国特色社会主义理论体系为指导，把党的路线、方针、政策和本地的具体实际结合起来，放手发展民营经济，加快推进社会主义市场经济体制改革，大胆探索股份合作制和股份制，使民营经济得到迅速发展，民营经济的发展成为整个温州国民经济发展的主要推动力量，温州社会的经济结构的实质内容是民营经济关系。温州民营经济促进了温州经济快速发展，提高了温州人民的生活水平，培育了市场机制，推进了城乡统筹就业，加快了温州城市化进程，建立了具有中国特色温州特点的经济结构。温州社会的经济结构是温州人自己建立起来的，是一种"民办、民营、民有、民享"的经济结构，它的根本出发点是以民为本。温州人按照自己的意志，依靠自己的力量来创造财富和配置资源，温州人是温州经济的主体，是产权的主体，是配置民间资源的主体，这正是温州社会的经济结构产生极其深刻而广泛影响的基础。

改革开放以来，温州社会的经济结构发生了变化，主要表现在所有制结构、产业结构和劳动力结构等方面的变化。首先，在所有制结构层面，温州民营经济在温州工业经济、商贸流通业和全社会固定资产投资领域占较大比重。20 世纪 80~90 年代是温州民营经济迅速发展时期，到 2000 年，温州民营经济占全市工业总产值的比重达到了 92%，成为工业经济发展的主要推动力量。2007 年，在温州商贸流通业发展中，民营经济起着主导作用，公有制企业仅占不到 10% 的份额，个体私营经济占较大比重。温州民营经济的发展，带动了社会固定资产投资，成为全社会固定资产投资的主体力量。其次，在产业结构层面，温州民营经济的发展，加速了温州三大产业结构的变化，促进了产业集群，增强了区域品牌效应，在制鞋、服装、制革、眼镜、打火机等产业打响了品牌。最后，在劳动力结构层面，温州农村剩余劳动力逐渐从第一产业中分离出来向第二、第三产业转移，第一产业从业人员人数下降，第二、第三产业从业人员人数升高。

二 温州经济发展格局

温州的改革开放和现代化建设，是在条件非常有限的情况下起步的。温州人进行了三次创业，以党的十一届三中全会召开为起点，以放手发展个体私营、股份合作经济为主要路径，以市场化改革为重要动力，温州人进行了艰苦卓绝的第一次创业，初步完成了市场经济初期的基本积累，形成了充满活力的经济发展格局，实现了由贫穷到温饱的历史性巨变；以邓小平南方谈话为标志，以规范市场经济秩序为基本取向，以实施质量立市和基础设施建设为战略重点，以小城镇崛起为依托，温州进行了卓有成效的第二次创业，不断提高了温州经济的综合实力，实现了由温饱向总体小康迈进；以党的十七大召开为新的起点，以人均生产总值达到 3000 美元为新起跑线，温州进入了一个推进经济社会科学发展的新阶段，进行第三次创业。温州人解放思想、实事求是、与时俱进、勇于实践，走出了一条具有鲜明区域特色的发展路子，创造并发展了生机勃勃的温州模式，取得了举世瞩目的经济发展成就。温州人打造了民营经济的特色和品牌，成为中国民营经济发展的先行区，温州形成了改革创新的体制机制优势，成为中国建立和完善社会主义市场经济体制的试验区。

温州形成了以民营经济为特色和品牌的经济发展格局。温州经济的发展是一条穷则思变的路子，一条改革创新的路子，一条尊重群众首创精神、全民创业的路子，一条以商促工、以工强商的路子，一条"走出去、引进来"的路子。这条路子，从小商品—专业市场—遍布海内外的市场营销网络、从特色产业—块状经济—集群经济、从温州人—民营企业家—温州人精神，留下了清晰的线索。改革开放前，温饱问题是温州人首先要解决的问题，穷则思变，温州人被"逼"着走上了生存与发展之路。改革开放30多年，温州全面实现了从生存问题到发展问题的跨越，温州人民的生活水平大大提高。改革创新是温州经济发展的动力之源，温州人不断推进各项事业改革，凭着创新的胆识和实践，推进了温州经济发展。温州实践的主体是温州人民，发挥温州人民的积极性、主动性和创造性，尊重人民群众的首创精神，是温州发展的根本所在。温州是一个全民创业的城市，人人参与创业，为温州经济注入了活力。温州人善于经商，以商为荣，商业实践是温州人主要的生存与发展方式，温州人在商业实践中推动温州经济发展。温州人走向全国、走向世界去创业。这些"走出去"的温州人，不但推动当地经济发展，也为温州带来了国内外大量信息、资源和宝贵经验，推动了温州经济发展。温州经济与温州人经济相互联系，温州形成了独特的经济发展格局。温州人是温州经济发展的最大优势，温州经济发展取得的巨大成就，是内外温州人互动发展、紧密结合的结果。

温州民营经济起步较早、发展迅速，在整个温州经济发展中比重很高、贡献最大，发挥着主导作用。北京大学经济学院院长刘伟认为，温州经济是一种以民营经济为主体的模式，天生具有灵敏的市场嗅觉和创新意识，这种模式是更多、更直接地建立在尊重市场、注重效率基础上的，这就在体制机制层面，为温州可持续发展提供了根本动力。温州人从温州独特的经济发展格局出发，继承和发展温州传统文化，推进以改善民生为重点的社会事业建设，以平安温州建设为载体，大力弘扬温州人精神，凝聚海内外温州人力量，以更加广阔的视野、更加丰富的内涵、更加有力的举措，推进内外温州人全面互动发展，不断提升温州经济发展格局，优化经济结构。温州人正在率先全面推进经济、政治、文化、社会和生态的协调发展，率先走出一条中国特色温州特点的科学发展道路，使温州成为发展中国特色社会主义的先行区。温州人积极构建具有时代特征和温州特色的社会主义和谐温州，为把温州建设成充满活力、诚信友爱、公平正义、民主法治、安定有序、人与自然和谐相处的和谐城市而努力奋斗。

第三节 温州政治的发展

温州经济与温州政治密切相关，温州政治是温州经济的集中表现。温州政治发展呈现出多渠道、多路径、多领域齐头并进的态势。温州社会的政治结构集中反映了温州人民的要求，它建立在温州社会的经济结构基础之上并为其服务。

一 温州社会的政治结构

温州人之间政治交往活动的规范化、制度化构成了温州社会的政治结构，它的主要内容就是温州人之间的政治关系。温州社会的政治结构包括温州市各级党委、人大、政府、政协、中国人民解放军驻温部队、警察、法院、监狱等实体要素和温州的地方性规章、办法、规定、决定等规程要素。在温州社会中，温州人与政治活动有这样或那样的联系，政治活动对温州人具有普遍意义，有一部分温州人以政治活动为职业。温州社会的政治结构适应和追踪温州社会的经济结构，围绕温州经济发展的中轴线而演变，但是，温州实践是一个永无止境的过程，温州社会的政治结构和温州社会的经济结构也有不一致的时候，体现为阻碍或促进温州经济的发展。因此，必须要按照温州社会的经济结构建立相应的政治结构，避免不必要的政治行为干扰温州经济的正常运行，促进温州经济又好又快发展。

温州积极推进政治体制改革，适应社会主义市场经济发展的需要，发展社会主义民主政治，建设社会主义政治文明，把党的领导、人民当家作主和依法治市有机统一起来，实现社会主义民主政治的规范化、制度化；把发挥政府作用和市场作用结合起来，温州市各级政府坚持"有为而治"和"无为而治"相结合，有所为、有所不为，不越位、不错位、不缺位，建立了以积极干预为特征的政府管理体制。如果没有温州市各级党委的强有力领导，温州经济的可持续发展是不可能的，温州民营经济关系的建立、维系、涵养和变化发展，必然对政府管理体制提出新的要求。温州改革开放史和社会现实表明，政府经济管理必须不断创新，政府的效能、效率和活力，已成为温州经济发展的重要因素，成为温州人的普遍要求，政府要摆正角色，树立现代理念，完善经济调节、市场监管、社会管理和公共服务的职能。温州市各级政府经济管理职能创新促进了温州改革的深化，推进了温州经济的快速发展，培养了市场主体，使温州民营经济取得了先发优势，以至现在优势和后发优势。

二　温州政治发展路径

温州政治是温州经济的集中体现，温州围绕经济发展大局，积极推进温州政治发展，温州政治发展的主要路径是推进民主政治发展、法治温州建设和政府改革。温州政治发展始终以经济建设为主要任务，以富民为主要目标，立足温州实际，鼓励、支持、引导个体私营经济发展，走出了以民营经济为特色的经济发展之路。温州各级党委、政府的执政能力不断提高，法治理念不断增强，服务型政府建设顺利推进。法治和民主是温州政治发展的两大主题，法治和民主的推进保证了温州民营经济的发展沿着社会主义的道路前进，调动了温州人民的积极性和主动性，促进了经济社会又好又快发展，温州经济的迅速发展，又推进了温州政治的发展，温州经济和温州政治是相互促进的。

推进民主政治建设。坚持党的领导、人民当家作主和依法治市的有机统一，健全和完善党委总揽全局、协调各方的工作机制，切实提高科学执政、民主执政和依法执政水平。坚持和完善人民代表大会制度，支持和保证人大及其常委会依法行使各项权力，进一步发挥人民代表的作用。坚持和完善多党合作和政治协商制度，推动政协工作制度化、规范化、程序化建设。巩固和发展最广泛的爱国统一战线，充分发挥各民主党派、工商联、人民团体和无党派人士的桥梁和纽带作用，支持其依照法律和章程履行职责。推进党内民主建设，以党内民主带动人民民主，以党内和谐促进社会和谐。加强基层民主政治建设，完善基层群众自治制度。健全基层自治组织和民主管理制度，保障基层人民群众的民主政治权利。建立健全党委、政府主导的维护群众权益机制。推进学习型党组织建设，充分发挥党的领导核心作用，切实加强党对经济工作的领导，按照发展社会主义市场经济的要求，完善党领导经济工作的体制机制和方式方法。

推进政府改革。按照公共服务型政府要求，促进政府职能转变，深化政府机构改革，建立职能有机统一的大部门制。按照职权法定、依法行政、有效监督、运行高效的要求，积极推进政府职能转变，全面履行经济调节、市场监督、社会管理和公共服务职能。深化政府机构改革，合理划分和依法规范各级政府及其部门的职责权限，实现政府职责、机构和编制的法定化。深化行政审批制度改革，继续开展机关效能建设，进一步提高办事效率和服务水平。改革和完善行政执法体制，巩固城市管理相对集中行政处罚权工作成果，推进市、县两级相对集中行政处罚权工作。深化投资体制改革，合理界定政府投资范围。科学界定政府职能，建立健全有利于转变经济发展方式和政府职能的绩效考核体系和评估机制，推进政企、政资、政事、政府与社会组织分开。

推进法治温州建设。改革开放以来，温州高度重视民主法治建设，扎实推进依法治市各项工作，积极推进法治建设，切实加强普法工作，不断提高全民法律素质。全面推进依法行政，积极维护司法公正，切实尊重和保障人民群众合法权益。温州在法治建设方面取得了显著成绩，有力地促进了温州现代化建设的顺利进行。建设"法治温州"是落实依法治国基本方略的重大举措，是建设社会主义法治国家在温州的具体实践，是依法治市工作的进一步深化和发展。在新的历史时期，建设"法治温州"，对全面落实科学发展观，加快建设社会主义和谐温州，深入实践依法治国基本方略；对加强和改进党的领导，提高党的执政能力，实现科学执政、民主执政、依法执政；对认真落实"干在实处、走在前列"要求，推动温州经济社会又好又快发展，都具有十分重大的战略意义。

第四节　温州文化的发展

　　温州文化的发展是历史积淀和现代诉求的统一，温州文化是温州经济和政治的反映。温州社会的文化结构具有相对独立性，它的作用主要体现在温州文化维护或批评温州社会、调控温州人的活动两大功能上。

一　温州社会的文化结构

　　温州人之间文化交往活动的规范化、制度化构成了温州社会的文化结构，它的主要内容就是温州人之间的文化关系。温州社会的文化结构既反映了丰厚的历史积淀，经商传统、风俗传统、宗教传统和艺术传统都是其历史积淀的具体表现，又反映了当代温州经济和政治的状况，注入了现代文化的因素，体现了知识化、信息化和国际化的时代特征，现代理念和现代思维必然以这种或那种方式反映在温州社会的文化结构中来。温州社会的文化结构包括永嘉学派、民俗文化、山地文化、海洋文化、移民文化、民营文化等文化形态和温州人的哲学观念、政治法律观念、道德观念、宗教观念、艺术等社会意识的联结方式。在温州社会的文化结构生成和发展过程中，离不开温州环境，温州环境因素渗透于温州人的生产生活中，对温州人的生活方式、行为方式和思维方式产生了极大影响，逐步形成了独特的文化结构。温州社会的文化结构是当代中国社会文化结构的重要组成部分，深深刻着中华民族的印记，民族信仰、民族精神、民族智慧、民族性格和民族心理必然在温州人的哲学观念、政治观念、道德观念等方面表现出来，"敢为人先，特别能创业"的温州人精神就集中体现了民族精神和时代精神。

　　温州社会的文化结构包括丰富的内容，它们从不同的侧面以不同的方式反映温州社会的经济结构和政治结构，在内容上相互关联、相互补充。永嘉学派的事功、重商之说是温州人宝贵的精神财富，影响着每一代温州人，构成了温州人的"文化基因"。温州民俗文化是历代温州人创造的文化，它对温州人的思想观念和生产生活发挥着长期的潜移默化的影响，起着不可估量的作用，"一方水土养一方人，一方民俗育一方人"就是这个道理。山地文化赋予了温州人独特的个性、品质和本性，温州"七山一水二分田"，温州人在生存压力下，形成了坚韧、吃苦的本性和穷则思变、机巧灵敏的个性。海洋文化赋予了温州人的冒险精神和开拓精神，温州位于浙江省东南部，"瓯居海中"，历代温州人的生存和大海息息相关，温州人在与大海拼搏中向外拓展，不断开拓生存与发展之路。移民文化扩大了温州人的交往活动，温州人形成了开放意识，温州是一个典型的移民社会，内移和外移频繁进行，促进了经济文化的发展。民营文化是温州社会文化结构的一个重要内容，温州的民营经济必然会形成与之相适应的民营文化，温州民营经济不仅具有经济意义，而且具有文化意义。永嘉学派、民俗文化、山地文化、海洋文化、移民文化、民营文化相互影响、相互作用，共同推动着温州社会文化结构的演变。温州文化结构的功能体现在温州文化维护或批判温州社会、调控温州人活动上，温州文化在温州社会生活中发挥着重要作用，因此，温州文化建设是活力温州、实力温州、和谐温州建设的重要方面。温州文化的力量，深深熔炼在温州人的生命力、创造力和凝聚力之中，发展温州文化，就必须立足温州改革开放和现代化建设的实践，吸收世界一切优秀文化成果，继承温州文化的优秀传统，进行文化创新，不断增强温州文化的吸引力和感召力。

二　温州文化发展逻辑

永嘉学派是温州文化发展的历史起点。以叶适为代表的永嘉学派讲求"事功""义利并举"的哲学思想，影响着一代又一代温州人，并积淀成区域文化的集体记忆。例如，有明"帝师"之称的刘伯温既具有杰出的现实智慧，同时又能写出充满哲学意义的《郁离子》；温州戏文（南戏）可谓既不"阳春白雪"又非"下里巴人"，堪为雅俗文化完美结合的艺术典型；还有清末朴学大师孙诒让，毕生坐拥书城，尚友千古，与官场纤尘不染，却能追随时代，最早在温州创办实业和现代教育，等等。永嘉学派熔铸成了温州人特有的文化品格，并在改革开放的时代精神洗礼下，成为温州人民"敢为人先，特别能创业"的精神源泉。永嘉学派在历史上有着重要的影响，而且深深融入温州人的骨子和血液里，成为温州经济社会发展的文化基因。

温州人精神是温州文化发展的集中代表。温州人精神既反映了时代特征和时代主题，又反映了中国国情和温州市情，具有中国特色温州特点，是民族精神和时代精神在温州的生动写照，也是温州传统文化和温州现代文化的有机融合。温州人精神是温州经济社会发展的支撑，是宝贵的精神财富，丰富了温州文化的内涵，是温州文化发展的集中代表。

信用文化是温州文化发展的必然要求。信用文化，是市场经济的灵魂，是调节人与人、人与社会、社会各经济单元之间信用关系和信用行为的一种基本理念和规范。市场经济是信用经济，内含着对市场主体的道德要求，没有信用，市场经济就不能正常运行，一个高效率的市场必定是一个信用良好的市场。诚信是立企之本，诚信能够增强温州民营企业的核心竞争力，拓展发展空间，扩大企业融资渠道，有效参与国际竞争与合作。温州人积极建设质量温州、品牌温州、信用温州，树立了严格的质量观和至上的信誉观，温州人努力建设信用文化，追求共生共荣，彰显出信用文化的共赢性特征。信用文化包括道德风俗、意识形态、价值观等非正式约束，信用文化可有效降低信用法律的执行成本。诺思提出：信仰结构通过制度——正式和非正式规则——转化为社会经济结构，甚至有效率的政策如果被认为是不公平的，那么将产生政治上的反映，使得（有效率的）改革停止或倒退。温州人对失信的认识是深刻的，失信于社会，就不能在社会中求得可持续发展，讲信用，促合作，已成为温州人的普遍共识。信用文化是温州经济社会发展的必然要求，也是温州文化发展的必然要求。

民营文化是温州文化发展的重要形式。民营文化是温州社会文化结构的一个重要内容，也是温州文化发展的重要形式。民营文化是与温州民营经济相对应的一种文化，民营文化推动温州民营经济的发展，温州民营经济的发展又推动着民营文化的发展，它们之间相互影响。民营文化总是与一定的民营企业相联系的，是以民营企业文化而表现出来的一种文化形态，大致包括民营企业的物质文化、精神文化和制度文化等。温州民营文化具有自己的特征，温州民营企业非常重视品牌的创立，深刻认识到了品牌的价值，积极建设品牌文化，实施品牌战略，加强品牌管理，形成了品牌性特征；温州民营企业家都非常务实，讲求实效，温州民营文化形成了务实性特征；创新是温州民营经济发展的动力之源，温州人善于创新，不断地进行创新实践，温州民营文化形成了创新性特征。

和谐文化是温州文化发展的目标。和谐文化是以社会和谐的内涵为依据的文化，和谐文化是构建社会主义和谐社会的重要内容，只有在和谐文化引领下，才能促进经济和政治的和谐发展。和谐文化是和谐温州的灵魂，建设温州的和谐文化，既要与温州经济社会发展的现实要求相适应，也要不断创新文化内涵；既离不开对温州传统文化精华的继承和发展，也离不开对世界优秀文明成果的吸收和借鉴；不能脱离温州社会的现实状况，不能超越温州社会发展阶段和温州人的认识和实践水平；既要有先进性，又要有广泛性，没有先进性，就没有科学性，对温州人就不会有感召力、引导力，没有广泛性，就难以贴近群众、贴近生活、贴近实际。总之，温州的和谐文化建设是一个长期的过程，需要温州人在理论和实践上不懈进行探索，和谐文化是温州文化发展的目标，推进温州的和谐文化建设是温州人提高全温州社会文明程度的有效途径。

永嘉学派、温州人精神、信用文化、民营文化、和谐文化之间相互影响、相互作用，共同构成了温州文化发展的逻辑体系。没有繁荣的文化，就没有真正的现代化；没有足够的文化"软实力"，就谈不上强大的综合竞争力；没有深厚的文化底蕴，没有先进文化的引领，没有文化的创新推动，温州就会在竞争中落后，在发展中被淘汰。如今，温州的发展正进入一个重要的转折时期，正处在一个新的起点上，温州要在新一轮竞争中继续领先、走在前列，既要靠经济发展又要靠文化做支撑，既要整合要素资源又要培育文化精神，既要增强"硬实力"又要增强"软实力"。必须形成与温州经济社会发展相适应的文化发展格局，构筑与人民群众日益增长的文化需求相适应的公共文化服务体系，建立资源优化配置、运行健康有序的文化市场体系，营造有利于出精品、出人才、出效益的文化发展环境，成为文化大市、文化强市。

第五节　温州人的发展

温州人在生存与发展实践中推动着温州的经济社会发展，又在生存与发展实践中提升了自身的文明，逐步形成了既有温州特色，又有时代精神的现代文明观，提高了自身的各种素质和能力，促进了自身的全面发展。

一　温州人的生存与发展实践

温州人敢于实践、勇于实践、善于实践，坚信只有实践才能出真知，只有实践才能长才干，不断地进行生存与发展实践。温州人的生存与发展法则是穷则思变、自强不息、敢为人先和实事求是。为求生存，温州人想尽千方百计；为谋生存，温州人走过千山万水；为图生存，温州人历经千辛万苦，为了生存，温州人说尽千言万语，温州人体现出了顽强的生存能力。只要能发展，天南地北无所不往、无孔不入；"别人不愿干的温州人愿意干，别人不想干和干不了的温州人能干、敢干、善干"。正是这种顽强的发展实践，培育了温州人为生存而抗争，为发展而创业创新。随着温州人生存与发展实践的深入，温州人的生存与发展逐渐由感性到理性，越来越具有更深刻、更丰富的内涵，温州人既在温州自然中生存，又在温州社会中生存；既有生理、心理和安全的生存需要，又有尊重和自我实现的发展需要。温州人的生存与发展实践迫切需要理性知识，经过反复的生存与发展实践，对感性知识进行加工升华，形成了理性知识。正因为温州人的认识由感性认识上升到了理性认识，用理性认识指导生存与发展实践，温州人的生存与发展活动才有规律，是合规律性和合目的性的统一，并呈现出历史的连续性。只有不断进行生存与发展实践，形成理性认识，如此反复进行下去，温州人才能真实地、有效地认识世界和改造世界，才能正确处理温州关系、解决温州问题。温州人的理性知识保障、规范和引导着温州人的生存与发展实践沿着有利于自身的方向发展，最大限度地减少不确定性和风险。

创业创新实践是温州人生存与发展实践的重要方式。改革开放以后，隐藏在温州人内心的致富欲被充分挖掘出来，温州人的积极性、主动性和创造性充分体现出来，使改革开放成为温州人本质的必然的要求。为求富裕，温州人艰苦创业，"白天当老板，晚上睡地板"是许多温州创业者的真实生活写照；为求富裕，温州人"恋土不守乡"，走南闯北，四海为家，建立无孔不入的温州关系网，不断开拓生存与发展空间，在创业创新实践中创造财富。对温州人来说，创业创新具有很强的吸引力，创业创新最能够考察每一个温州人的能力、智慧和意志力，温州人在创业创新实践中证明了自己的能力、智慧和意志力，把自己的目的、理想、观念转化为活生生的现实。信念是温州人创业创新实践的先导，温州人的创业创新信念是困难的时间就是财富的时间，落后的空间就是财富的空间，成功是温州人的愿望，失败也是一个经验，创业创新从来都不是一帆风顺的，创业创新实践是永无止境的，温州人用自己的时间创造自己的空间，时间是温州人生存与发展的空间，温州人存在于自己的时间和空间之中。

商业实践是温州人生存与发展实践的主要形式。温州人受永嘉学派"义利并举、农商并重"的思想熏陶，素有经商的传统，自东晋以来，温州人以制瓷、造船、纺织、造纸、漆器等闻名中外。温州人"富贵而不务本"，"海上丝绸之路"开通后，温州成了浙南、闽北及毗邻地区商品物资的集散地。当时，有人称温州"商船贸迁""其货纤靡，其人多贾"。这种经商传统，经过温州人的历史实践，强化了温州这一地区的商业文化传统。温州人强烈的经商冲动和永无止境的商业实践，使温州人完成了生存与发展上的超越。正是温州人的商业实践培育了温州人为利和义而"全民"经商、"全民"创业、"全民"富裕的生存与发展方式，温州人的商业实践是温州人生存与发展实践的主要形式。温州人在商业实践中不断提高自身的商业素质和能力，提升着自身的商业文明，讲信用，树立商业信誉和形象。

二　温州人的全面而自由的发展

温州人的全面发展包括两个方面的内容，即温州人的观念和现实关系的全面发展。温州经济社会的又好又快发展，是每个温州人全面发展的现实基础和物质条件，温州人的全面发展，要求有较好的社会环境，即给所有温州人腾出足够的时间，创造更好的条件，使温州人在德、智、体、美等方面得到发展。不能以牺牲温州人的发展为代价来促进社会发展，必须坚持以人为本，把社会进步和温州人的全面发展有机结合起来。

温州人发展的影响因素主要包括内在因素和外在因素两个方面。环境是温州人发展的外在因素，制约着温州人的发展，温州人创造环境，环境也创造温州人。中国特色社会主义道路的成功开辟，为温州人的发展提供了可能性，创造了各种条件，温州人的主体性得到了充分体现，中国特色社会主义理论体系的形成与发展，为温州人的发展提供了理论支撑，最大限度地减少了不利因素，温州人抓住机遇，加快发展，促进了自身观念和现实关系的全面发展。身心发展水平是温州人的发展的内在因素，包括身体状况、知识、情感、意志、性格、气质等方面，身心发展水平是在温州人与环境的相互作用、相互影响中形成与发展起来的，逐渐成为温州人的发展中相对稳定的因素，是最能体现温州人主体性的因素。

温州人在生存与发展实践过程中使自身的主体性即自主性、自觉性和能动性的方面逐步得到全面发展，温州人的全面发展意味着温州人的个性的丰富性和能力的多样性，它使温州人在复杂多变的世界中能够冷静思考、沉着应对，显示出更大的想象力和创造力，因而就更为自由。这种自由是凭借温州人的认识和实践能力深刻把握必然的结果，是对主观世界和客观世界的有效改造的结果。每个温州人全面而自由的发展是所有温州人自由而全面发展的条件。这种真正实现了的温州人的自由个性，是以自由人联合体为前提，没有自由人联合体，就不可能实现温州人的全面而自由发展。因此，温州人必须要为自由人联合体的形成而贡献自己的力量。温州人越来越自觉地推动社会的进步和自身的全面发展，从而使自身的自由发展由可能逐步变为现实。

共产主义社会是人的全面而自由发展的社会。温州人既立足现实又追求共产主义的远大理想，坚持走中国特色温州特点的科学发展道路，不断地创造物质财富和精神财富，促进观念和现实关系的全面发展，为共产主义创造必要的条件。共产主义的远大理想要靠现实努力来实现，并不是在随心所欲或在想象中实现的。邓小平强调，实现共产主义，是一个漫长的历史过程，最根本的一条是不断发展生产力，发展是硬道理，创立了中国特色社会主义理论。江泽民进一步提出发展是党执政兴国的第一要务，把中国特色社会主义事业推向前进，胡锦涛提出以人为本，全面、协调、可持续的科学发展观，继续丰富和发展了中国特色社会主义理论体系。温州人不断扩大实践，追逐更好的业绩，以扩张的方式为实现共产主义贡献自己的力量。温州人的扩张与共产主义的目标是一致的，符合由必然王国通向自由王国的马克思主义哲学原理。扩张就是以追求更好的业绩为中心的实践的扩大再循环。温州人永远不会满足实践的第一个结果产生的业绩，温州人会创造各种条件，在第一个结果产生的业绩基础上进行下一步的更大的实践，行动的结果取得了更好的业绩，又在更好的业绩基础上进行新的更大的实践，如此无限进行下去，只有更大的实践，没有最大的实践；只有更好的业绩，没有最好的业绩。温州模式的形成与发展，给温州人开辟了一条通往远大理想的现实道路，温州人的创造性劳动是推进温州社会进步和促进自身的全面而自由发展的最可靠的保证，温州人把现实性、理想性和超越性有机统一起来。

温州人的全面而自由的发展是指温州人的类特性、社会性和个性的协调发展。自由自觉的活动是人的类特性，人的类特性使人真正成为人。因此，温州人作为人类的一部分，按温州人的本性来说，必然要使自己真正成为人，必然要求自己实现人的类特性，否则就不属于人类了。社会性是人的本质，人的发展需要人的社会性的发展，温州人总是处于一定的社会关系之中，温州人的本质就在于温州人的社会关系网，社会关系网的扩大和发展，对于温州人的生存与发展具有重要的意义。除了温州人的类特性和社会性的发展之外，还包括温州人的个性的发展，温州人在生存与发展实践中逐渐形成了独特的个性，主要表现在能自主、敢冒险、肯吃苦、讲合作、善创新等，温州人以一种全面的方式实现自己的全面的本质，温州人的个性的发展是发展自身潜力和创造力的需要。总之，温州人的全面而自由发展是温州人的类特性、社会性和个性的协调发展。

第十章 马克思主义哲学
创新的生长点

21 世纪以来，哲学界正在走出沉寂，重新活跃起来，已经开始深入研究马克思主义哲学的生长点问题，阐发了许多新的思想和观点。在一些重大问题上取得了丰硕成果。马克思主义哲学创新的切入点、立足点和基本点是马克思主义哲学创新的生长点的三个不可分割的组成部分。马克思主义哲学创新可以而且应当以典型地区经验的哲学总结为切入点，以当代中国经验的哲学总结为立足点，以马克思主义哲学基本原理和时代发展为基本点，从而促进马克思主义哲学的点、线、面、体协调发展。

第一节 马克思主义哲学创新的切入点

温州是中国改革开放的一个缩影，温州人创造了温州模式，提升了温州文明，形成了温州人精神。温州人成为一种品牌、力量和形象的象征，温州模式成为当代温州的马克思主义，温州、温州人和温州模式形成了一股强大的合力。马克思主义哲学创新的切入点在哪里？其中之一就在温州。

一 马克思主义哲学和温州传统文化的融合

温州传统文化是中华文化的重要组成部分，是地域文化的一个典型代表，构成了温州哲学形成过程中不可缺少的"遗传因子"。温州哲学的形成与发展，离不开对温州传统文化的继承和发展。

对于温州传统文化，我们必须作出一分为二的分析，既有温州精神、温州智慧、温州文化的活东西，也有愚昧落后、目光短浅、封建迷信的死东西。在温州文明发展的历史长河中，活东西处于上风，死东西处于下风。永嘉学派，本质上是具有永久魅力和生命力的温州瑰宝、温州智慧和温州财富。马克思主义哲学最早在西方产生和传播，却在中国得到了丰富和发展，在温州取得收获，绝非出于偶然。温州智慧的闪光点，正是永嘉学派和马克思主义哲学的精神契合点，温州传统文化现代化和马克思主义哲学温州化的契合点。

在温州建构马克思主义哲学的当代形态，绝不能忽视它的温州风格、温州气派和温州特色。对于温州的马克思主义哲学研究来说，强调它的温州化，有两个基本的方面：一方面是要从根本上转变对温州传统文化的虚无主义立场，使温州哲学的形成、发展和吸收温州传统文化之精华更加自觉地结合起来，从温州传统文化中挖掘优秀文化资源，并将它加以提炼和加工，使之融入马克思主义哲学之中。另一方面是使温州哲学的研究自觉地和当代温州人的实践结合起来，从温州人的社会生产和现实生活中吸取鲜活的思想内容和理论源泉，在温州的现代文化创造中形成具有时代精神和温州特点的哲学内容。

永嘉学派主张以利和义，利和义是不可分割的，这和马克思主义哲学关于物质和精神相统一的思想是一致的、融合的。马克思主义哲学认为，利益是社会发展和人的发展的重要动力，是社会进步的驱动力之一，"天下熙熙，皆为利来；天下攘攘，皆为利往"，就是这个道理。薛季宜在《大学解》中指出，何以聚人，曰财，财者，国用所出，其可缓乎？虽然为国务民之义而已，务民之义，则天下一家，而则不可胜用，藏之于下，犹在君也。以财发身，用之者也不知所以用之，身为财之役矣，故君子先正其本，为上有节，为下敦本，财用之出，庸有穷乎？聚敛之臣，不知义之所在，害加于盗，以争利之民也。民争利而至于乱，则不可救药矣。言利而析秋毫，必非养其大者之人也，所见之小，恶知利义之和哉！惟知利者为义之和，而后司与共论生财之道。薛季宜从利和义一致的思想出发，要求"见之事功"，在当时具有进步意义。叶适指出，"古人以利和义，不以义抑利""既无功利，则道义者乃无用之虚语尔。"又说:"古人之称曰'利,义之和',其次曰'义,利之本',其后曰'何必曰利',然则虽和义犹不害为纯义也,虽废利犹不害其为专利也。"他主张把"义理"和"事功"结合起来,"以利和义""义利并立"。叶适还反对"抑末"政策,提倡"扶持商贾",肯定富人的作用。他强调要实行养民、宽民之政,"君既养民,又教民,然后治民。"马克思指出:"功利论,至少有一个优点,即表现了社会的一切现存关系和经济基础的关系。"这对于我们评价薛季宜及永嘉学派思想具有参考价值,因为超功利主义是不存在的。永嘉学派的义利统一思想适应了当时温州商品经济发展的需要,也为当代温州人提供了宝贵的文化遗产。随着改革开放的深入,温州人大大强化了自己的功利意识,善于追求个人利益,致力于互惠互利,以承担社会责任来实现自己的利益,正当合理的利己观念越来越深入人心。随着温州实践的深入,温州人先富带后富,形成了合理的义利观。

温州人把永嘉学派以利和义的思想进行了现代转换,或者说是现代化,把它发展为追求业绩和承担责任的统一,在承担社会责任过程中创造社会财富,在承担个人责任中创造个人财富,用追求业绩的办法解决前进中的问题。要想成功,就要创造出业绩,没有业绩,就是失败,业绩对温州人的生存与发展具有决定性的意义。随着财富的积累和业绩的增多,温州人积极主动承担责任,致富思源,富而思进,以实际行动回应了社会需要,不断回报社会,奉献社会,为社会作贡献。温州人坚持社会业绩是检验温州真理的硬标准,坚持社会责任是检验温州真理的软标准,做到软硬兼施,把"软"和"硬"统一于温州实践之中。这种思想与马克思主义哲学的真理观、价值观、实践观相互融合,形成了温州哲学的真理观、价值观、实践观。温州人善于运用马克思主义哲学关于联系和发展的思想,通过温州商会、行业协会等中介组织相互联系,形成了一个强大的温州人关系网,创造了一个属于自己的世界。而这种关系的生产与再生产是在温州人的生存与发展实践中进行的,是在解决温州问题的活动中进行的。温州人为什么需要这样一个关系网,就是要保证和进一步追求自己的"利",从而更好地实现"义"。这种善于利用关系为自己的"利"和

"义"的思想和马克思主义哲学的融合，形成了温州哲学的联系观和发展观。温州人把马克思主义哲学和温州传统文化融合起来，促进了马克思主义哲学的温州化和温州传统文化的现代化，形成了温州智慧、温州力量和温州精神，形成了温州哲学。

永嘉学派主张经世致用，这与马克思主义哲学的精髓——实事求是的思想是一致的、融合的。经世，就是治理世事，致用，就是取得实际效果，注意研究现实生活中的问题，以历史的眼光治学术，以通今致用为目的。既反对空谈，也鄙弃拘泥程朱语录之糟粕，这些思想具有很强的务实精神与现实性特征。薛季宣主张"实事实理"，强调实践经验的重要性。"其学生主礼乐制度，以求见之事功"，反对浮文虚化，强调立论"要与时务合，不为空言"。叶适强调"时正""实行德"、谋"实功"，强调"善为国者务实而不务虚"。强调人的认识要从现实的存在出发。全祖望将永嘉学风概括为"以经言事功"，可谓精当。立论不离儒学经典和仪礼制度，而其要旨则归于事功。这确是永嘉学派的主要特点和特殊风格，作为事功学的哲学，基本上是注重现实生活世界的哲学，正如黄宗羲在《宋元学案·艮斋学案》中评价的"永嘉之学，教人就事上理会，步步著实，言之必使可行，足以开物成务"，这种务实的思想，具备了现实精神，与改革开放以来要求办实事、求实效、讲实话、实事求是精神是一脉相承的。改革开放以来，温州人最讲"不唯上、不唯书、只唯实"，特别能够从温州的实际出发，解放思想，大胆探索，创造性地贯彻执行党的实事求是的思想路线。这与温州传统文化有着千丝万缕的联系。

永嘉学派主张"通世变"，赋予了温州人改革创新精神，这与马克思主义哲学关于世界是普遍联系和变化发展的思想是一致的、融合的。历史上，温州学者研究儒家经典的目的在于变通创新，"解剥于《周官》《左史》，变通当世之治。"永嘉学派的著名人物无一不是研究《周礼》与《周易》的佼佼者。叶适认为，"永嘉之学必弥纶以通世变者，薛经其始而陈纬其终也。"也就是说，永嘉学派学者们对古代的典章制度都有研究，其目的在于借古治今，"以通世变"，这种思想始于薛季宣，陈傅良继其后，"以通世变"，即主张善于变通。改革开放以来，变革成为中国的常态，温州人认为，世上许多事是不确定的，但又是可以努力的，可以争取的，可以达到的。只有变，才是不变的。一个国家、一个地区、一个人，成功与失败，取决于能不能改变旧态，排除障碍，进行创新。这是需要一种无限制的思维方式，需要敢于试验、变革的勇气和智慧，温州人无疑成为试验者。当代温州人往往成为新思维的开拓者，对哲学的思考为人民开辟新的思维方向，提供了新的思想和观点。改革开放以来，温州人创下的众多全国第一，就是"通世变"的一部分成果。这与温州历史上屡屡创造的众多的全国第一，是一脉相承的，和马克思主义哲学的辩证法思想是一致的、融合的。

永嘉学派是温州历史上的骄傲，它批判了当时保守的思想文化，反映了当时商人阶层的利益和愿望，要求政府扶持工商业的发展，代表了那个时代的先进的思想文化。永嘉学派为明清、近代实学的活跃和发展开辟了道路，并丰富了中华民族的思想文化宝库；它与其他传统文化一起，构成了中国极为丰厚、珍贵的文化遗产，深深地融入了民族心理、民族意识和民族性格之中。看不到温州传统文化的价值，轻易抛弃它，会使温州文化和中国特色社会主义文化建设成为无本之木、无源之水。有了温州传统文化，温州人的前代与后代、过去与未来之间才有连续性和同一性可言；有了温州传统文化，温州社会的延续和更新才有了自己的文化密码。从这一意义上讲，无论是对温州人的生存或发展，温州传统文化具有普遍的价值和意义。

温州人的生存和发展都是在传统文化的作用下实现的，温州人素有经商的传统、手工业的传统和移民传统，等等，使温州模式不同于苏南模式、珠三角模式而成为一颗颇具异彩的璀璨明珠，也使温州现代化的道路具有区域特色。继承与现代性相通的文化遗产，开发发展过程中的潜在优势，以加快改革开放和温州现代化建设的步伐，是当代温州人的历史使命。温州人靠吃苦耐劳、自我发展，靠改革创新，走出了一条脱贫致富、建设社会主义温州的新路子，形成了温州发展史上的辉煌时期。温州人对全国最重要的贡献是温州人精神，贡献了由传统向现代合理转换的一条值得参照、富有启发的有效途径，贡献了善于利用传统因素作为改革和发展的动力，善于对传统进行创造性转化的新鲜经验。温州模式是深深根植于中华大地文化传统中的模式，温州人精神富有时代特征、中国特色、温州特点，继承了温州传统文化又体现着时代精神。温州现代化在温州传统文化中嫁接、生长。温州传统文化与现代文化是温州现代化过程中生生不断的"连续体"，温州人为了开拓未来而善于有效地利用过去，变过去为未来。"永嘉之学统远矣""以经制言事功"，又有敢为人先的创新精神，在综合、交流、争鸣、互补之中发展。孙诒让和"东瓯三先生"（陈虬、宋恕、陈黻宸）既是继承前人的大师，又是"开新""启后"的先导。中国传统文化有"兼容"的品格，温州传统文化在兼容中注重通世变，突出了继承基础上的创新。温州人对温州传统文化的继承是一种有选择的继承，有所改造、变通和创新，注入了经世致用的思想，绝不是复古，温州人是最能克服文化劣根性的群体。

继承永嘉学派思想，把它和马克思主义哲学结合起来，开创温州改革开放和现代化建设的新局面，这就对当代温州人提出了新的要求：认清当代世界之"实"，是发展了的新的"实"，只有在不断创新中才能"求实"。在新的时代条件下的继承、创新、发展，是必需的。温州人要增强全球意识、开放意识、创新意识、合作意识等现代思想观念，推进温州现代化，推进温州人的现代化。

温州人积极推进马克思主义哲学和温州传统文化的融合，提升文化实力。用马克思主义哲学中国化最新成果武装自己的头脑，切实提高思想政治素质，深化理论宣传，推进理论研究，继续办好"温州讲坛"，着力培育一批具有温州特色的人文社科优势学科和重点研究基地。塑造新时期温州人精神，进一步总结提炼升华温州人精神和温州城市精神，全面增强温州人的创业创新精神、合作意识和开放观念，赋予"温州人精神"新内涵，进一步凝聚全体温州人包括在外温州人、新温州人的思想意志，形成敢为人先、开放包容、追求卓越、合作共赢的良好人文环境。提升公民文明素质。以创建全国文明城市为载体，突出"做一个有道德的人"主题活动，加强社会主义哲学教育，深化公民道德实践，培育社会公德、职业道德、家庭美德、个人品德，提升文明素质。在马克思主义哲学和温州传统文化的结合中，引导人们讲文明、知荣辱、树新风，培育健康文明的学习、工作、生活方式。加强历史文化街区和温州古城保护，全面实施城市文化形象提升行动，保护历史街区和建立历史文化保护区，加大永嘉"耕读文化"、泰顺"廊桥文化"、文成"刘基文化"等区域文化保护开发力度。全力打响"中华诗词之城""戏曲故里""歌舞之都""书画名城""百工之乡""廊桥之乡"等标志性文化品牌。积极开展戏曲、温州鼓词、藤牌舞、拦街福、百家宴、畲族风情节等民族民间民俗表演活动，大力发展民俗文化演艺业、古村落游、生态游和农家乐，建设非遗博物馆，进一步充实和彰显独具特色的城市文化。加强地方特色档案资源库建设。扩大温州城市文化影响力，着力塑造城市主题文化，提高城市文化美誉度。继续深化实施温州文化研究工程，重点开展瓯文化的研究和宣传。深挖温州历史文化资源，创作一批具有温州特色的文化精品项目推向国内外市场，提高在国内外的知名度。推进环大罗山文化圈建设，加强塘河文化挖掘和整理工作。

二 马克思主义哲学大众化的温州实践

马克思主义哲学大众化的温州实践包含两个方面的内容：一方面，温州人用马克思主义哲学指导温州实践，运用马克思主义哲学的立场、观点和方法解决当代温州的现实问题；另一方面，温州实践又丰富了马克思主义哲学，为马克思主义哲学提供了鲜活的经验。温州人在马克思主义哲学的指导下，结合温州人自己的特点和实践，把马克思主义哲学大众化和温州实践有机结合起来。温州人始终以时代问题的解决为中心，体现民族精神和时代精神，只有坚持马克思主义哲学的指导，马克思主义哲学大众化的温州实践才不会迷失方向；只有温州化的马克思主义哲学才是温州人所真正需要的马克思主义哲学。温州化的马克思主义哲学随着时代的变化和哲学思维的发展而处于动态演进之中。马克思主义哲学是很朴实的道理，并不玄奥，它能够被广大温州人真正掌握和理解并转化为投身温州实践的内在动力，满足了温州实践的需要，具有强大的生命力。

用马克思主义哲学指导温州实践，就是把马克思主义哲学的深奥理论通俗化，向温州人宣传通俗的马克思主义哲学理论，内化为温州人的观念并指导温州实践。温州人抓住了解放思想和实事求是这个马克思主义哲学的精髓，形成了敢为人先的温州人精神。温州人把马克思主义哲学理论层层简化，使用简洁晓畅的语言，举日常生活的浅显事例，从一个或几个方面阐述马克思主义哲学的内容，形成了通俗的马克思主义哲学。温州人坚持以现实问题为中心的原则，把现实问题与马克思主义哲学融合起来，准确把握并解决时代问题，就会把理论、思想大大向前推进。用现实问题解释马克思主义哲学，在马克思主义哲学指导下解决现实问题。只要以现实问题为中心，抓住问题的要害，马克思主义哲学就能被温州人通俗理解，那么马克思主义哲学大众化在温州的实现就是可能的。马克思主义哲学理论在温州的实现程度，决定于理论满足温州人的需要的程度，马克思主义哲学理论只有满足温州人的需要，才能推进马克思主义哲学大众化的温州实践活动。只有用满足温州人需要的马克思主义哲学内容进行宣传普及，马克思主义哲学大众化的温州实践才是可行的。随着马克思主义哲学大众化的温州实践的逐步深入，温州人逐渐认识、理解和掌握了马克思主义哲学并内化为自己的观念，充分发挥出了马克思主义哲学在实践中的指导作用，变成了温州人进行改革开放和社会主义现代化建设的强大动力。

用温州实践丰富马克思主义哲学，就是用温州实践来认识、继承、发展马克思主义哲学，形成温州化的马克思主义哲学。马克思主义哲学是一种发展的学说，要用发展的观点对待马克思主义哲学，贯彻马克思的从实践出发解释观念的历史唯物主义原则，用实践的马克思主义哲学发展书本的马克思主义哲学。温州天天发生变化，新的事物不断出现，新的问题不断出现，要充分发挥温州人的创造性，不断从变化着的实践中总结经验，概括新理论。不断总结温州人的实践经验和方法，从理论上进行深刻、系统的阐述，形成准确的温州化的马克思主义哲学表述语言，从而丰富马克思主义哲学。要形成有温州特色的马克思主义哲学，必须与温州改革开放现实对话，反映时代内涵和精华，要以不断变化、发展的温州实践提升时代内容，丰富和发展马克思主义哲学内容，创新马克思主义哲学的形态，把哲学的内容与哲学的形式统一起来，形成具有温州特色、温州风格和温州气派的马克思主义哲学，即温州哲学。温州人既立足现实又追求理想，从客观存在的现实出发，直指问题要害，解决实际问题，反对理论脱离实际、脱离群众，温州哲学反映了温州人的愿望和要求，体现了温州人的切身利益，融入了温州实践中，温州人坚定共产主义信念，树立了牢固的中国特色社会主义共同理想，在马克思主义哲学大众化的温州实践进程中没有迷失方向，沿着中国特色社会主义道路前进，为实现共产主义而努力奋斗。

三 当代温州对马克思主义哲学的发展

温州模式的形成是温州人创业创新的结果，温州模式的发展过程是温州人创业创新的过程，从创立温州模式，发展温州模式，到温州模式的不断创新，体现了敢为人先的精神、善于创造的智慧和务求实效的品质。大批温州人奔走全国和世界各地，较早地打破了习惯于本行政区域配置资源的思维定式，闯荡大江南北，学习借鉴世界先进经验，不断强化创新共生、合作共荣的现代理念，善于寻找商机，把握发展机遇，努力走在前列，干在实处，积极探索温州的科学发展模式。那么，温州模式在哪些方面发展了马克思主义哲学呢？

首先，温州模式发展了唯物辩证法，形成了温州辩证法。温州辩证法是唯物辩证法在温州的当代形态，联系和发展的观点是唯物辩证法的总特征，温州辩证法集中体现在温州人的社会关系网中，温州人利用各种联系为自己的发展服务，不断发现温州问题，分析温州问题，解决温州问题。温州人善于集群运作，善于抱团行动；温州人充满创造活力，具有共生意识，懂得共生共荣的道理，总是"合指为拳"，力求合作双赢。温州人讲人际关系，重视不断营造相互信任的社会关系网。把血缘、亲缘、地缘等关系融入商业实践活动过程中，能够顺应商业关系的变化，使社会关系网与集群内部的个人关系网耦合成一个有机整体，构成强大的温州人关系网。通过海外的人际关系网，温州人可以及时获得国外信息。温州商会和行业协会是温州人之间联系的中介，温州商会、行业协会得到了迅速发展，在经济发展中起到了很大的作用。温州人在全国各地建立温州商会，为异地温州人做好服务，推进了内外联动发展，以信任、诚信构建更多的个人或群体联盟，为创业创新而结成社会关系网。行业协会能够帮助温州人争取多种资源，回应外部损害，进行行业自律，促进温州人之间的交流与学习，对行业发展进行规划。只有形成"创新共生"的战略思维，强化"合作共荣"的价值取向，进一步促进合作，进行新的更高形态的"经济结义"，处于共生共荣关系之中，才能开创发展的新局面。

其次，温州模式发展了马克思主义的群众观点和群众路线，形成了民有、民营、民办、民享的群众观点和群众路线。在新的历史条件下，温州模式对马克思主义的群众观点和群众路线作了进一步的阐述和发展，以提高温州人民的生活水平为核心内容。温州经济是一种民本经济，温州人民是温州历史的创造者，是推动温州社会进步的决定性力量，是温州财富的创造者。温州发展是为了温州人民，使温州人民过上富裕生活，实现好、维护好、发展好最广大人民群众的根本利益；温州发展依靠温州人民，温州人民是温州改革开放和社会主义现代化建设的主体，主体地位得到了充分的尊重；温州发展尊重温州人民的首创精神，温州人民的创造力得到了充分展现；温州发展集中了温州人民的智慧，温州人民蕴涵着的巨大创造力，是温州发展的动力和源泉。在温州改革开放和社会主义现代化建设进程中，温州人民始终在实践中探索新事物，解决新问题，创造新经验，开辟新路子。民有、民营、民办、民享的群众观点和群众路线有三个特点：一是以民为本，关注温州人民的富裕，尊重温州人民的首创精神，维护温州人民的切身利益；二是把尊重温州人民的主体地位和发挥温州人民的潜能结合起来；保护温州人民的创造成果，引导温州人民参与到改革开放和现代化建设之中。温州人民成为财富的自主创造者、拥有者和主要使用者，温州社会发展进入了一种更为和谐、均衡的良性发展态势，温州就是这样一片"乐土"。温州发展民营经济，根植于民生、民力、民资，把发展"为了人"和"依靠人"很好地结合起来，最大限度地发挥了温州人的创造性，激发了温州人的发展欲望。温州发展靠的是温州人和温州人精神，而温州人和温州人精神结合最完美的是温州民营企业家。"人人想当老板、人人争当老板、人人都有创业创新冲动"，这是温州发展的动力之源、活力之源和力量之源。

最后，温州人精神为马克思主义哲学注入了新"元素"，增添了新"色彩"。任何哲学都是自己时代精神的精华，马克思主义哲学也是一样，体现了时代精神，并随着时代的发展不断丰富其内涵。一个民族有自己的民族精神，一个地域也有自己的精神，温州人精神集中体现了民族精神和时代精神。温州发展历程告诉我们，温州人勇于创业，善于经商，走四方闯天下的内在动力是"温州人精神"。所谓"温州人精神"，概括地说就是蕴藏和体现在温州人身上的"自主创业、自强不息、开拓进取、求真务实"的独特品格和秉性，敢为人先，特别能创业是温州人精神的集中体现，敢为人先，善为人先，是温州人可贵的精神品格。温州人精神体现了以爱国主义为核心的民族精神和以改革创新为核心的时代精神，改革开放的新时代，孕育了温州人精神，丰富着温州人精神。温州人精神的不断发展，为马克思主义哲学增添了新色彩。

四　温州哲学的精髓

温州哲学的精髓是敢为人先，实事求是。

那么，什么是敢为人先呢？"敢"就是大胆，"为"就是实践，"先"就是新事物，"人"就是个人，敢为人先就是个人要按照实践的需要，大胆研究新事物，利用新事物。当个人发现了新事物，就要果断地作出相应的回应，以免错失良机，对新事物的态度，要看实践需不需要，在实践中是否做得通，实践需要又是做得通的，就大胆利用新事物。邓小平指出，改革开放的胆子要大一些，敢于试验……看准了的，就大胆地试，大胆地闯。这是"敢为人先"的基本要求。对改革开放中，别人没做的事，要敢先去试；别人没走过的路，要敢先去走，这是一个破旧立新的过程，必须冲破传统观念和习惯做法的禁锢，畏首畏尾、瞻前顾后必然错失良机，如果安于现状、不思进取，那么改革开放事业就半途而废。敢为人先，就是对旧事物的否定，对新事物的肯定，对新路子的探索。其实质就是把正确发挥主观能动性和尊重客观规律结合起来，以实际行动造福于社会。

敢为人先要求我们敢于尝试，敢于探索，敢于创新，就是敢于领潮流之先，抢占先机，取得生存和发展的主动权。改革开放以前，温州可利用资源少、国家投入少、人均耕地少、交通条件差。面对这样的环境，温州人却能在改革开放后创造诸多的"全国第一"，这靠的是什么？靠的就是敢为人先的胆识和气魄，靠的就是永不满足、与时俱进的实践精神，靠的就是立足现实、敢于创新的独特品质。"敢为人先，特别能创业"是对温州人精神的高度概括。善于创业创新的"温州人"是温州这座城市的优势，是培育和塑造温州这座城市精神的主体。正是"敢为人先"的温州人，赋予了温州这座城市充满生命力和创造力的精神内涵。同时，温州作为全球最具经济活力的城市之一，"敢为人先"是活力温州的源头，是温州勃勃生机的集中体现。在新的历史时期，温州人在新的起点上干在实处、走在前列、奋勇争先，温州的科学发展道路上同样没有固定的模式可以遵循，因而要靠"敢为人先"的温州人去探索、创新，从而不断发展活力温州，建设实力温州，构建和谐温州。

由此可见，"敢为人先"是一面旗帜，一种气魄，一种力量，一种精神，更是一种智慧。当前，温州发展已经进入了科学发展的新阶段，温州经济社会发展机遇难得，机不可失，但是温州也遇到了各方面的挑战，一系列社会发展的难题亟须破解。温州人依然需要发扬敢闯、敢试、敢干的精神，依然需要突破不合理的思想和思维习惯的束缚，依然需要解开制度和体制的枷锁，知难而上，迎难而上，开拓进取，破解温州发展难题，找出温州发展新路，推动温州的科学发展。如果温州人做什么事都要翻开"本本"找依据、搬出传统找出处，那么，温州人就会失去发展的机遇，为时代所抛弃。

什么是实事求是呢？实事求是原本指人们治学务实和求实的精神，也就是说，人们做学问要从事实材料出发，引出固有的结论和方法，从而求得真相。赋予实事求是科学的新意，并把它引入哲学的是毛泽东同志，毛泽东指出："'实事'就是客观存在着的一切事物，'是'就是客观事物的内部联系，即规律性，'求'就是我们去研究。"① 也就是说，我们要按照客观事物的本来面目，从中找出固有的、本质的、必然的联系而不是主观臆造的联系，认识客观规律，从而正确认识世界和改造世界，即把正确发挥主观能动性和尊重客观规律结合起来。温州人把实事求是的思想运用到中国特色社会主义实践中，取得了举世瞩目的成就。实事求是，是马克思主义、毛泽东思想和邓小平理论的精髓，是被无数马克思主义者的实践证明了的无产阶级的科学世界观和方法论，无论过去、现在和将来都是温州人取得事业成功的基本立场、观点和方法。邓小平指出："实事求是，是无产阶级世界观的基础，是马克思主义的思想基础。过去我们搞革命所取得的一切胜利，是靠实事求是；现在我们要实现四个现代化，同样要靠实事求是。"② 温州人高度重视实事求是的原则与方法，把它作为温州哲学的精髓，贯穿于温州各项事业的始终，实事求是成为温州人进行改革开放和社会主义现代化建设的根本思想路线。

在温州人看来，坚持实事求是，把实事求是作为行动的向导，就是坚持理论和实际统一的马克思列宁主义的作风，就是坚持唯物主义。邓小平指出："实事求是，是毛泽东思想的出发点、根本点。这是唯物主义"③，坚持了实事求是就是坚持了马克思主义哲学的精髓，"按照历史唯物主义的观点来讲，正确的政治领导的成果，归根到底要表现在社会生产力的发展上"④。温州人按照实事求是的原则和方法，在充分认识温州实际的基础上，坚持发展生产力，坚持实事求是，就是要坚持发展生产力，就是坚持历史唯物主义。一句话，坚持实事求是就是坚持马克思主义的辩证唯物主义和历史唯物主义。"实事求是是马克思主义的精髓。要提倡这

① 《毛泽东选集》第 3 卷，人民出版社，1991，第 801 页。
② 《邓小平文选》第 2 卷，人民出版社，1994，第 143 页。
③ 《邓小平文选》第 2 卷，人民出版社，1994，第 114 页。
④ 《邓小平文选》第 2 卷，人民出版社，1994，第 128 页。

个……改革开放的成功，不是靠本本，而是靠实践，靠实事求是。"① 要把实事求是全面贯彻到改革开放的实践中，而实践又是不断变化和发展的，新的事物不断出现，新的问题不断出现，要充分发挥温州人的创造性，不断从温州实践中总结经验，概括新理论，发展马克思主义哲学。坚持实事求是体现在温州人既要用马克思主义哲学指导实践，又要在实践的基础上发展马克思主义哲学，即理论和实践的统一，二者相辅相成、缺一不可。温州人逐渐理解和掌握了马克思主义哲学并内化为自己的观念，让自己明白了这样一个道理，只要坚持实事求是的原则和方法，就能充分发挥出马克思主义哲学在日常生产和生活实践中的指导作用，就能变成温州改革开放和社会主义现代化建设的强大动力，温州区域经济文化崛起就能实现。

敢为人先和实事求是是辩证统一的：敢为人先是实事求是的前提，只有敢为人先才能达到实事求是；实事求是是敢为人先的目的，敢为人先是为了达到新的实事求是；敢为人先和实事求是是统一的，敢为人先不等于随心所欲，必须与实事求是相联系。实事求是不等于僵化教条，必须与敢为人先相结合。不能把二者割裂和对立起来。

第二节 马克思主义哲学创新的立足点

中国共产党和中国人民把马克思主义的普遍真理与中国的具体实际和时代特征结合起来，开辟了中国特色社会主义道路，形成了中国特色社会主义理论体系。马克思主义哲学在当代中国获得了发展，中国成为马克思主义哲学创新的一个立足点。

一 马克思主义哲学和中国传统文化的融合

中国共产党和中国人民善于把马克思主义哲学和中国传统文化结合起来，形成了中国化马克思主义哲学。马克思主义哲学与

---

① 《邓小平文选》第3卷，人民出版社，1993，第382页。

中国传统文化相结合是马克思主义哲学中国化的重要内容，马克思主义哲学与中国传统文化能够结合，其原因就在于马克思主义哲学的社会理想与儒家"大同"世界的思想具有相似性、马克思主义哲学与中国传统哲学具有相通性、马克思主义人学理论与中国传统"民本主义"具有亲和性。

随着改革开放的深入推进，马克思主义哲学与中国传统文化的结合问题越来越受到人们的关注，正确处理马克思主义哲学与中国传统文化的关系，也就成为一个重要课题。不理解中国传统文化，就难以全面理解中国实际。毛泽东指出，"对于中国共产党说来，就是要学会把马克思列宁主义的理论应用于中国的具体的环境。成为伟大中华民族的一部分而和这个民族血肉相联的共产党员，离开中国特点来谈马克思主义，只是抽象的空洞的马克思主义。"[①] 中国传统文化最能表现中华民族特色。无论过去、现在还是未来，中国传统文化都不会失去自己的特色，中国共产党倡导的构建社会主义和谐社会、全面建设小康社会和坚持以人为本，全面、协调、可持续的发展观，都体现着中国传统文化的特色。形成具有中国特色、中国气派和中国风格的马克思主义哲学必须与中国传统文化相结合。中国改革开放和社会主义现代化建设是在其传统文化的影响下进行的，传统文化有着巨大的惯性作用，在现实社会中发挥着不可替代的作用。马克思主义哲学能否与中国传统文化相结合，关系到马克思主义哲学在中国能否生根、能否得到中国人民的心理认同。如果马克思主义哲学不能与中国传统文化相结合，脱离了中国文化传统，就不可能把马克思主义哲学变为中国化马克思主义哲学，也就不可能使马克思主义哲学在中国的文化土壤上扎根。马克思主义哲学是科学的世界观和方法论，是符合中国人民根本利益的理论，但它需要与中国传统文化相结合，成为具有中国特色、中国气派和中国风格的马克思主义哲学。

马克思主义哲学与中国传统文化相结合并不是抽象的结合，而是具体的结合。马克思主义哲学是具有世界性的科学理论，易

① 《毛泽东选集》第 2 卷，人民出版社，1991，第 534 页。

于在不同民族文化中生根发芽。马克思主义哲学是在继承和改造人类知识中产生的，它不单属于某一个国家，而是具有世界性的科学理论。马克思主义哲学的传播也是如此。因为它具有普遍适用性，因而很容易在其他国家的文化土壤中扎根，得到认同。恩格斯指出："马克思的世界观远在德国和欧洲境界以外，在世界的一切文明语言中都找到了拥护者。"① 如今，马克思主义哲学早已越过欧洲和美洲，传播到全世界，在各种不同民族文化中扎下了根。

中国传统文化主张和而不同，具有海纳百川的包容性。历史上，既有东学西渐也有西学东渐，中国传统文化是一种崇尚理性和智慧的文化，对马克思主义哲学具有亲和力。这不仅说明了中国传统文化的兼容并包，而且也说明了马克思主义哲学和中国传统文化在内容上有许多契合之处。如中国传统文化中的大同思想、民本思想、和谐思想、素朴的唯物主义和辩证法等，都与马克思主义哲学有某种程度的相通性。马克思主义哲学与中国传统文化是不相同的文化形态。强调马克思主义哲学与中国传统文化的结合，其中也存在一些矛盾，因此，如何解决两者结合中的矛盾就成为一个难点。马克思主义哲学不会也不能取代中国传统文化，而应发挥其特有的世界观和方法论的指导作用，推动中国传统文化的现代化、与现代文明相协调，把民族精神和时代精神融合起来。此外，也要运用马克思主义哲学的立场、观点和方法解决现实问题。马克思主义哲学与中国传统文化相结合，可以使两者都得到丰富和发展，也可以融合成一个新的哲学形态。中国传统文化由于马克思主义哲学的指导而实现现代化，马克思主义哲学由于中国传统文化的滋养而实现中国化，正是在二者的结合中，马克思主义哲学中国化和中国传统文化现代化就会相辅相成。

在马克思主义哲学与中国传统文化相结合的过程中，必须克服文化虚无主义和文化复古主义两种错误倾向。文化虚无主义极力夸大马克思主义哲学与中国传统文化的对立，认为马克思主义哲学与中国传统文化不能共存。也要防止文化复古主义。不能把

---

① 《马克思恩格斯选集》第4卷，人民出版社，1995，第212页。

重视传统文化与无条件地推行尊孔读经等同起来。我们应当采取实事求是的态度对待中国传统文化，取其精华、去其糟粕。马克思主义哲学与中国传统文化相结合的主要任务是推进马克思主义哲学中国化，形成当代中国马克思主义哲学。以马克思主义为指导，以中国传统文化为根，以人类优秀文化为营养的社会主义先进文化，是马克思主义哲学与中国传统文化相结合的正确走向。

二 马克思主义哲学中国化的历史实践

哲学是时代精神的精华，是文明的活的灵魂。马克思主义哲学是科学的世界观和方法论，是中国共产党和中国人民认识世界和改造世界的锐利思想武器。中国共产党和中国人民善于把马克思主义哲学的普遍真理和中国的具体实际结合起来，形成了中国化的马克思主义哲学。以毛泽东为核心的党的第一代中央领导集体对于马克思主义的普遍真理与中国革命的具体实际结合中一系列独创性经验的哲学概括，形成了毛泽东哲学思想；以邓小平为核心的党的第二代中央领导集体把马克思主义哲学和毛泽东哲学思想的基本立场、观点和方法运用于中国特色社会主义建设实践，对中国特色社会主义建设经验进行了创造性的哲学概括，形成了邓小平哲学思想；以江泽民为核心的党的第三代中央领导集体高举马克思列宁主义、毛泽东思想、邓小平理论伟大旗帜，把中国特色社会主义事业全面推向了21世纪，形成了"三个代表"重要思想的哲学思想；以胡锦涛为总书记的党中央提出了科学发展观，继续丰富了中国特色社会主义理论体系。

马克思主义哲学对中国革命和建设具有普遍的指导意义，但是它要在中国发挥指导作用，就必须同中国的具体实践相结合。在革命时代，如何运用马克思主义的普遍原理分析中国的社会性质和中国革命的基本特点，是摆在中国共产党人面前的一大历史课题。毛泽东哲学思想正是中国共产党人在探索和解决这一根本问题的过程中形成与发展起来的。毛泽东哲学思想是马克思主义哲学普遍真理同中国革命的具体实践相结合的产物，《矛盾论》和《实践论》是中国革命经验的哲学概括和总结，丰富和发展了马克思主义哲学的认识论和辩证法。毛泽东指出："通过实践而发现真理，又通过实践而证实真理和发展真理。从感性认识而能动地发展到理性认识，又从理性认识而能动地指导革命实践，改造主观世界和客观世界。实践、认识、再实践、再认识，这种形式，循环往复以至无穷，而实践和认识之每一循环的内容，都比较地进到了高一级的程度。这就是辩证唯物论的全部认识论，这就是辩证唯物论的知行统一观。"① 从总体上论述了认识和实践的辩证关系和认识发展的根本规律。毛泽东系统论述了矛盾的普遍性和特殊性及其相互关系，论述了矛盾的同一性和斗争性及其相互关系，创造性地提出了矛盾普遍性和特殊性的关系是关于事物矛盾问题的精髓。毛泽东哲学思想在中国革命的各个方面进行了运用和发展，形成了毛泽东哲学思想，群众观点和群众路线，形成了领导方法和工作方法，形成了新民主主义国家学说，社会主义社会的基本矛盾理论，等等。

在社会主义建设的新时期，以邓小平为主要代表的中国共产党人，解放思想，实事求是，全面总结我国社会主义胜利和挫折的历史经验，借鉴其他社会主义国家兴衰成败的历史经验，在和平和发展为主题的时代条件下，在改革开放和现代化建设的实践中，把马克思主义的普遍真理同当代中国的具体实践和时代特征结合起来，形成了邓小平理论。邓小平哲学思想是邓小平理论的重要组成部分，是毛泽东哲学思想在新的历史条件下的继承和发展，是全党全国人民宝贵的精神财富。邓小平坚持实践是检验真理的根本标准，破除个人崇拜，批判"两个凡是"的错误观点，重新确立了实事求是的思想路线。邓小平在马克思主义哲学发展史上占有重要地位，邓小平哲学思想是对马克思主义哲学的丰富和发展。邓小平科学地解答了"什么是马克思主义哲学""我们需要什么样的马克思主义哲学"两个基本问题。什么是马克思主义哲学？坚持实事求是和一切从实际出发就是坚持马克思主义哲学，对这一问题的回答构成了邓小平的马克思主义哲学观，抓住了马克思主义哲学的精神实质。我们需要什么样的马克思主义哲学？中国特色社会主义哲学就是我们所需要的真正的马克思主义

① 《毛泽东选集》第 1 卷，人民出版社，1991，第 296~297 页。

哲学，对这一问题的回答构成了邓小平的中国特色社会主义哲学观，体现了当代中国实践的变化发展对马克思主义哲学理论创新的要求。邓小平的马克思主义哲学观、中国特色社会主义哲学观构成了邓小平哲学观的主要内容。在坚持马克思主义哲学中发展马克思主义哲学，在发展马克思主义哲学中坚持马克思主义哲学，把坚持和发展统一于中国特色社会主义实践中，这是邓小平的马克思主义哲学观的基本内容。具体说来，邓小平围绕"坚持什么样的马克思主义哲学""如何坚持马克思主义哲学"两个问题，既要坚持马克思主义哲学的本质、基本原理和基本特征，坚持实事求是和一切从实际出发就坚持了马克思主义哲学的精髓，又要在实践的基础上发展马克思主义哲学理论。邓小平高举中国特色社会主义的旗帜，中国特色社会主义哲学是这面旗帜的灵魂，邓小平是中国特色社会主义的灵魂工程师，没有这个灵魂，就没有中国特色社会主义，中国特色社会主义哲学需要人民，人民更需要中国特色社会主义哲学，必须要对中国特色社会主义建设经验进行哲学概括和总结，从而建构起有生命力的中国特色社会主义哲学，这就是邓小平对待中国特色社会主义哲学的基本态度、观点和看法，构成了邓小平的中国特色社会主义哲学观。

在世纪之交，以江泽民为主要代表的中国共产党人，把中国特色社会主义事业全面推向了 21 世纪，形成了"三个代表"重要思想，以许多新思想、新观点和新论断丰富了中国特色社会主义理论体系。江泽民坚持解放思想、实事求是的思想路线，创新是解放思想、实事求是的必然要求，江泽民同志指出：创新是一个民族进步的灵魂，是一个国家兴旺发达的不竭动力，也是一个政党永葆生机的源泉。[1] 世界在变化，中国改革开放和社会主义现代化建设在前进，实践在发展，迫切要求中国人民总结新经验，概括新理论，借鉴人类创造的优秀文明成果，从而丰富和发展中国特色社会主义理论体系。江泽民同志指出：马克思主义具有与时俱进的理论品质。这是对马克思主义发展史的科学总结，也是对中国化马克思主义发展史的科学总结。要在理论和实践上不懈进

---

① 江泽民：《论科学技术》，中央文献出版社，2000，第 55 页。

行探索，什么时候我们紧密结合实践推进理论创新，中国特色社会主义事业就充满生机与活力；什么时候理论落后于实践的发展，中国特色社会主义事业就会受到挫折。理论创新的基础是人民群众的实践，必须尊重人民群众的首创精神，要用实践发展本本。实践是永无止境的，创新也是永无止境的，我们必须以改革开放和现代化建设的实践为依据，以我们正在做的事情为中心，着眼于马克思主义的运用，着眼于对实际问题的理论思考，着眼于新的发展，使主观和客观相符合，使理论随着实践的发展和时代的前进而发展。

在全面建设小康社会新的历史时期，以胡锦涛为总书记的党中央提出了科学发展观，丰富和发展了中国特色社会主义理论体系，科学发展观是我国必须长期坚持的重大战略思想。胡锦涛在党的十六届三中全会上提出："坚持以人为本，树立全面、协调、可持续的发展观，促进经济社会和人的全面发展"，坚持"统筹城乡发展、统筹区域发展、统筹经济社会发展、统筹人与自然和谐发展、统筹国内发展和对外开放的要求"。科学发展观的重大意义就是丰富了发展内涵、创新了发展观念、开拓了发展思路、破解了发展难题。有学者从对社会主义理论的丰富和发展的角度指出，科学发展观创新了发展的观念，丰富了发展的内涵，拓展了发展的思路，提出了发展的新要求，是建设中国特色社会主义这个主题的进一步展开，为中国特色社会主义理论增添了重要的新内容。科学发展观是合规律性与合目的性的统一，我们大力发展经济是遵循客观规律的，我们发展经济是为了人，也就是说发展人是我们发展经济的目的。科学发展观的根本方法是统筹兼顾，坚持以人为本是科学发展观的基本理念，社会发展与人的发展具有内在的统一性。坚持以人为本，实现全面、协调、可持续发展，是我国到 21 世纪中叶基本实现现代化的基本内涵和重要保证。

三　当代中国对马克思主义哲学的发展

十一届三中全会以后，中国共产党逐步确立了解放思想、实事求是和与时俱进的思想路线。我国哲学界深入研究党的思想路线的哲学基础，把坚持马克思主义哲学基本原理同中国具体实际相结合，对中国特色社会主义发展道路和经验进行哲学总结。中国哲学界对马克思主义哲学的核心范畴"实践"进行重新审视，使之从马克思主义认识论首要的基本的观点上升为全部马克思主义哲学首要的基本的观点；从把马克思主义哲学看成物质观、认识论、辩证法、历史观的简单相加，转变为将其看成以科学实践观为基础的一以贯之的新唯物主义理论体系。随着中国改革开放和现代化建设实践的不断发展和科学技术的日新月异，马克思主义哲学基本原理中一些以往马克思主义经典作家表述较少的问题在当代日益凸显，成为马克思主义哲学研究新的生长点。特别是具有强烈"问题意识"的分支哲学呈现强劲的发展势头，如发展哲学、价值哲学、文化哲学、经济哲学、人学、生存哲学和地方哲学等。它们从不同角度、不同侧面回答时代课题，推进马克思主义哲学理论创新，在展现马克思主义哲学与时俱进理论品质的同时，也丰富和发展了马克思主义哲学。

当代中国丰富和发展了马克思主义哲学，当代中国马克思主义哲学发展取得显著成就，充分彰显了中国特色、中国风格、中国气派，体现了马克思主义哲学的价值和生命力。当代中国马克思主义哲学发展的轨迹，主要表现在遵循客观规律，立足当代中国实际，树立世界眼光，吸收人类文明的有益成果，围绕我国改革开放和社会主义现代化建设的基本问题，破解发展难题，不断推进马克思主义哲学中国化。当代中国马克思主义哲学具有鲜明的中国特色和时代特点，凝聚了时代精神、把握了时代走向、解答了时代课题。当代中国马克思主义哲学始终寻求和构建适应时代发展要求的民族精神和社会发展观念，为中国特色社会主义实践提供哲学基础。

贯穿当代中国马克思主义哲学发展过程的一个重要主题，就是适应当代中国实践发展的需要，深入揭示中国特色社会主义发展规律，挖掘、拓展和丰富马克思主义哲学的观点和方法，建构马克思主义哲学的当代形态，运用马克思主义哲学的立场、观点、方法分析和解决中国问题。围绕这一主题，当代中国马克思主义哲学积极应对当代中国实践和时代发展提出的新要求和新挑战，在解答当代科学技术发展、经济全球化提出的新课题方面，在真理研究、价值研究、辩证法研究、实践观研究、主体性研究、思维方式研究、发展观研究、人的发展研究和中国特色社会主义理论体系的哲学基础研究等领域都取得了重要进展。当代中国马克思主义哲学的发展以马克思主义哲学中国化为主线，呈现出多样化的发展态势。当代中国马克思主义哲学的发展始于中国问题，当代中国马克思主义哲学理论源于中国实践，这是当代中国马克思主义哲学理论发展的一条基本规律。当代中国马克思主义哲学发展的每一个重要阶段，以及在这一过程中实现的理论创新，无不始于中国问题，源于中国实践。毛泽东哲学思想是在中国革命的实践基础上，在研究中国社会各阶级状况、民族矛盾和阶级矛盾、中国革命和社会主义建设中的矛盾等问题的过程中形成和发展的。邓小平哲学思想、"三个代表"重要思想的哲学思想以及科学发展观是在改革开放伟大实践的基础上、在回答建设和发展中国特色社会主义的一系列重大理论和现实问题的过程中形成的。

当代中国马克思主义哲学充满了生机和活力，马克思主义哲学在中国化进程中不断发展，通过三个"结合"，达到了新的高度。一是把马克思主义哲学同中国实际结合起来，立足中国国情，彰显中国特色，形成中国化的马克思主义哲学。二是既立足中国国情，又放眼世界，既突出马克思主义哲学中国化的民族性，又彰显当代中国马克思主义哲学的世界性，把区域性和世界性结合起来。三是把真理同价值结合起来，坚持在理论创新中做到科学性与价值性的统一。当代中国马克思主义哲学既反映了中国特色社会主义发展规律，又体现了促进人的全面发展与社会的全面进步这一价值目标。邓小平哲学思想、"三个代表"重要思想的哲学思想和科学发展观等重大战略思想，正是通过这三个"结合"而开辟了马克思主义哲学发展的新境界。

当代中国马克思主义哲学的发展拓展了马克思主义哲学研究的视野和领域，形成了马克思主义的价值哲学、经济哲学、政治哲学、文化哲学、社会哲学、管理哲学等。丰富和深化了对社会发展规律和人的发展规律的认识，通过对实践观念、规律观念、人本观念等研究的深入，对在中国实践过程中形成的主客体关系、社会交往关系等问题的研究，已经取得重大进展；对社会发展的辩证法，尤其是对社会发展的决定性和选择性、统一性和多样性的关系有了更深刻的认识，进一步明确和强化了社会进步中以人为本的价值取向。增强了问题意识和现实取向，当代中国人民不断增强问题意识和现实取向，结合时代问题对马克思主义哲学文本进行解读与阐释，挖掘马克思主义哲学的新思想和新方法，并运用在当代中国实践中。马克思主义哲学基础理论的发展，大大促进了马克思主义哲学在当代中国的繁荣发展。一方面拓展了马克思主义哲学的视野，丰富了马克思主义哲学的学术资源；另一方面深化了对马克思主义哲学的认识，为马克思主义哲学更好地面向中国改革开放和现代化实践提供了良好的理论基础。在现实问题研究方面，人们越来越关注对"中国模式""温州模式"进行哲学概括和总结，关注对社会转型过程中出现的各种社会矛盾和利益格局调整问题进行哲学分析，关注对科学发展、社会和谐进行哲学阐释，关注对时代问题的哲学解答，并取得了一系列重要成果。

四　当代中国马克思主义哲学的精髓

当代中国马克思主义哲学的精髓是解放思想、实事求是。解放思想和实事求是是统一的。实事求是必须解放思想，解放思想是为了实事求是；只有解放思想才能达到实事求是；只有实事求是才是真正的解放思想。胡锦涛同志在党的十七大报告中指出，解放思想是发展中国特色社会主义的一大法宝，全党同志要"坚持解放思想、实事求是、与时俱进，勇于变革、勇于创新，永不僵化、永不停滞"。这些论断必将在新的历史起点上把中国改革开放和社会主义现代化建设推向更大的胜利，开创中国特色社会主义事业的新局面。

解放思想，就是在马克思主义指导下打破习惯势力和主观偏见的束缚，研究新情况，利用新事物，解决新问题。思想是行动的先导，解放思想是创造性实践的先导。创造是发展的根本动力，创造性实践是人类实践的最高层次。邓小平指出，没有一点闯的精神，没有一点"冒"的精神，没有一股气呀、劲呀，就走不出一条好路，走不出一条新路，就干不出新的事业。在社会主义社会发展市场经济是前无古人的事业，是创造性实践。它发端于解放思想，它的完善需要继续解放思想。解放思想创造了中国改革开放和现代化建设历史，也必将开创中国特色社会主义的未来。没有解放思想，中国革命还要在黑暗中摸索更长的时间；没有解放思想，我国就不可能以世界上少有的速度持续快速发展起来，就不可能取得举世瞩目的发展成绩。只有解放思想，才能形成新思路、新办法，从而解决新问题。

解放思想是实事求是的前提和必然要求。解放思想，就是使思想和实际相符合，使主观和客观相符合，按照客观规律办事，就是实事求是。邓小平同志指出：在一切工作中要真正坚持实事求是，就必须继续解放思想。江泽民同志指出：解放思想与实事求是是统一的。客观事物是发展变化的，人类社会实践也是发展变化的。胡锦涛同志指出：解放思想、实事求是、与时俱进，是马克思主义活的灵魂，是我们适应新形势、认识新事物、完成新任务的根本思想武器。解放思想和实事求是的过程，就是把马克思主义的普遍真理与中国特色社会主义的具体实践相结合的过程。思想解放还是僵化，解放的程度如何，是否做到了实事求是，实事求是的程度如何，最终要看是否有利于贯彻落实科学发展观、构建社会主义和谐社会，是否有利于发展社会生产力、是否有利于增强社会主义国家的综合国力、是否有利于提高人民生活水平。我们要树立正确的思维方式，既破除对马克思主义的教条理解，又破除对西方学说的教条思维，着眼于新的实践和新的发展，科学地研究新情况，灵活地解决新问题。要立足中国处于并将长期处于社会主义初级阶段这个最大的实际，科学分析当代中国实践的变化发展和经济全球化的新机遇新挑战，深刻把握时代脉搏，更加自觉地走科学发展道路，奋力开拓中国特色社会主义更为广阔的发展前景。

实事求是是解放思想的根据和目的，实事求是的首要前提是从客观实际出发。客观实际是不断变化的，只有与时俱进，才能跟上时代发展，才能符合实际。离开了实事求是，解放思想就失去了前进的方向和目标。解放思想是一种精神状态、一种方法论，又是一个实践的范畴。人们所做的一切工作都是为了解决问题，有所创造，有所前进，实事求是也不例外。从这个意义上说，解放思想贯彻到理论创新上将结出实事求是的思想成果，落实到实际工作中则是实现实事求是的实践价值。因此，解放思想与实事求是又是一种互为条件和目的的关系。不断推进理论创新和实践创新，体现时代性，富于创造性。解放思想和实事求是要体现时代性，富于创造性，必须把大胆探索的精神和求真务实的态度结合起来，把勇于创新和善于创新结合起来，把时代性、规律性、创造性统一起来。解放思想、实事求是，是一个思想内涵丰富、理论形态完备的有机统一体。

第三节　马克思主义哲学创新的基本点

马克思主义哲学是一个发展的学说，是科学的世界观和方法论，是文明的活的灵魂，具有普遍的指导意义。当今世界发生了深刻变化，马克思主义哲学必然也要作出相应的回应，从而实现时代化，要把回归马克思和发展马克思统一起来，抓住马克思主义哲学的精髓，着眼于马克思主义哲学的运用。

一　回到马克思和发展马克思的统一

当今世界，和平与发展已成为时代的主题，经济全球化、政治格局多极化，科学技术日新月异，知识经济初见端倪。如何看待回到马克思与发展马克思这个问题，不但是理论自身发展的内在要求，而且也是实践的迫切要求，更是解决时代课题的客观要求。马克思主义哲学是科学性和革命性的统一，也是一个开放体系。马克思主义哲学最大的生命力就在于它能够在实践中不断地创新。全球性问题日益凸显，人类呼唤新的时代精神，这种精神是人类运用自己的理性思维和实践创造力去认识世界，改造世界的力量源泉。经过实践检验能够做到这一点的只有马克思主义，而且必须是与时俱进的马克思主义。因此正确了解回到马克思与发展马克思的内涵，把握二者之间的关系是非常必要的，也是深入研究和发展马克思主义理论的前提。

回到马克思，就是要深入研究马克思经典著作，真实地呈现马克思思想的全貌，就是要研究马克思之当代性的历史合法性前提。研究文本的目的绝对不是简单地照搬照抄马克思等经典作家的原话，用本本去框实践，而是要从实际出发，运用马克思主义的立场、观点和方法去解决现实问题。马克思的当代价值不是"现成"的，需要我们通过"回到马克思""理解马克思"，在此基础上才能重新"生成马克思"。回到马克思是深化问题认识的方法，是实现经典语境和当代语境融合的途径。回到马克思的过程乃是通过对历史的马克思的正确理解而实现对马克思当代价值的正确认识的过程。

发展马克思，就是用实践的新经验、新理论和新观点来丰富马克思，就是通过深入研究时代课题，创造性地提出解决时代课题的新思想和新方法，推进马克思主义哲学理论上的新发展，以便进一步指导社会主义建设实践活动。

回到马克思与发展马克思是辩证统一的，是不可分割的同一个过程的两个方面。如果不理解马克思主义哲学发展史，不从前人提供的思想材料出发，那么就不能把马克思主义哲学理论推向前进。"回到马克思"是方法，"发展马克思"才是目的。对待马克思主义哲学的正确态度应该是重在继承，贵在发展，把继承和发展有机统一起来。马克思主义哲学具有与时俱进的理论品质，我们既不能在马克思主义经典作家的本本上停滞不前，也不能离开马克思主义经典作家奠定的思想基础。必须把回到马克思和发展马克思结合起来，这样才能不断地发展马克思主义哲学理论，才能有效地研究新情况，解决新问题。

在回到马克思和发展马克思的过程中，要克服教条主义和经验主义两种错误倾向。教条主义危害极大，撇开具体实际来教条式地谈论马克思主义哲学理论，割裂了马克思主义的各个部分和各个发展阶段的内在联系。经验主义危害也很大，撇开马克思主义理论来经验式地谈论实际，缺乏科学理论的指导，割裂了事物的普遍联系，缺乏对联系和发展规律的认识。回到马克思与发展马克思的统一，就是要把马克思主义哲学作为行动的指南，来指导社会实践，解决时代问题。还要消除对马克思主义哲学错误的、教条式的理解，用发展的马克思主义哲学来分析和解决问题。

回到马克思与发展马克思，是实现马克思主义哲学时代化的必然要求。一个民族不能没有哲学，黑格尔指出：一个没有哲学的民族就像一座没有神灵的庙宇，再富丽堂皇也掩盖不了暗淡与虚弱。马克思指出：真正的哲学是时代精神的精华。时代课题的解决呼喊智慧的应答，我们需要民族精神，这些民族精神的获得只有用马克思主义哲学的胸襟、视野和方法才能更好地、批判地吸收传统文化和其他民族文化中的优秀成分，马克思主义哲学理论必须要在实践中得到发展。当代中国马克思主义哲学在强调实事求是的基础上提倡解放思想、与时俱进、开拓创新，离开实事求是，解放思想就失去了前提条件；离开实事求是，与时俱进就失去了规范。因此，马克思主义哲学的时代化必须要把回到马克思和发展马克思相结合，加强对马克思主义哲学经典著作的解读，注重马克思主义哲学与中国传统哲学的融合，注重马克思主义哲学创新发展对西方哲学的借鉴，完成马克思主义哲学时代化的历史任务。

回到马克思与发展马克思，就要加强对马克思主义经典著作文本的系统解读，如果忽视对文本的系统解读，就会导致理论的偏差乃至实践的偏差，进而不能有效地解决时代课题。回到马克思和发展马克思要处理好马克思主义哲学与中国哲学、西方哲学之间的关系。马克思主义哲学是时代精神的精华，同时，时代需要发展马克思主义哲学。发展马克思主义哲学离不开时代，要真正发展马克思就必须以时代和实践为立足点，既要善于从人类文明的最新成果中吸取营养，又要运用马克思主义哲学去分析现实问题，加强马克思主义哲学与中国哲学、西方哲学的对话与融合。马克思主义哲学理论不是世界之外的遐想，它与现实具有无法割断的联系。离开时代，离开现实，离开实践，既无法理解马克思主义哲学理论，也难以促进马克思主义哲学理论的发展。坚持和发展马克思主义哲学要体现其时代性和开放性，使马克思主义哲学永远绽放真理的光芒。

二　马克思主义哲学时代化的实践诉求

马克思主义哲学时代化，就是要把马克思主义哲学和时代特征结合起来，使它适应时代发展需要、把握时代脉搏、回答时代课题。马克思主义哲学具有与时俱进的理论品质，马克思强调，真正的哲学是自己时代精神的精华，理论是伴随着时代发展的需要而产生的，一切划时代的体系的真正的内容都是由于产生这些体系的那个时期的需要而形成起来的。马克思主义哲学不是教条而是行动的指南，是发展着的科学体系。马克思主义哲学始终严格地以客观事实为根据，而实际生活又总是处在不断的发展变化之中。邓小平同志指出："绝不能要求马克思为解决他去世之后上百年、几百年所产生的问题提供现成答案。列宁同样也不能承担为他去世以后五十年、一百年所产生的问题提供现成答案的任务。真正的马克思列宁主义者必须根据现在的情况，认识、继承和发展马克思列宁主义。"① 随着时代的发展变化和时代主题的转换，马克思主义经典作家针对特定时代、特定情况所作出的具体结论和一些观点，必然要随着时代的发展而发展。而时代的变化，既对马克思主义哲学的发展提出了新的要求，又为马克思主义哲学的发展提供了重要契机。时代化是马克思主义哲学永葆生机和活力的源泉所在，体现着马克思主义的当代价值和时代魅力。马克思主义哲学只有适应时代发展的要求，才能焕发出强大的生命力，才能凸显马克思主义哲学的当代意义。当代中国马克思主义哲学就是在和平与发展成为时代主题的历史条件下形成和发展起来的。

马克思主义哲学时代化的根本要求就是要体现时代精神的精华、解答时代课题、把握时代脉搏，不断推动马克思主义哲学与时俱进。马克思主义哲学时代化包括马克思主义哲学的内容时代化、形式时代化、话语时代化。推进马克思主义哲学时代化，就必须准确把握时代主题，积极迎接时代挑战，创造马克思主义哲

---

① 《邓小平文选》第 3 卷，人民出版社，1993，第 291 页。

学理论的新范畴、新论断,用富有时代气息的鲜活语言,用适合当今社会的表达方式,更好地阐明对当今世界经济、政治、文化、社会等重大问题的主张和看法。

准确分析和认识时代特征是马克思主义哲学时代化的前提。列宁指出:"首先考虑到各个'时代'的不同的基本特征(而不是个别国家的个别历史事件),我们才能够正确地制定自己的策略;只有了解了某一时代的基本特征,才能在这一基础上去考虑这个国家或那个国家的更具体的特点。"① 也就是说,对时代特征认识不清,不仅无法认清世界形势,而且很难了解某一国家的具体情况,当然也就谈不上制定正确的路线、方针、政策了。因此,在推进马克思主义哲学时代化的过程中,要树立世界眼光,认清时代的基本特征,把握时代主题,这样才能明确马克思主义哲学时代化的任务,以及确立马克思主义哲学时代化的主题和内容。

推进马克思主义哲学时代化,必须要用马克思主义哲学解答时代课题,对时代问题的解答构成了马克思主义哲学时代化的主线。当今世界,正处在大发展大变革大调整时期,世界政治格局朝着多极化方向发展、经济全球化势不可当,科技进步日新月异,知识经济初见端倪,同时,国际力量对比也呈现出新态势,世界各个国家之间的文化交流交融交锋日渐显现出新特点,综合国力竞争更趋激烈,不稳定和不确定因素也在增多。在这样的时代背景下,我们必须用马克思主义哲学的立场、观点、方法诠释现实、审视现实,回答时代提出的重大理论和现实课题,以彰显马克思主义的当代价值,为马克思主义哲学注入新的时代内容。在马克思主义哲学时代化过程中,要从时代精神中吸收新的元素、补充新的养分,以丰富和发展马克思主义哲学。要根据时代特征和时代发展要求,认真总结社会主义实践经验,尤其是中国特色社会主义实践经验,并对这些经验进行理论概括和理论升华,为马克思主义哲学理论体系增添新的时代内容,让马克思主义哲学永葆生机与活力。

---

① 《列宁全集》第 26 卷,人民出版社,1988,第 143 页。

马克思主义哲学中国化、时代化、大众化是不可分割的三个方面，三者之间相互促进、相互影响、相互制约。马克思主义哲学中国化、时代化、大众化的过程，就是把马克思主义哲学的普遍真理同中国实际、地方实践和时代特征相结合，在以马克思主义哲学理论指导实践与以实践发展马克思主义哲学理论的双向运动中形成中国共产党人和中国人民认识世界和改造世界的科学世界观和方法论的过程。推进马克思主义哲学中国化、时代化、大众化，就要从基本原理上把握马克思主义哲学中国化、时代化、大众化，基本原理体现马克思主义哲学的基本特征和本质规定性，具有科学性和真理性，只要客观规律及客观规律所起作用的条件依然存在，马克思主义哲学的基本原理就发挥指导作用；要从基本方法上把握马克思主义哲学中国化、时代化、大众化，马克思主义哲学既是世界观，又是方法论，为人们认识和改造世界提供了方法论；要从基本立场上把握马克思主义哲学中国化、时代化、大众化，以实现广大人民群众的根本利益为出发点和归宿，以人的全面而自由发展为目标，促进人的解放。

三 当代世界发展变化对马克思主义哲学创新的新要求

当今世界正处在大发展大变革大调整时期，正在发生广泛而深刻的变化，机遇前所未有，挑战也前所未有，但机遇大于挑战。经济全球化趋势不可逆转，但制约因素明显增多。金融危机引发对发展道路、发展模式和发展理念的深刻反思，调整变革成为潮流。国际体系变革是大势所趋，而变革的进程将是长期和复杂的。国际力量对比发生新的此消彼长，世界多极化趋势更加明朗，新兴大国继续保持崛起势头，日益成为全球需求和消费增长的重要引擎和解决全球性问题的利益攸关方。新兴大国联合自强的意识增强，新兴大国崛起作为当今世界最重要的发展趋势之一，有利于推动国际力量对比朝着相对均衡的方向发展。但从总体上看，西方在经济科技上占优势，在国际体系中仍处主导地位，这一格局短期内还难以根本改变。各主要力量竞相加快战略调整步伐，大国关系进入新一轮调整互动期，大国关系新一轮调整互动的主线是既竞争又合作，大国之间的协调合作明显增多，相互关系的务实性和稳定性有所上升，但利益差异不会消失，矛盾与摩擦也不可避免。围绕气候变化、能源资源安全、生态安全等全球性问题的国际合作与竞争有新发展，牵动国际关系的调整演变和国际力量的重新分化组合。全球性问题的紧迫性、联动性上升，任何国家都难以单独应对，客观上要求各国加强合作、协调行动，各主要力量之间的竞争较量也更加激烈，争夺的核心是发展的战略制高点和道义优势。

面对世界的大发展大变革大调整，针对全球性问题，在全球化日益明朗的今天，马克思主义哲学必须给予理论上的关注与回答。为此，应当研究马克思的世界历史理论，要从当今世界发展规律的高度来研究，从历史观上给予概括和阐释。丰子义指出："马克思对于世界历史的研究，在方法论上有其独特贡献，这种贡献是多方面的，但至少有这样几点是值得我们今天予以高度重视的：一是力求从历史发展规律的高度来研究世界历史；二是把世界历史的分析和制度分析相联系；三是对世界历史予以整体的把握。"① 自20世纪90年代以来，全球化浪潮迅猛推进，深刻影响着人类的实践活动和理论活动，全球化给马克思主义哲学的发展带来新的机遇和挑战。

全球化给马克思主义哲学创新提供了新的机遇。当今世界，马克思主义哲学仍具有强大生命力，在全球化研究方面尤其如此，马克思主义仍然是研究当今世界变化的最有用的分析工具。沃勒斯坦指出：马克思的一些基本观点在我看来对分析现代世界体系仍然是有用的，甚至是必不可少的。全球化最直接、最深刻地证明了马克思的"世界历史"理论，马克思的"世界历史"理论包含着丰富的全球化思想。在《德意志意识形态》《共产党宣言》《资本论》等著作中，马克思对资本主义发展的全球化现象和历史趋势都作过认真研究，分析了其基础、动力、正负作用和前景。马克思指出，资本主义经济发展的必然趋势是形成"世界市场"，包括全球性的贸易市场、金融市场、劳动力市场等；在此基础上，

① 丰子义：《全球化研究的方法论——从马克思"世界历史"谈起》，《社会科学报》2000年4月23日。

政治和文化也不可避免地会具有全球性；因此资本主义的经济危机以及许多社会问题也是全球性的；解决这些问题的根本出路是在全球逐步实现社会主义和共产主义。全球化更加凸显了马克思所揭示的社会历史发展规律，生产力和生产关系、经济基础和上层建筑之间的矛盾。与全球性经济和政治的发展相适应，全球性文化也在迅速发展之中，为马克思主义哲学的发展和创新提供了新的机遇和新的生长点。

全球化也对马克思主义哲学创新提出了新的要求。当今的全球化是人类历史发展的新现象，它遇到了许多新情况、新问题，需要人们去研究新情况，解决新问题。马克思主义哲学当然不能回避全球化问题。也只有在解决和回答全球化问题中马克思主义哲学才能焕发生机和活力，从而不断创新。全球化给人的发展研究带来新的冲击。随着生产要素的跨国流动，人才的跨国流动也日益显著，人才的竞争成为综合国力竞争的实质。当今世界，人的生存方式（生产方式、生活方式、交往方式等）在发生着巨大的变化。不仅人的生存与发展空间在迅速扩大，人的文化本体在迅速成长，人的物质生活和精神生活也随之迅速变化。因此，对马克思主义哲学关于人性、人的本质、人的主体性、人的价值、人的存在和发展等问题的创新提出了新要求。全球化也给传统的本体论和认识论提出了挑战，随着信息技术的发展和互联网的普及，人们日益生活在"虚拟世界"（virtual world）里。"虚拟世界"与现实世界有着根本的区别。"虚拟世界"仅仅是多种"可能世界"。由于"虚拟世界"的存在，人的"存在世界"变得丰富多彩和具有无限开放的性质。"虚拟世界"日益影响着人类现实世界的发展方向，因为它可以为人们提供"多种可能性"，使人们可以选择"最优方案"，从而使我们生活的现实世界能够朝着"最优方向"前进。"虚拟世界"对马克思主义哲学发展提出了新要求。此外，从历史观、人学到本体论、认识论和方法论，全球化都提出了一系列新问题。如果能够正确解决和回答这些问题，那么就会推进马克思主义哲学在当代的发展。

马克思主义哲学要保持旺盛的生命力，也必须认真地深入地研究全球性问题和全球化理论。要坚持辩证唯物主义和历史唯物主义的立场、观点和方法，善于吸收新的研究方法，如系统方法、信息方法、历史比较方法等。有了新的方法，才能有新的研究角度，取得新的成果。注意在研究全球性问题中发现和总结新方法，吸取和借鉴新方法，才能推进马克思主义哲学理论的新发展。研究全球性问题和全球化理论还要注重理论联系实际。

总之，全球化是当今人类社会发展的不可抗拒的历史潮流，它既给马克思主义哲学的发展带来了新的机遇，又给马克思主义哲学发展带来了新的挑战，对马克思主义哲学的创新提出了新要求。如果我们能够抓住机遇，发现生长点，研究新情况；迎接新挑战，发现新事物，解决新问题，就一定能在世界大发展大变革大调整时期为马克思主义哲学的发展和创新开辟出新的方向，为中国特色社会主义事业和人类的进步事业作出理论贡献。

四　马克思主义哲学的精髓

马克思主义哲学的精髓是一切从实际出发和实事求是，一切从实际出发和实事求是贯穿于马克思主义哲学各个部分，体现了马克思主义哲学的实践性、创新性、科学性的统一。实践性要求我们确立实践优先的原则，让实践来检验，用实践来发展认识；创新性要求我们的理论与实践不能墨守成规，故步自封，要不断创新；科学性要求我们的理论和实践必须符合客观规律。一切从实际出发和实事求是体现了辩证唯物主义、历史唯物主义的基本观点。马克思主义哲学是辩证的、历史的、实践的现代唯物主义，只有坚持一切从实际出发和实事求是，才能理解、应用和发展马克思主义哲学，一切从实际出发和实事求是抓住了马克思主义哲学的实质，是马克思主义哲学的精髓。

邓小平对马克思主义哲学进行了自我反思和解读，"什么是马克思主义哲学"和"我们需要什么样的马克思主义哲学"两个问题构成了马克思主义哲学观的基本问题。邓小平围绕"什么是马克思主义哲学"和"我们需要什么样的马克思主义哲学"两个基本问题，运用马克思主义哲学的立场、观点、方法分析和解决当代中国的现实问题，破除教条主义，解放思想，勇于探索，创造性地回答了"什么是马克思主义哲学"和"我们需要什么样的马克思主义哲学"两个基本问题。

什么是马克思主义哲学，这是马克思主义哲学观中带全局性的问题，即战略问题，贯穿于马克思主义哲学形成、发展的各方面和各阶段，研究马克思主义哲学观的战略问题是主要和首要的，懂得了全局性的问题就更会解决局部性的问题。因为局部是隶属于全局的，说马克思主义哲学观的战略问题取决于战术问题的思想是错误的。实事求是和一切从实际出发的问题贯穿于马克思主义哲学观形成、发展的各方面和各阶段，成为马克思主义哲学观的战略问题。实事求是和一切从实际出发就是马克思主义哲学的精髓，抓住了马克思主义哲学的精神实质，而且没有丢掉"老祖宗"，只有准确回答了这个战略问题，坚持马克思主义哲学的本质规定性、基本原理和基本特征，才能解答社会主义的全局性问题，树立共产主义远大理想，坚定走社会主义和共产主义道路。这样的回答方式跟马克思主义哲学是什么这个问题的回答方式恰好相反，但是同样作出了马克思主义哲学的正确回答。邓小平指出，"搞社会主义一定要遵循马克思主义的辩证唯物主义和历史唯物主义，也就是毛泽东同志概括的实事求是，或者说一切从实际出发。"① 这是邓小平关于马克思主义哲学的基本观点。马克思主义的辩证唯物主义和历史唯物主义就是马克思主义哲学，在邓小平看来，马克思主义哲学和实事求是、一切从实际出发是等同的、并列的，虽然提法不同，但说的是同一个东西，就是马克思主义哲学。也就是说，实事求是就是马克思主义哲学，一切从实际出发就是马克思主义哲学，即实事求是和一切从实际出发构成了马克思主义哲学观的基本内容。实事求是表现在中国的现实上，就是解放思想、勇于冒险、勇于探索和勇于创新；一切从实际出发表现在中国的现实上，就是中国处于并将长期处于社会主义初级阶段，就是不发达的阶段，这个阶段的根本任务是解放和发展生产力，改革就是解放和发展生产力，就是一切从实际出发。

我们需要什么样的马克思主义哲学，这是马克思主义哲学观

---

① 《邓小平文选》第3卷，人民出版社，1993，第118页。

中带有局部性的问题，即战术问题，全局是由它的一切局部构成的。邓小平强调，既不能丢掉"老祖宗"，也要立足当代实践，总结经验，概括新理论，形成有中国特色的社会主义哲学和有地方特色的地方哲学，从而丰富和发展马克思主义哲学。马克思主义哲学观的战略战术问题是融为一体的，战术问题的解决离不开战略原则的指导，战略问题的解决同样不能脱离战术的运用。邓小平强调，马克思主义哲学必须是和中国实际相结合的马克思主义哲学，只有结合了中国实际的马克思主义哲学，才是我们所需要的真正的马克思主义哲学。中国特色社会主义哲学和地方哲学就是这样的哲学，它是中国人民以马克思主义哲学为指导，在中国特色社会主义实践中，结合自己的特点形成起来的马克思主义哲学，这就是我们所需要的真正的马克思主义哲学。因此，中国特色社会主义哲学和地方哲学也构成了邓小平哲学观的基本内容，地方哲学是中国特色社会主义哲学的重要组成部分。这样，实事求是、一切从实际出发、中国特色社会主义哲学和地方哲学就构成了邓小平哲学观的基本内容，实事求是、一切从实际出发、中国特色社会主义哲学和地方哲学是相互联系、不可分割的统一体。实事求是作为总的原则和方法贯穿于一切从实际出发、中国特色社会主义哲学和地方哲学之中，一切从实际出发是实事求是的具体要求，中国特色社会主义哲学和地方哲学是中国人民把实事求是和一切从实际出发的原则和方法运用到实践的必然结果。

坚持一切从实际出发就是坚持马克思主义哲学。邓小平指出："我们要从国内外、省内外、县内外、区内外的实际情况出发，从其中引出其固有的而不是臆造的规律性，即找出周围事变的内部联系，作为我们行动的向导。"① 贯彻马克思的从实际、实践出发解释观念的历史唯物主义原则，用实践的马克思主义哲学发展书本的马克思主义哲学。只有坚持一切从实际出发，我们的社会主义现代化建设才能顺利进行，马克思主义理论才能顺利发展，一个党、一个国家如果一切从本本出发，那它就不能前

---

① 《邓小平文选》第 2 卷，人民出版社，1994，第 116 页。

进，它的生命力就会停止，就会亡党亡国，是否一切从实际出发
的问题是一个关系到国家的前途和命运的问题。邓小平指出：
"在中国的现实条件下，搞好社会主义的四个现代化，就是坚持
马克思主义……不从这个实际出发，就是脱离马克思主义。"①
从哲学上，坚持一切从实际出发就是坚持马克思主义哲学。邓小
平强调，社会主义现代化建设就是当前中国最大的实际，社会主
义现代化建设的实践是不断变化和发展的，要不断总结经验和方
法，从理论上进行深刻、实际的阐述，形成准确的表述语言，从
而发展马克思主义哲学。一切从实际出发的观点赋予了马克思主
义哲学鲜明的时代特色，时代特色是马克思主义哲学的实践诉
求，即要求马克思主义哲学与时代对话，反映时代内涵和精华，
马克思指出，"任何真正的哲学都是自己时代精神的精华。"② 与
时俱进是马克思主义的理论品质，恩格斯指出："每一个时代的理
论思维，从而我们时代的理论思维，都是一种历史的产物，它在
不同的时代具有完全不同的形式，同时具有完全不同的内容。"③
要以人民群众不断变化、发展的实践提升时代内容，丰富和发展
马克思主义哲学理论，创新马克思主义哲学的形态，把哲学的内
容与哲学的形式统一起来，形成中国特色马克思主义哲学，即当
代中国马克思主义哲学。

　　一切从实际出发的根本要求是改革。不改革就是死路一条，
改革是社会发展的强大动力，是中国的第二次革命，邓小平确立
了"改革有出路"的根本构想。改革不是目的，通过改革促进
社会发展，实现人民群众的根本利益才是最终目的。改革同生产
力迅速发展不相适应的生产关系和上层建筑，是社会主义制度的
自我完善和发展。在马克思主义哲学的指导下，中国人民通过改
革促进了社会发展，促进了生产力的解放和发展，使中国真正活
跃起来。从某种意义上说，改革是关系到中国特色社会主义事业
兴衰成败的一个全局性问题。邓小平指出："改革是大家的主意，

① 《邓小平文选》第2卷，人民出版社，1994，第163页。
② 《马克思恩格斯全集》第1卷，人民出版社，1956，第121页。
③ 《马克思恩格斯选集》第4卷，人民出版社，1995，第284页。

人民的要求"①，这个"主意""要求"就是社会和谐、国家繁荣富强、人民安居乐业，凡是进行改革的地方，人民生活都好起来了，不改革，就是死路一条。改革是第一条活路，完全符合人民群众的愿望。建设中国特色社会主义，首要的一条是不断发展生产力，只有高度发达的生产力才能实现共产主义，发展是硬道理。

坚持实事求是就是坚持马克思主义哲学。邓小平指出："实事求是，是毛泽东思想的出发点、根本点。这是唯物主义。"② 在邓小平看来，坚持实事求是，把实事求是作为我们行动的向导，就是坚持理论和实际统一的马克思列宁主义的作风，就是坚持唯物主义。"按照历史唯物主义的观点来讲，正确的政治领导的成果，归根到底要表现在社会生产力的发展上。"③ 邓小平按照实事求是的原则和方法，在充分认识中国的国情基础上得出了社会主义社会的根本任务是发展生产力，坚持实事求是，就是要坚持发展生产力，就是坚持历史唯物主义。一句话，坚持实事求是就是坚持马克思主义的辩证唯物主义和历史唯物主义。"实事求是是马克思主义的精髓。要提倡这个……改革开放的成功，不是靠本本，而是靠实践，靠实事求是。"④ 实事求是要全面贯彻到改革开放的实践中，而实践又是不断变化和发展的，新的事物不断出现，新的问题不断出现，要充分发挥人民群众的创造性，不断从实践中总结经验，概括新理论，发展马克思主义哲学。坚持实事求是，体现在人民大众既要用马克思主义哲学指导实践，又要在实践的基础上发展马克思主义哲学，即理论和实践的统一，二者相辅相成、缺一不可。这是邓小平关于实事求是就是马克思主义哲学的科学阐释。这一论述使我们逐渐认识、理解和掌握了马克思主义哲学并内化为自己的观念，让我们明白了这样一个道理：只要坚持实事求是的原则和方法，就能够充分发挥出马克思主义哲学在人民群众日常生产和生活实践中的指导作用，就能够变成人民群众进

① 《邓小平文选》第 3 卷，人民出版社，1993，第 118 页。
② 《邓小平文选》第 2 卷，人民出版社，1994，第 114 页。
③ 《邓小平文选》第 2 卷，人民出版社，1994，第 128 页。
④ 《邓小平文选》第 3 卷，人民出版社，1993，第 382 页。

行改革开放和社会主义现代化建设的强大动力，中华民族就能够实现伟大复兴。

实事求是的基本要求是解放思想、勇于冒险、勇于探索和勇于创新。马克思在《资本论》中区分了物质生产力和精神生产力。精神生产力是人们在改造、调节控制自然过程中表现出来的精神力量，精神力量也可以变成物质力量。要做到实事求是首先必须解放思想，邓小平指出："只有思想解放了，我们才能正确地以马列主义、毛泽东思想为指导，解决过去遗留的问题，解决新出现的一系列问题，正确地改革同生产力迅速发展不相适应的生产关系和上层建筑。"[1] 思想不解放，思想僵化，改革开放就迈不开步子，马克思主义本本里没有的，领导人没有讲过的，就不敢说，不敢做，一切照搬照抄，这样就会脱离实事求是，就会脱离当代中国的实践，中华民族就不能实现伟大复兴。"不打破思想僵化，不大大解放干部和群众的思想，四个现代化就没有希望。"[2] 解放思想是一个关系到中国特色社会主义的前途和命运的问题。冒险是解放思想的必然要求，解放生产力，首要的是解放思想，解放思想最根本的是冒险，不冒险就不能从教条主义和主观主义的束缚中解放出来；研究新情况，解决新问题，必须要冒险，因而冒险是重要的精神生产力。邓小平指出，不要怕冒风险，我们处理问题冒点风险不怕，"没有一点闯的精神，没有一点'冒'的精神，没有一股气呀、劲呀，就走不出一条好路，走不出一条新路，就干不出新的事业。"[3] 改革开放是全新的事业，我们没有现成的答案，一定要有一大批勇于思考、勇于探索和勇于创新的闯将，没有这样一大批闯将就无法摆脱贫困落后的状况，就无法赶上更谈不上超过国际先进水平。在坚持四项基本原则的前提下，要克服一个怕字，要有勇气，什么事情总要有人试第一个，敢于冒险。只要冒险行动，一切皆有可能，冒险始终在进行着并有所领悟，对冒险未来的高度信心和想查明究竟的好奇心驱使中国人不断去

① 《邓小平文选》第 2 卷，人民出版社，1994，第 141 页。
② 《邓小平文选》第 2 卷，人民出版社，1994，第 143 页。
③ 《邓小平文选》第 3 卷，人民出版社，1993，第 372 页。

探索，对自己认准的事，就会大胆去冒险。冒险的结果取得了正反两方面的经验，从而可以不断总结实践经验和方法，进行理论创新。"现在建设中国式的社会主义，经验一天比一天丰富。经验很多，从各省的报刊材料看，都有自己的特色。这样好嘛，就是要有创造性。"① 任何事情都没有 100% 的把握，不敢冒险，不去探索，不进行创新，我们就不能前进，就不能实现四个现代化，没有四个现代化就没有中国人民和中华民族的生存之地。

第四节　马克思主义哲学的地方形态

改革开放以来，各个地方坚持一切从实际出发，解放思想，实事求是，开拓创新，涌现出了各具特色的区域发展模式，最著名的有温州模式、珠江三角洲模式、苏南模式和浦东模式等。各个地方的发展道路和发展模式融合成一个有机整体，构成了中国特色社会主义的发展道路和发展模式。地方哲学就是地方经验的哲学总结，是区域人把马克思主义哲学的普遍真理同地方的具体实际和时代特征相结合的产物，是马克思主义哲学的地方形态。

一　典型地区经验的哲学总结

改革开放以来，各地紧密结合实际，把党的路线方针政策和本地实际结合起来，在区域发展实践中形成了各具特色的区域发展模式，创造了地方经验，对这些地方经验进行哲学概括和总结，就形成了地方哲学。在此，以浦东经验、义乌经验和深圳经验为例对一些典型地区经验进行哲学总结，从而形成浦东哲学、义乌哲学和深圳哲学。

（1）浦东经验的哲学总结

浦东哲学是浦东经验的哲学总结，是马克思主义哲学和浦东的具体实际和时代特征相结合的产物，开创了马克思主义哲学的浦东形态。浦东人民运用马克思主义哲学的立场、观点、方法解

---

① 《邓小平文选》第 3 卷，人民出版社，1993，第 372 页。

决浦东问题，积极推进马克思主义哲学大众化的浦东实践，努力建构结合浦东实际的马克思主义哲学。只有结合浦东实际的马克思主义哲学，才是浦东人民所需要的真正的马克思主义哲学。浦东哲学的建构，必须要建构基本的哲学范畴，如浦东人民的实践观、认识论、联系观、真理观、价值观和发展观等。浦东哲学范畴的建构，应当把浦东实践和马克思主义哲学范畴结合起来，把哲学的内容和形式统一起来，形成完整的浦东哲学体系。浦东人民是浦东实践的主体，浦东哲学的形成与发展始终存在浦东人民的实践之中，对浦东经验进行哲学总结，建构浦东哲学具有重要理论和现实意义。

那么，浦东经验有哪些呢？中国特色发展之路调研报告指出，浦东坚持走中国特色社会主义道路，坚持改革开放的基本国策，以开放促改革，解放思想、勇于创新、求真务实，把国际化的新思路和当地特色有机结合起来，十分注重处理好改革发展稳定的关系，有效地发挥比较优势，实现经济社会全面发展。具体体现为八个方面。

一是中央决策正确。浦东开发是邓小平同志和党中央在我国改革开放关键历史时期，经过深思远虑之后作出的重大战略抉择。邓小平强调，"开发浦东，这个影响就大了，不只是浦东的问题，是关系上海发展的问题，是利用上海这个基地发展长江三角洲和长江流域的问题"①。中央要求以浦东开发开放为龙头，进一步开放长江沿岸城市，尽快把上海建成国际经济、金融、贸易、航运中心，带动长江三角洲和整个长江流域地区经济的新飞跃。这为浦东开发开放的成功提供了最重要的政治保障。2006年中央批准浦东在全国率先进行综合配套改革试点，在转变政府职能、转变发展方式、改变城乡二元经济和社会结构方面先行先试，为全国下一步深化改革探索经验。

二是超前的战略思路储备。浦东开发开放的成功，在一定程度上得益于先行一步的战略研究、超前一步的战略思路储备。长期以来，上海积累了一批具有国际战略眼光又高度务实的国际政

---

① 《邓小平文选》第3卷，人民出版社，1993，第366页。

治、经济、金融和城建人才，他们在上海市委、市政府的领导下，对浦东的建设和上海发展起到重要的思想库作用。

三是探索创新城市开发开放模式。浦东开发开放是一个持续创新的过程，浦东开发开放之初面临的最大困难，是怎样在缺乏国家投入和建设资金的条件下实施既定方案。探索市场化和多元化的融资方式是开发浦东需要解决的首要问题。注重开发方式创新，坚持功能开发重于土地开发，以"规划优先、基础设施优先、环境保护优先"的原则，高起点、高标准地开发建设了功能各异的重点开发区、小区以及浦东国际机场等重大枢纽设施，跳出了"摊大饼"、扩张式的城市发展模式，基本形成了点线结合、多心组团、功能互补的发展格局。始终突出强调生态理念，注重环境保护和生态建设，对引进项目实行严格的环境准入标准，绝不以牺牲环境为代价发展经济，致力于建设一个绿、洁、亮、畅、美的现代化新城区；注重以体制创新推动开发开放，做到"小政府，大社会，大市场，大服务"。

四是切实发挥后发优势。1992 年初，邓小平同志强调，浦东开发晚了，是件坏事，但也是件好事。可以借鉴广东的经验，可以搞得好一点，搞得现代化一点，起点可以高一点。起点高，关键是思想起点要高。后来居上。按照邓小平同志的指示，遵循"开发浦东、振兴上海、服务全国、面向世界"的方针，浦东坚持以开放促改革促发展，不断扩大对内对外全方位开放，以经济全球化的视野和先进的国际标准稳步推进各项工作。

五是充分用好政策资源。上海认识到，开发浦东是国家大局，必须获得中央各个部门的大力支持。人才是浦东开发开放的第一资源。要以人才高地构筑创新高地，以制度创新促进自主创新。浦东充分利用上海智力资源丰富、人才积累深厚的条件，坚持培养、引进和使用人才并重，重视发挥人才在创新中的核心作用，着力打造一支与区域经济社会发展相适应、具有国际竞争力的人才队伍，为提升区域创新能力和改革发展的后劲提供强大的智力支持。其一，充分发挥企业的创新主体作用，以市场机制选人、用人、留人。其二，发挥浦东国际化程度较高的优势，主动利用人才的"溢出效应"，积极形成人才的"集聚效应"。其三，积极推动各类要素向创新聚集。

七是善于发挥舆论作用。经济发展要积累物质资本，也要形成社会共识。浦东开发开放是中国特色社会主义的伟大实践，也是国家和全体人民的共同利益和长远利益的体现。从国家战略的高度和社会历史变迁的深度，牢牢把握舆论宣传的主旋律，大力宣传这一历史性战略决策的重大深远意义，努力为浦东开发开放提供强大的思想支撑、舆论保障，切实把干部群众的思想统一到中央的战略决策上来，在全社会形成"一定要把浦东开发这件大事办好"的共识，调动一切积极因素，排除一切干扰，形成合力促进浦东发展。

八是加强和改进党的领导。浦东建设事业兴衰，关键在党。党要为浦东开发开放提供正确而有力的领导和组织保障，针对国际化大都市所呈现的社会高度开放性、人员高度流动性，以及经济社会组织多元化、智力化、楼宇化的特点，浦东积极创新适应新形势的党建工作思路和方法。首先，选好干部配好班子。其次，把握人才工作方向。着力强化党对人才工作领导，通过政策聚焦、服务聚焦、项目聚焦，努力创造良好的人才综合环境，使人才引得进、留得住、用得好。最后，创新基层党建工作。

（2）义乌经验的哲学总结

义乌人民运用马克思主义哲学的立场、观点、方法解决义乌问题，把马克思主义哲学的普遍真理和金华学派思想有机融合起来，积极推进马克思主义哲学大众化的义乌实践，努力建构结合义乌实际的马克思主义哲学。义乌哲学是义乌经验的哲学总结，是马克思主义哲学和义乌的具体实际和时代特征相结合的产物，开创了马克思主义哲学的义乌形态。只有结合义乌实际的马克思主义哲学，才是义乌人民所需要的真正的马克思主义哲学。义乌哲学的建构，必须要建构基本的哲学范畴，例如义乌实践、义乌世界、义乌真理、义乌价值、义乌发展等。义乌哲学范畴的建构，应当把义乌实践和马克思主义哲学范畴结合起来，把哲学的内容和形式统一起来，在内容和形式上要有别于马克思主义哲学，形成完整的义乌哲学体系。义乌人民是义乌实践的主体，义乌存在的客观事物是义乌人民实践的客体，要把主体性和客体性有机统一起来。义乌哲学的形成与发展始终存在义乌人民的实践之中，对义乌经验进行哲学总结，促进义乌哲学学科体系建设和学术观点创新，具有重要理论和现实意义。

那么，义乌经验有哪些呢？中国特色发展之路调研报告指出，义乌坚持从实际出发，充分利用市场先发优势，以创业创新为动力，以小商品流通为载体，推进市场化，带动工业化，催生城市化，演进为国际化，城乡面貌发生了翻天覆地的变化，创造出"无中生有、有中生奇、无奇不有"的义乌奇观。义乌靠商贸起家，市场是义乌人的最大财富和创业的巨大舞台。他们始终坚持把市场作为区域的"发展极"来培育和经营，一切围绕市场而谋划，建成了一批影响全球市场的小商品制造业。义乌发展是理念创新、市场创新、产业创新的过程，更是体制机制创新的过程。这一系列创新，促进了政府"有形之手"和市场"无形之手"的有机结合，构成了全民创新兴业的有力保障。义乌的成功要素和主要做法是：群众创造和政府有为互动、商贸发展和工业支撑互动、培育市场主体和健全市场体系互动、传承传统文化和吸纳现代理念互动、推进城市化和建设新农村互动、经济建设和社会建设互动。义乌积极探索开拓了独具特色的区域发展之路，积累了具有普遍意义而又特色鲜明的经验，义乌经验主要有：

一是以人为本，创业富民。以人为本，以人民群众利益为重，是义乌决策者们始终坚持的执政理念，他们牢固树立群众观念，尊重群众首创精神，以多为群众办好事办实事赢得了群众的信任和支持。无论是兴商建县战略，还是贸工联动等一系列重大举措，都始终围绕让经济搞上去、让百姓富起来、让群众得实惠的共同目标。无论是开放市场的重大决策，还是放水养鱼等一系列具体政策，都是从群众意愿出发，最大限度地调动群众参与发展的积极性和创造活力，鼓励群众在自主创业中富裕起来。

二是完善体制，创新兴业。义乌发展过程是理念创新、市场创新、产业创新的过程，更是体制机制的创新过程。理念创新，促进了政策创新和制度变迁；市场创新，促进了小商品市场演变成国际化市场；产业创新，有效分享了全国性销售网络和地域性专业化生产两种集聚效应；体制机制创新，促进了政府"有形之手"与市场"无形之手"的有机结合。正是本着这种敢为天下先、勇于探索创新的精神，义乌不仅在经济发展中创造出许许多多的奇迹，而且在市场经济机制和政府运行体制中开创了一系列先河，构筑了全民创新兴业的体制机制保障。

三是重商强市，以市兴市。义乌靠商贸起家，市场是义乌人民的最大财富和创新兴业的巨大舞台。他们始终坚持把市场作为区域"发展极"来培育和经营，做到工作围绕市场转、城市围绕市场建、产业围绕市场育。开放市场、培育市场、建设市场、提升市场，使市场变成了一座巨大反应堆，引发了资本、人力、信息等生产要素连续裂变，一批影响全球市场的小商品制造业，以及物流、金融、商务中介等现代服务业因市而生。城市发展也因市而动，功能定位一次次得到提升，从小城镇发展成商贸中等城市，演进为商贸名城和国际性商贸城市。

四是科学决策，一以贯之。兴商建县（市）作为义乌发展战略，是义乌人自主而正确的选择，而这一战略之所以能坚持下来并取得成功，得益于历届县委和县政府、市委和市政府坚持正确政绩观，坚持一张宏图管到底、一任接着一任干。20多年来，义乌县委和县政府、市委和市政府换了一届又一届，但并未因领导层更替而改变符合当地实际的发展战略，而是在继承的基础上加以创新和丰富。这看似守旧，实则是最大的创新。这样的创新，新在打破和摒弃了只顾个人政绩、不顾发展实际的陈旧政绩观，新在打破和摒弃了只图眼前快速发展、不谋长远持续发展的片面发展观。

五是自觉革命，执政为民。义乌不仅有一个清醒、自信、有作为的党政领导班子，而且有一支自觉、自律、自强的干部队伍，他们追求有所作为，但绝不为所欲为。义乌是商品经济的海洋，到处充满商机和利益诱惑，但他们注重制度建设，坚持公开、公正和依法行政，通过建立土地和市场摊位公开拍卖制度，深化行政审批制度改革，推进综合预算改革等，果断地割断了部门"权"与"利"的脐带，使任何领导和部门都无权批条子、送人情，使公权谋不了私利，从源头上有效防止了寻租和腐败的产生，营造了全市上下勤政廉政、干净干事的良好氛围。

（3）深圳经验的哲学总结

深圳从零起步，创造了令世人瞩目的奇迹。从经济特区成立开始，深圳给人的印象总是与"率先""第一次"联系在一起。大力发展高新技术产业，建设创新型城市……深圳一次次走在全国的前列，为深圳经济发展注入了持久的活力。从一个贫穷落后的小渔村，发展为我国南部综合经济实力、技术创新能力、国际竞争力最强的现代化大都市。深圳的巨变，是我国改革开放30多年伟大成就的一个缩影，也是中国特色社会主义伟大实践的一个闪光点。深圳人民运用马克思主义哲学的立场、观点、方法解决深圳问题，把马克思主义哲学的普遍真理和深圳的具体实际和时代特征结合起来，积极推进马克思主义哲学大众化的深圳实践，努力建构结合深圳实际的马克思主义哲学。深圳哲学是深圳经验的哲学总结，开创了马克思主义哲学的深圳形态。只有结合深圳实际的马克思主义哲学，才是深圳人民所需要的真正的马克思主义哲学。深圳哲学的建构，必须要建构基本的哲学范畴，例如深圳实践、深圳世界、深圳真理、深圳价值、深圳发展等。深圳哲学范畴的建构，应当把深圳实践和马克思主义哲学范畴结合起来，把哲学的内容和形式统一起来，在内容和形式上要有别于马克思主义哲学，形成完整的深圳哲学体系。对深圳经验进行哲学总结，促进深圳哲学的崛起，具有重要理论和现实意义。

那么，深圳有哪些经验呢？中国特色发展之路指出深圳是改革开放的"试验田"和"示范区"，深圳发展壮大的每一步，都离不开中央的关怀和支持，更离不开坚持不懈的思想解放和始终不渝的改革创新。从"引进来"到"走出去"，从"深圳加工""深圳制造"到"深圳创造"，从"速度深圳"到"和谐深圳""效益深圳""绿色深圳"……围绕建立和完善社会主义市场经济体制的目标，深圳以敢为天下先的精神，进行了一系列大胆的实践和探索，不仅为自身经济发展注入了持久的活力，也为其他地方改革开放、科学发展提供了宝贵经验。深圳经验主要有：

一是抓住经济全球化机遇，从"引进来"到"走出去"。开放是深圳的发展之源，深圳所走的道路始终是以开放促改革促发展之路。深圳能有今天的发展局面，首先得益于在不断扩大开放中抓住机遇、用好机遇,从"引进来"到"走出去"经历了四个趋势性变化。即以吸引港资为主到外资来源全球化、从"三来一补"到企业"走出去"、从内向型联合到外向型联合、从利用"香港因素"到深港紧密合作。

二是敢为天下先,探索社会主义市场经济新体制。深圳以敢为天下先的精神,围绕建立和完善社会主义市场经济体制目标,进行了一系列大胆的实践和探索,一些重大改革首开全国之先河,为深圳经济发展注入了持久的活力。坚持市场取向改革,率先构建市场经济新体制;改革土地管理体制,推进土地使用市场化;改革劳动用工制度,促进人力资源市场配置;推动金融体制改革,完善金融市场体系;推进国有企业改革,建立国有资产监管体制与运营机制;推进行政体制改革,提高行政执行力。

三是大力发展高新技术产业,推进产业结构优化升级。深圳几乎从零起步,在十几年的时间里,迅速建立起以电子信息业为主的高新技术产业,走出了有深圳特色的产业发展之路。统计显示,1991~2007 年,高新技术产业以年均超过 40% 的速度增长,2007 年的产值达 7599 亿元,占工业总产值的 54% 左右。其中具有自主知识产权的高新技术产品产值 4400 多亿元,占全部高新技术产品产值的 58%。深圳高新技术产业能实现跨越式发展,关键在于抓住了以下环节:敢于把高新技术产业确定为产业发展目标;持之以恒、百折不挠地朝着发展目标奋进;加大政策支持力度;培育高新技术产业集群;着力培育高新技术产业的核心企业。

四是鼓励企业成为创新主体,努力建设创新型城市。深圳建立了以市场为导向、以企业为主体、以国内高等院校和科研院所为依托、官产学研资界相结合的研究开发体系,自主创新能力不断增强。建立以企业为主体的创新体系;建立以风险投资和贷款担保为主的政府支持体系;大力推动产学研结合;探索多种创新路径;努力构建有利于自主创新的环境;自主创新与建设创新型城市相结合。推进自主创新,建设创新型城市,这已经成为深圳市的重大战略。深圳市委、市政府把增强自主创新能力作为城市发展的主要支撑,通过扶持具有自主知识产权的优势产品、产业和企业,加快提升城市竞争力;通过建设创新型城市,推动企业自主创新，带动经济发展方式转变。

五是坚持中国特色社会主义理论体系，不断提高党的执政能力。深圳经济特区之所以能越办越好，关键是坚持理论指导，坚持党的领导，坚持不懈地解放思想，始终不渝地改革创新，持之以恒地追求发展，矢志不移地坚持前进的方向。不断解放思想，敢闯敢试敢探索；认准方向不动摇，一以贯之地坚持下去；坚持协调发展，破解发展难题；发挥党的领导核心作用。事业兴衰，关键在党。深圳所有成就的取得，都是党的正确领导的结果。

二　地方哲学是马克思主义哲学的地方形态

地方哲学是地方经验的哲学总结，是马克思主义哲学的地方形态，或者说是地方化的马克思主义哲学。改革开放以来，各个地方把马克思主义哲学的普遍真理和本地的具体实际和时代特征结合起来，形成了各具特色的地方哲学。邓小平根据各个地方生产力发展水平和各方面的条件，提出了"两个大局"的战略思想，邓小平强调，发展必须讲究区域性，根据地方的具体情况，制定符合自身特点的发展战略。东部地区通过不断试验、改革和实践先发展起来，为中西部地区发展提供经验，然后带动和支持中西部地区发展，最终实现全国各地区共同繁荣和共同富裕，而这一过程正是由区域人的实践来实现的，

区域和区域人是理解地方哲学的钥匙。邓小平关于让一部分人、一部分地区先富起来，带动和帮助其他地区、其他人，逐步达到共同富裕的思想；关于开办经济特区的思想；关于开发浦东的思想等，都是关于区域和区域人的精辟论述，深圳就是一个区域，区域是区域人实践的空间、地域，区域与区域人的生存与发展密切相关，区域人享受的医疗、保险、住房、就业、求学等待遇与区域紧密相关，甚至有时区域的变动，可以决定一个区域人的命运。所谓区域人就是对中国行政区划与治理形成的人的区域身份的规定，例如，广东人、温州人、泰顺人等都是区域人，地方哲学就是区域人以马克思主义哲学为指导，在中国特色社会主义实践中，结合自己的特点形成起来的马克思主义哲学，在哲学

内容和形式上有别于马克思主义哲学。例如，温州哲学就是结合温州人特点而形成的马克思主义哲学，温州哲学是当代温州的马克思主义哲学，开创了马克思主义哲学的温州形态，上海哲学、义乌哲学、深圳哲学等都是地方哲学。

开创马克思主义哲学的地方形态，是马克思主义哲学繁荣发展的重要途径。邓小平用人民创造历史的奋发精神哺育哲学，促进马克思主义哲学各个内容条块之间的相互碰撞、相互融合，用马克思主义哲学的普遍真理指导人民的改革开放和社会主义现代化建设实践。在中国的现实条件下，人民就是区域人，在邓小平理论的指引下，区域人激发出了强大的批判力、想象力和创造力，马克思主义哲学各个内容条块在区域人之间形成了"百家争鸣、百花齐放"的繁荣景象，形成了各种特色的地方哲学。这是邓小平哲学思想的产物，地方哲学与区域人的生存和发展是密切相关、融为一体的，各个区域人都有自己的特点，地方哲学始终以各个区域人面临的时代问题为中心，体现时代精神的精华，随着时代的变化和哲学思维的发展而处于动态演进之中。对区域人关心的现实问题的解答方式、角度、态度可以而且应当多样化，只要有条件，一个县域人，甚至一个村域人都可以有自己的马克思主义哲学，从而形成多种多样的地方哲学。理解了这一点就理解了马克思主义哲学的地方形态的本质，马克思主义哲学就会在区域人之中永葆生机与活力，地方哲学就会得到繁荣发展，当代中国马克思主义哲学就会得到繁荣发展，马克思主义哲学就会焕发出强大的生命力。

三 温州哲学是地方哲学的典型代表

温州人自觉地坚持马克思主义哲学，运用马克思主义哲学的立场、观点和方法解决温州问题，努力建构结合温州人实际的马克思主义哲学，只有结合了温州人的实际的马克思主义哲学，才是温州人所需要的真正的马克思主义哲学。温州人的命运与温州哲学密切相关，它始终关心与温州人的切身利益密切相关的问题，具有温州风格、温州气派和温州特色。温州哲学的形成贯穿于中国特色社会主义哲学大众化为与温州的具体实际相结合的理论和马克思主义哲学中国化、时代化、大众化为与中国特色社会主义的具体实际相结合的理论的过程中，丰富了马克思主义哲学的内涵。

温州哲学是地方哲学的一个典型代表。温州哲学开创了马克思主义哲学的温州形态，地方哲学是马克思主义哲学的地方形态。温州哲学的产生对全国其他地方繁荣发展哲学，推进当代中国马克思主义哲学大众化提供了借鉴。在区域实践中，区域人运用马克思主义哲学的立场、观点和方法解决区域的现实问题，把马克思主义哲学与自身的具体实际和时代特征结合起来，走区域特色发展之路，对区域经验进行哲学概括和总结，形成了地方哲学。地方哲学的形成过程是马克思主义哲学在各个地方实践的过程，地方哲学是马克思主义哲学在各个地方实践的产物。地方哲学用区域人来代替人类作为哲学的主体，区域人是中国社会的基本现象，用区域人取代抽象的人类更符合中国的具体实际，区域、区域人、地方哲学构成了马克思主义哲学地方形态的基本要素。

四 地方哲学是马克思主义哲学创新的生长点

迄今为止，马克思主义哲学创新已经迈出了三步：一是提出创造 21 世纪马克思主义哲学新形态的新课题，二是在马克思主义哲学创新问题上呈现出"百家争鸣、百花齐放"的繁荣景象，三是开始深入探讨马克思主义哲学创新的生长点，在一些重大问题和具体问题上探索马克思主义哲学创新之道。

有学者认为，马克思主义哲学文本研究方法论是马克思主义哲学创新的生长点之一。俞吾金认为，要对马克思和马克思主义进行创造性的研究，就需要在思维方法上有一个转折，即通过差异分析来重构马克思的哲学理论。① 赵家祥认为，不论是在人类社会与自然界的关系问题上，还是在历史发展的主体性与客观性的关系问题上，马克思和恩格斯的哲学在本质上都是相同的，"马恩对立论"是虚构的，不能成立的。② 张一兵认为，必须根本摆脱苏联东欧式的治史模式，建立今天中国的马克思主义新思想史观。

① 俞吾金：《差异分析与理论重构——马克思哲学研究中的方法论问题》，《中共浙江省委党校学报》2005 年 1 期。
② 赵家祥：《质疑"马恩对立论"》，《教学与研究》2005 年第 5 期。

苏东式治史模式的根本缺陷，是根据一定的意识形态现实需要，将一定的目标设定为中心理论轴线，来座架历史事件和史料，其本质上是一种主观唯心主义的历史学逻辑。①

有学者认为，马克思主义哲学创新路径是马克思主义哲学创新的生长点之一。黄楠森认为，建立一个完整严密的科学体系是21世纪马克思主义哲学创新的重要任务，哲学是一个学科群，是一个以世界观、本体论为核心的不同层次、不同领域、不同方面的部门哲学群，部门哲学的数量虽然难以确定，但世界观、本体论是不可或缺的。② 王东主张按照"解读模式创新—文本体系创新—文献资料创新—中西马综合创新—哲学问题创新—哲学体系创新—教学体系创新"的思路，科学解决马克思主义哲学如何创新、怎样创新的时代课题。③

有学者认为，全球化与唯物史观创新是马克思主义哲学创新的生长点之一。丰子义认为，全球化的出现，不仅对社会生活、社会发展是一场深刻的变革，而且对社会历史理论研究也是一个重大冲击。这种冲击不在于它提出了多少具体问题需要加以关注和解答，而主要在于对唯物史观的研究范式提出了新的要求，需要对其作出新的调整和变革。④ 欧阳康认为，我们今天生活在一个全球化的时代，全球化对于马克思主义哲学来说，既是一种机遇也是一种挑战，马克思主义哲学应当在全球化的背景中并在对全球性问题的解读中获得新的时代性发展。马克思主义应该如何看待全球化进程中的当代世界？对此我们需要作出视域的调整和转换。⑤

---

① 张一兵：《何以真实地再现马克思主义哲学的发生史》，《学术月刊》2005年第10期。

② 黄楠森：《论哲学研究的对象》，《北京大学学报》（哲学社会科学版）2005年第5期。

③ 王东：《马克思主义哲学创新途径》，北京大学出版社、黑龙江教育出版社，2005，第47页。

④ 丰子义：《全球化与唯物史观研究范式》，《北京大学学报》（哲学社会科学版）2005年第4期。

⑤ 欧阳康：《全球化与马克思主义哲学的当代发展》，《哲学研究》2005年第9期。

　　有学者认为，以人为本的科学发展观是马克思主义哲学创新的生长点之一。袁贵仁认为，以人为本，就是说，与神和物相比，人更重要、更根本，不能本末倒置，舍本求末。我们党提出的科学发展观，并不否认经济发展的重要性，它所强调的是，经济发展，归根到底是为了满足广大人民群众的物质文化需要，保证人的全面发展，人才是发展的真正目的。以人为本，是科学发展观的核心。要真正贯彻和落实"以人为本"，一要把以人为本作为我们党新时期的执政理念和要求；二要始终致力于促进人的全面发展；三要切实维护人民群众的各种权益；四要努力提高人民群众的积极性和创造性。①

　　有学者认为，构建社会主义和谐社会的哲学基础是马克思主义哲学创新的生长点之一。俞可平认为，"和谐社会"是社会的各种要素和关系相互融洽的状态，它涉及人与人、人与社会、公民与政府、人与自然等多重关系，涵盖了人们的经济生活、政治生活、文化生活和日常生活。在社会主义市场经济和民主政治条件下，和谐社会实质上是一个民主和善治的社会、秩序和法治的社会、公平和正义的社会、宽容和友善的社会、诚实和信任的社会。从公共治理的角度看，社会公平和善治，是建设和谐社会的两块基石。②

　　以上相关研究成果为马克思主义哲学创新生长点的研究提供了重要借鉴和有益启示，为实现马克思主义哲学的当代创新，创造富于时代精神和民族精神的、面向21世纪的马克思主义哲学现代新形态，迈出了重要的步伐。

　　我们认为，开创马克思主义哲学的地方形态，形成多种多样的地方哲学，崛起地方哲学，是马克思主义哲学创新的生长点。地方哲学是马克思主义哲学的普遍真理同地方的具体实际与时代特征相结合的产物，是地方化的马克思主义哲学。马克思主义哲学创新应当以典型地区经验的哲学总结为切入点，以当代中国经

---

　　① 袁贵仁：《以人为本是科学发展观的核心》，《求是》2005年第22期。
　　② 俞可平：《社会公平与善治：建设和谐社会的基石》，《光明日报》2005年3月22日。

验的哲学总结为立足点，以马克思主义哲学基本原理和时代发展为基本点，形成马克思主义哲学的点、线、面、体协调发展。本书以温州哲学为切入点，找到了马克思主义哲学创新的一个突破口，对浦东哲学、义乌哲学、深圳哲学等地方哲学进行了简单阐释。通过温州哲学的个案研究，拓展到典型地区经验的哲学研究，以当代中国马克思主义哲学为立足点，分析了当代中国对马克思主义哲学的丰富和发展，抓住了马克思主义哲学的精髓；通过对回到马克思和发展马克思的统一、马克思主义哲学时代化、中国化、大众化的论述，深化了对马克思主义哲学创新生长点的认识。马克思主义哲学创新的切入点、立足点和基本点是马克思主义哲学创新的生长点的三个不可分割的组成部分，而地方哲学可以有效地把马克思主义哲学创新的切入点、立足点和基本点统一起来，融合于自身，形成符合地方实际和时代特征的哲学内容和形式。因此，地方哲学是马克思主义哲学创新的生长点。

图书在版编目（CIP）数据

温州人的哲学观／马岳勇，黄朝忠著.—北京：社会科学
文献出版社，2013.10
（马克思主义大众化与新疆发展研究丛书）
ISBN 978 - 7 - 5097 - 4746 - 9

Ⅰ.①温…　Ⅱ.①马…②黄…　Ⅲ.①马克思主义哲学 -
发展 - 研究 - 中国　Ⅳ.①B27

中国版本图书馆 CIP 数据核字（2013）第 127773 号

·马克思主义大众化与新疆发展研究丛书·
温州人的哲学观

著　　者／马岳勇　黄朝忠

出 版 人／谢寿光
出 版 者／社会科学文献出版社
地　　址／北京市西城区北三环中路甲 29 号院 3 号楼华龙大厦
邮政编码／100029

责任部门／人文分社（010）59367215　　　责任编辑／袁卫华
电子信箱／renwen@ ssap. cn　　　　　　　责任校对／陈　磊
项目统筹／宋月华　范　迎　　　　　　　　责任印制／岳　阳
经　　销／社会科学文献出版社市场营销中心（010）59367081　59367089
读者服务／读者服务中心（010）59367028

印　　装／三河市尚艺印装有限公司
开　　本／787mm×1092mm　1/20　　　　印　　张／16
版　　次／2013 年 10 月第 1 版　　　　　　字　　数／295 千字
印　　次／2013 年 10 月第 1 次印刷
书　　号／ISBN 978 - 7 - 5097 - 4746 - 9
定　　价／69.00 元